岭南学术思想丛书
林 雄 主编 顾作义 副主编

菊坡学派
粤地学派开端

李 强 [著]

南方传媒
广东人民出版社
·广州·

图书在版编目（CIP）数据

菊坡学派：粤地学派开端 / 李强著. —广州：广东人民出版社，2023.7
（岭南学术思想丛书）
ISBN 978-7-218-16428-1

Ⅰ.①菊… Ⅱ.①李… Ⅲ.①学术思想—思想史—研究—广东 Ⅳ.①B2

中国版本图书馆CIP数据核字（2022）第257338号

JUPO XUEPAI: YUEDI XUEPAI KAIDUAN
菊坡学派：粤地学派开端
李 强 著

版权所有 翻印必究

出 版 人：肖风华

策划编辑：梁 茵
责任编辑：沈海龙 古海阳
责任技编：吴彦斌 周星奎

出版发行：广东人民出版社
地　　址：广州市越秀区大沙头四马路10号（邮政编码：510199）
电　　话：（020）85716809（总编室）
传　　真：（020）83289585
网　　址：http://www.gdpph.com
印　　刷：珠海市豪迈实业有限公司
开　　本：890毫米×1240毫米 1/32
印　　张：10.5 字　　数：203千
版　　次：2023年7月第1版
印　　次：2023年7月第1次印刷
定　　价：68.00元

如发现印装质量问题，影响阅读，请与出版社（020-85716849）联系调换。
售书热线：020-87716172

总　序

冯达文

　　由林雄主编、顾作义副主编,四位青年学者著述的《岭南学术思想丛书》第一辑《菊坡学派:粤地学派开端》《江门学派:明代心学重镇》《九江学派:晚清思想标本》《康梁学派:近代启蒙先锋》四种,即将与读者见面,值得庆贺!

　　岭南,与中原地区比较,文明起步较晚。直至秦皇朝一统中国,派兵南下,设置桂林、象、南海三郡,岭南才有了政治制度的建构。入汉,一批又一批从北方派来的官员陆续开设学校,"导之礼义"(《后汉书·南蛮西南夷列传》),岭南才又日渐获得文化教养。学校设置不仅引来了北方士子,也培育出本土士人。如"三陈"(陈钦、陈元、陈坚)、"四士"(士燮、士壹、士䵋、士武),就以精通《春秋》名世。儒学的传播向岭南导入文明,强

化了国家的认同意识。

汉末、三国、魏晋南北朝四百年间,不仅儒学在岭南产生了广泛影响,道教、佛教也纷纷传来。东晋时期名道葛洪就曾入罗浮山修炼,所撰《抱朴子》,开创了道教的外丹学,影响久远。佛教从北方南传,粤人牟子著《理惑论》;从海路北上,康居后人康僧会撰《六度集经》。这些著作,力图把佛、道与儒学会通起来,开启了我国早期文明互鉴的路子,为隋唐时期的思想文化繁荣奠定了根基。

但是至此为止,岭南地区尚未形成真正具有较大影响力的"学派"。

在岭南发展起来,最先具影响力的思潮或学派,是新州(今新兴县)人惠能开创的禅宗顿教。惠能以"即心是佛""一悟即到佛地"的觉解,把佛教信仰收归心性,使佛教从宗教信仰转变为心性调养,开启了佛教的中国化历程。此后,禅宗思想融入宋明儒学,共同营造与进一步强化了中华民族独特的精神品格,并深深影响了海外多地的文明进程。

宋朝,为传统中国经济政治与思想文化的一个转型期。在经济领域,开启了由以农业为主导向以商业为引领的初始变化;在社会结构层面上,出现了由以乡村为中心向以城市为中心的过渡;在管理体制上,发生了由权贵政治向文官政治的转易;在教育领域里,呈现了由官方办学向官私各家分流办学的新态势。

从思想文化的角度看，后两种变化影响深远。此前的官办学校，主要是为了应试与选拔官员；而私立学校，固然也有应试的功能，但由于相对地独立，便得以更关切精神教养与人文情怀。官办学校，师生关系难免有似于君臣关系；私立学校，师生关系侧重传道授业。通过传道授业，学术影响得以代代承接，才能形成真正的学派。本辑丛书四种所及的四大学派，后三大学派都是在这种背景下才营造出来的。

李强博士撰写的《菊坡学派：粤地学派开端》，学派始创者与奠基人为崔与之（1158—1239），广东增城人，晚年号菊坡。该书详尽地追溯了崔菊坡的求学经历及治事业绩，清晰地梳理了菊坡学派形成的社会历史背景和传承脉络，较好地诠释了菊坡学派的思想特征、学术宗旨、历史地位和影响。及其以"重惜名节，务实致用"一语概括菊坡及其学派的突出特点时，我们不难看到，菊坡学派既与同时代的程朱学派有共同的道德诉求；又与浙东事功学派有一致的实践取向，力求把理想下贯于现实，这与岭南传统的务实精神相与衔接，至今仍有启发意义。

郭海鹰博士撰写的《江门学派：明代心学重镇》，学派开创者为陈献章（1428—1500），号白沙，江门人；光大者为湛若水（1466—1560），号甘泉，增城人。白沙子把自己视作菊坡的私淑弟子，把菊坡"重惜名节"的一

面推向极致，而成为开启明代心学的先驱。他拒斥繁琐的义理架构而崇尚自然，讲求在"静中养出端倪"，显然即出于对利禄躁动的拒斥。其弟子甘泉在西樵山等地建书院传白沙学，及其以"随处体认天理"一说发展白沙思想，实又主张要在日常行事上贯彻价值理想，而与菊坡主张的"务实致用"相与契合。

菊坡学派、江门学派，体现了岭南士人不离现实而践行道德的问学精神。

现实是不断变迁的。我国于宋代已出现"商业革命"（费正清认定）的大潮，而欧洲直至15—16世纪，商业资本主义才发展起来，落后中国四五百年。可惜的是，中国商人在城里赚了钱后，却急急忙忙回乡下买田置地，以乐做"乡绅"为"光宗耀祖"；欧洲商人却为利益驱动把钱投向技术创新，而有了18世纪的"工业革命"。工业产出源源不绝的商品，包括毒品，再凭借船坚炮利向世界各地倾销，来到中国便爆发了鸦片战争。失败后的中国逐步沦为半殖民地半封建社会，中国的士子特别是岭南学人开始为"救亡图存"呼喊，再度创造一个又一个新学派，推出新构想。本丛书的《九江学派：晚清思想标本》《康梁学派：近代启蒙先锋》的创建者均是岭南学人。

李辰博士的著作就以研究"九江学派"的开创者朱次琦（1807—1882）为主题。朱次琦，南海九江人，世称九江先生。九江先生面对鸦片战争后清廷的腐败与天下的纷乱，致力于在思想文化上的匡正。儒家学问，清中叶重汉学，后续演变为"汉宋之争"。汉学沉迷于章句注疏，而宋学偏重心性义理，两家均有所得，亦均有所失。九江先生以重新回归孔子为治学宗旨，莫问汉宋，兼取经史，不只为经师，亦要做人师。弟子中以简朝亮（1851—1933）与康有为（1858—1927）影响最大。康有为称其师曰："以躬行为宗，以无欲为尚，气节摩青苍，穷极学问，舍汉释宋，源本孔子，而以经世救民为归；古之学术有在于是者，则吾师朱九江先生以之。"（《朱九江先生佚文叙》）作为道德学问的典范，朱次琦深深影响了一代人，及"经世救民"，则有赖于康有为那一代人了。

马永康博士为研究康有为、梁启超的专家，《康梁学派：近代启蒙先锋》是他的作品。康有为，南海人；梁启超（1873—1929），新会人。二人为著名的"百日维新"的发动者。康有为早年从学于朱次琦，所幸身处岭南边陲，与海外有更多的交往，对西方制度施设有一定的了解，因而得以成为发起改良运动的主导人。康有为力图重新解释中国本土思想资源，以对抗西方基督教的涌入及作为推动变革的合法性依据，最终未能如愿。变法失败后，康、梁分手。康提倡孔教，回归保守；而梁鼓吹民主，力求"新民"。值得称道的是思想的对立并不影响他们的师生情谊，体现出中国学人应有的精神教养。该书对康有为后期对传统的那份执着，持有一种"同情之理解"（陈寅

恪语），也是难得的。在孔子开创的儒学中，"礼学"作为公共社会的制度施设，无疑有"时"与"变"的问题，需要理性务实，不能随时而变便会被淘汰；"仁学"源出于"亲亲之情""仁民爱物"，这是人之为人、人类社会得以维系的基本价值信仰，它的正当性毋庸置疑，否则不会有未来。

近代以来，岭南学人辈出，学派林立，只要能够平情地讨论其长处和不足，应都可入选丛书。期待本丛书有第二辑、第三辑乃至更多后续作品的面世！

目录
contents

绪　论　　　　　　　　　　　　　　　　　　　/ 1

第一章　敌国外患：菊坡学派形成的历史背景　　/ 11
　　第一节　宋辽之间的战与和　　　　　　　　/ 15
　　第二节　宋金之间的战与和　　　　　　　　/ 24
　　第三节　联蒙灭金与蒙灭宋　　　　　　　　/ 47

第二章　科举社会：菊坡学派形成的社会背景　　/ 57
　　第一节　考试内容的改革　　　　　　　　　/ 59
　　第二节　考试方法的改革　　　　　　　　　/ 65
　　第三节　及第授官的改革　　　　　　　　　/ 76

第三章　创立学派：高风千古崔与之　　　　　　/ 85
　　第一节　四千里游学　　　　　　　　　　　/ 92
　　第二节　未尝至廛市　　　　　　　　　　　/ 104
　　第三节　由太学及第　　　　　　　　　　　/ 113
　　第四节　司法彰公正　　　　　　　　　　　/ 118
　　第五节　清正不烦苛　　　　　　　　　　　/ 123

　　第六节　医国收全功　　/ 131
　　第七节　出处最光明　　/ 182
　　第八节　宗旨犹可窥　　/ 202

第四章　发展学派：全节高风洪咨夔　　/ 223
　　第一节　振翼长追随　　/ 228
　　第二节　气节凌霄汉　　/ 234
　　第三节　补《续书》之亡　　/ 240
　　第四节　发展菊坡学　　/ 247

第五章　光大学派：羊城巨儒李昴英　　/ 253
　　第一节　长从菊坡游　　/ 256
　　第二节　吾道岂空谈　　/ 260
　　第三节　不独以书传　　/ 267
　　第四节　可谓完人矣　　/ 282

第六章　作始也简：菊坡学派的宗旨与影响　　/ 287
　　第一节　学派的宗旨　　/ 289
　　第二节　开岭南新风　　/ 297
　　第三节　启江门学派　　/ 301

结语：变动中的宋代学术世界　　/ 306
参考文献　　/ 308

绪 论

宋代是儒学发展的黄金时期，在这一时期发展和演变出了一种新形态的儒学——宋学。宋学也被称为义理之学，与之相对的汉学则被称为章句之学。二者的主要区别在于：宋儒主张根据要旨、大义、义理来解经，汉儒主张通过章句训诂入手来解经。宋儒破除了汉儒章句之学的束缚，使宋学呈现出与汉学迥然不同的一种新思路、新方法和新学风。[①]

用全局视角来考察宋学的发展和演变，我们大致可以把宋学分为形成期、发展期和演变期三个阶段。形成期的主要代表人物是范仲淹（989—1052）、胡瑗（993—1059）、欧阳修（1007—1072）和刘敞（1019—1068），

---

① 漆侠：《宋学的发展和演变》，氏著《漆侠全集》第九卷，河北大学出版社2009年版，第1—3页。

他们开创的新方法、新学风和思想境界为"北宋的学术界和思想界的宽厚博雅的风气奠定了坚实基础";发展期形成了各具特色的王安石学派(荆公学派)、司马光学派(温公学派)、苏氏(苏洵、苏轼、苏辙)蜀学派,以洛(程颢、程颐)关(张载)为代表的理学派等四大主要学派;在演变期,从宋学中发展起来的理学派(以朱熹为主要代表)兴盛起来,成为占主导地位的学派,同时与理学派对立的则是浙东事功学派(以吕祖谦、陈亮、叶适为主要代表)。①

从儒学传播的视角来看,宋代的岭南儒学主要受到理学派的直接影响。在菊坡学派创立以前,宋代的岭南儒学可以视作传播到岭南的理学。许多岭南大儒实际上都是理学的传人,如周舜元、李用、郑南升、郭叔云、翟杰是程朱理学的传人;简克己、黄执矩是张栻"南轩之学"的传人;陈去华是陆九渊"心学"的传人。②直到崔与之(字正子,一字正之,号菊坡,谥清献,1158—1239)和李昴英(字俊明,号文溪,1201—1257)横空出世,才极大地

---

① 邓广铭:《略谈宋学——附说当前国内宋史研究情况》,《北宋的学风》,氏著《邓广铭全集》第七卷,河北教育出版社2005年版,第398—415、439—459页;漆侠:《宋学的发展和演变》,《漆侠全集》第九卷,第5—43页。

② 张其凡:《宋代岭南主要理学人物缕述》,《暨南学报(哲学社会科学版)》1995年第3期,第86—92页。

改变了岭南儒学的面貌,让岭南儒学具有了比较大的独立性,并最终随着陈献章(字公甫,号石斋,晚号石翁,学者称白沙先生)所创立的江门学派的崛起"得以在明中叶异峰突起、引领思潮,实现了从边缘走向中心的历史性转折"[①]。

比较早把崔菊坡及其门人纳入学术史研究的著作是《宋元学案》和《宋元学案补遗》。

《宋元学案》是每一位想要深入了解和研究宋元时期学术思想史的读者的必读书,其原作者是清初著名思想家、史学家黄宗羲(字太冲,号梨洲,1610—1695)。需要说明的是,《宋元学案》不是一人一时所作,而是一部集体著作。黄宗羲"只是把搜集来的材料初步加以编排,少数地方写了案语,距离定稿尚远"[②]。黄宗羲去世以后,他的儿子黄百家,学生杨开沅、顾𧭈都参与了部分编写工作,后来由清代著名经学家、史学家全祖望(1705—1755)继续编撰。

全祖望在补充、修订《宋元学案》的时候,专门在卷七十九为丘崈(字宗卿)、刘光祖(字德修)、楼钥(字大防,自号为攻媿主人)等人设立《丘刘诸儒学案》,并

[①] 景海峰:《明代岭南心学的思想旨趣及特征》,《孔学堂》2020年第4期,第61页。

[②] 陈金生:《点校前言》,黄宗羲、全祖望《宋元学案》,中华书局1986年版,第2页。

将崔菊坡收入其中，列为"攻媿讲友"，同时指出崔菊坡的学术传承系统是：崔菊坡—洪咨夔（字舜俞，号平斋，谥忠文，1176—1236）—程掌。①

王梓材（1792—1851）和冯云濠（1807—1855）在编撰《宋元学案补遗》的时候，补入崔菊坡门人：李昂英、黄镛；李昂英门人：何文季、曾士倬；续传（时间相隔较远、传承先后不明）弟子：李肖龙。②此外，根据相关文献，可以确定崔菊坡门下比较著名的弟子还有温若春和杨汪中；李昂英门下比较著名的弟子还有李春叟、陈大震和私淑（私自敬仰而未得到直接的传授）弟子陈白沙；陈大震门下比较著名的弟子还有王道夫。③

---

① 黄宗羲、全祖望：《宋元学案》，第2628页。

② 王梓材、冯云濠：《宋元学案补遗》，中华书局2012年版，第2930—2939页。

③ 参崔与之：《宋丞相崔清献公全录》，广东人民出版社2008年版，第192页；李昂英：《文溪存稿》，暨南大学出版社1994年版，第2、4、44、114页；陈献章：《陈献章全集》，上海古籍出版社2019年版，第10、85、149、150、585、1173、1357、1381页；黄佐：《广州人物传》，广东高等教育出版社1991年版，第262页。

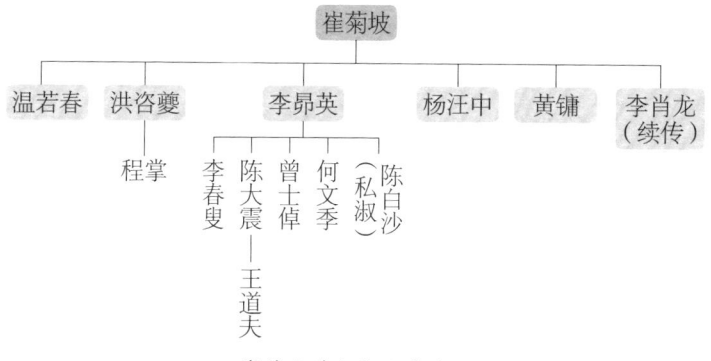

崔菊坡学术传承关系图

比较早标举"菊坡学派"这个名称的学者是张其凡（1949—2016）。张先生发现学界长期忽视对宋代岭南儒学的研究，因此想要为产生于宋代的"菊坡学派"争得一席之地，确立其应有的历史地位。他在1995年和1996年，连续发表《论宋代岭南三大家》《菊坡学派：南宋岭南学术的主流——再论宋代岭南三大家》《"平生愿执菊坡鞭"——陈献章与崔与之》等三篇文章。他的主要观点是，"菊坡学派"是"岭南历史上第一个学术流派"[1]；其特点是"重事功，讲气节，易退难进，甘于澹泊，在思想上接近陈亮、叶适的事功学派，而又独树一帜"[2]；其地位是"南宋后期至元代初期，岭南学术的主流学派……也

---

[1] 张其凡：《论宋代岭南三大家》，《宋丞相崔清献公全录》，第370页。

[2] 张其凡：《菊坡学派：南宋岭南学术的主流——再论宋代岭南三大家》，《宋丞相崔清献公全录》，第392—394页。

是当时岭南唯一可与内地抗衡的学派"[1]；其影响不限于岭南，已经辐射到"南宋全国"[2]，同时也是明代大儒陈白沙"学术思想的源头之一"[3]。此外，张先生在上述文章中还指出，他对"菊坡学派"的研究，只是开了一个头，"对'菊坡学派'思想和学术的详细研究、分析"，则"俟诸他日，或留待有心者了"。[4]

遗憾的是，学界对于"菊坡学派"的"认可度"一直不高。多数学者还是倾向于将崔菊坡、洪咨夔和李昴英等菊坡学派的主要成员作为独立的个体进行个案研究，少有人选择对"菊坡学派"作整体上的综合考察，从"学派"的视角来研究菊坡学派。截止到2023年6月19日，笔者以"菊坡学派"作为主题词，在中国知网上检索论文，发现相关的论文依旧仅有三篇，分别是《"平生愿执菊坡鞭"——陈献章与崔与之》（张其凡，1996）、《论"菊坡学派"》（张纹华，2009）、《菊坡学派与岭南史学》（罗炳良，2010）。[5]

---

[1][2][4] 张其凡：《菊坡学派：南宋岭南学术的主流——再论宋代岭南三大家》，《宋丞相崔清献公全录》，第392—394页。

[5] 张其凡：《"平生愿执菊坡鞭"——陈献章与崔与之》，《宋丞相崔清献公全录》，第397页。

[3] 张其凡：《"平生愿执菊坡鞭"——陈献章与崔与之》，《暨南学报（哲学社会科学版）》1996年第3期；张纹华：《论"菊坡学派"》，《岭南文史》2009年第2期；罗炳良：《菊坡学派与岭南史学》，《学术研究》2010年第10期。

很多人可能会质疑,"菊坡学派"是否真的存在?对于这个疑问,我们可以回到《宋元学案》和《宋元学案补遗》中去寻找答案。

冯云濠在《宋元学案·总目》曰:"宋、元儒之有学案也,姚江黄梨洲先生既辑《明儒学案》,因溯宋、元诸儒而为之述其学派也。"[1]因此我们可以得知,《宋元学案》虽然名为学案,但是实际论述的却是"学派",黄宗羲设立的学案实际上就是学派。

黄宗羲写学案(学派)的目的正是"分源别派,使其宗旨历然"[2],其设立学派的主要标准是学术"宗旨"[3]和师承传授关系,其命名学派的主要方式之一就是根据宗主的名字命名。

关于"菊坡学派"的学术宗旨。全祖望在补充、修订《宋元学案》时指出,设立《丘刘诸儒学案》的原因是,

---

[1] 冯云濠:《总目》,《宋元学案》,第8页。

[2] 黄宗羲:《明儒学案序》,氏著《黄梨洲文集》,中华书局2009年版,第379页。

[3] 黄宗羲曰:"大凡学有宗旨,是其人之得力处,亦是学者之入门处……学者而不能得其人之宗旨,即读其书,亦犹张骞初至大夏,不能得月氏要领也。是编分别宗旨,如灯取影,杜牧之曰:'丸之走盘,横斜圆直,不可尽知。其必可知者,知是丸不能出于盘也。'夫宗旨亦若是而已矣。"黄宗羲:《发凡》,氏著《明儒学案(修订本)》,中华书局2008年版,第14页。

丘刘诸儒"虽不入诸先生之学派，然皆能用先圣之道"①。可以推知，全祖望已经注意到崔菊坡（菊坡学派）的学术宗旨以"致用"为特点，即致力于通过解决实际问题建立功业，成就理想社会。

关于"菊坡学派"的师承传授关系。根据《宋丞相崔清献公全录》《文溪存稿》《广州人物传》《宋元学案》《宋元学案补遗》等文献可以确定，菊坡学派的学术传承系统是"一花两叶"，即以崔菊坡为原点，生长出两个脉络清晰的传承系统，分别是：崔菊坡—洪咨夔—程掌；崔菊坡—李昂英—李春叟、曾士倬、何文季、陈大震、陈白沙（私淑）。

关于"菊坡学派"这个名称。黄宗羲把朱熹（号晦庵，晚称晦翁）创立的学派称为晦翁学案（学派），把陈亮（字同甫，号龙川）创立的学派称为龙川学案（学派）。按照黄宗羲的命名方式，我们应当把崔与之（字正子，一字正之，晚号菊坡）创立的学派命名为菊坡学案（学派）。

综上，"菊坡学派"有自己的学术宗旨和师承传授关系，是一个当之无愧的学派；"菊坡学派"这个名称，虽然直到现代才提出来，但是却完全符合黄宗羲为学派命名的惯例。至于宋代已经在事实上存在"菊坡学派"，到现

---

① 黄宗羲、全祖望：《宋元学案》，第2629页。

代才有"菊坡学派"这个名称,则相当于先有孩子后起名字,或先开店后挂招牌,丝毫不影响"菊坡学派"的历史地位。

以末学管见所及,拙著是第一部以"菊坡学派"为主题的研究专著。一方面,末学感恩以前的研究者筚路蓝缕的开创之功,让拙著的问世成为可能;另一方面,也希望可以充分利用已有的研究成果,在历史考证、概念解释、思想诠释、宗旨提炼、地位厘定等方面有所推进,以满足学界和大众对"后出转精"的期待。末学深知自己才疏学浅,疏漏难免,敬请方家不吝赐教,感恩!

增城凤山书院

（亦名崔清献公凤凰山祠院，相传菊坡与门生曾在此处讲学）

第一章

敌国外患：菊坡学派形成的历史背景

后汉隐帝乾祐三年（950），镇（治所在今河北正定县）、定（治所在今河北定州市）二州快马急奏"契丹入寇，河北诸州告急"[1]，郭威（即后周太祖，951—954年在位）被派往前线抵御敌军。行军途中，士兵哗变，想要拥立郭威做皇帝。叛乱的将士撕裂黄色的旗帜，代替黄袍披在郭威身上，按照当时对皇帝的祝颂仪式，一边跪下向郭威磕头，一边高呼"万岁"三次，声音震天动地，顺势簇拥着郭威向南行进。[2]在这些拥立的人中就有赵匡胤（即宋太祖，960—976年在位），因此在郭威称帝那年，也就是后周广顺元年（951），作为回报，赵匡胤"被提升为东西班行首，成为禁卫军军官的一员"[3]。

九年以后，后周显德七年（北宋建隆元年，960）正月初一，赵匡胤指使镇、定二州谎报军情："契丹入侵，北汉兵自土门东下，与契丹合。"[4] 在早已"暗中效忠"的次相王溥的推动下，朝廷决定派遣时任殿前都点检的赵匡胤统帅殿前、侍卫二司精兵北上御敌。[5]赵匡胤因此重获兵权，在率大军北上，途经陈桥驿（今河南封丘县东南

---

[1][2] 薛居正等：《旧五代史》，中华书局1976年版，第1455—1456页。

[3] 张家驹：《赵匡胤传》，中国书籍出版社2015年版，第9页。

[4] 李焘：《续资治通鉴长编》，中华书局2004年版，第1页。

[5] 陈振：《宋史》，上海人民出版社2020年版，第7页。

二十六里陈桥镇）时，导演了"陈桥兵变黄袍加身"的戏剧。①据《续资治通鉴长编》记载，当时的情景是：

> 太祖醉卧，初不省。甲辰黎明，四面叫呼而起，声震原野。普（按：赵普）与匡义（按：赵匡义）入白太祖，诸将已擐甲执兵，直扣寝门曰："诸将无主，愿策太尉为天子。"太祖惊起披衣，未及酬应，则相与扶出听事，或以黄袍加太祖身，且罗拜庭下称万岁。太祖固拒之，众不可，遂相与扶太祖上马，拥逼南行。②

在控制京城，并取得后周首相范质的支持以后，赵匡胤接受了后周小皇帝的"禅让"，正式登基，是为太祖。因为赵匡胤做皇帝前曾经担任归德军节度使，归德军在唐代被称为宋州（治所在今河南商丘市南），所以国号定为"宋"。宋朝正式建立，史称北宋。

---

① 邓广铭先生指出："陈桥驿上呼号拥戴的士兵和将领们，只不过供其驱使的一群傀儡，赵匡义、赵普、石守信，以及张永德、王溥等人，也只是平素预闻其事的参佐人物而已，其操纵指使之者，却还是宋太祖本人。"参氏著：《陈桥兵变黄袍加身故事考释》，《邓广铭全集》第七卷，第232—243页。引文见第243页。

② 李焘：《续资治通鉴长编》，第3页。

宋佚名《太祖坐像轴》（台北"故宫博物院"藏）

第一节　宋辽之间的战与和

宋朝建立时，除北方已经成功崛起的辽朝（也称契丹，为行文方便，下文统一称作辽朝）以外，还有北汉、南唐、吴越、南汉、后蜀、湖南、荆南、泉漳等八个割据政权同时存在。[1]宋太祖有志于收回被后晋石敬瑭割让给辽朝的幽云十六州。[2]但是为了避免过早与辽朝发生大战，同时也为了早日获得南方的财富、土地和人口来积蓄国力，宋太祖采取了"先南后北"的统一战略。太祖时期，宋朝相继吞并了南方的荆南、湖南、后蜀、南汉、南唐诸政权，削弱了北方的北

---

[1] 陈振：《宋史》，第63页。

[2] 太祖曾在开宝九年（976）说："幽燕未定，何谓一统？"司马光：《涑水记闻》，中华书局1989年版，第6页。幽云十六州，又称幽蓟十六州，即幽、蓟、檀、顺、涿、瀛、莫、云、应、朔、蔚、寰、武、儒、妫、新等州。其中心区域相当于今北京市和山西大同市。参史为乐主编，邓自欣、朱玲玲副主编：《中国历史地名大辞典（增订本）》，中国社会科学出版社2017年版，第341、2005—2006页。下文中历史地名的标注都参考此书。

汉的国力,同时与辽朝签订了"雄州和议"[1],为实现统一奠定了良好的基础。可惜"壮志未酬身先死",太祖在开宝九年(976),"崩于万岁殿,年五十"[2],为我们留下了关于"烛影斧声"[3]的千古之谜。

太祖为太宗(初名匡义;赵宋开国,改名光义;登基后,改名炅,939—997)留下了大好局面。太宗刚即位不久,在考察中央最大的财库——左藏库时,对宰相感叹道:"此金帛如山,用何能尽,先帝每焦心劳虑,以经费为念,何其过也!"[4]太祖时期,不仅国库殷实,而且士兵也特别精悍强壮,因此"常以少克众"[5]。可惜,"太宗因身负

---

[1] 曾瑞龙认为:"974年宋辽开展第一次议和,维持的时期虽然只有短短数年,但却为后澶渊之盟的对等关系树立了规范。由于这项和约是辽将耶律合住致书宋雄州守将孙全兴(卒于981年)所带动,二人又亲自在雄州北门外面谈磋商,后来得到两国政府的承认,互通国书,因此可以称之为'雄州和议'。"参氏著:《经略幽燕:宋辽战争军事灾难的战略分析》,浙江大学出版社2019年版,第120—128页。引文见第124页。

[2] 脱脱等:《宋史》,中华书局1985年版,第48页。

[3] 宋太祖突然死亡,宋太宗即位有很多不合情理的地方。如:"(太祖)夜召晋王,属以后事。左右皆不得闻,但遥见烛影下晋王时或离席,若有所逊避之状,既而上引柱斧戳地,大声谓晋王曰:'好为之。'"因此后世将此段历史称为"烛影斧声"。参李焘:《续资治通鉴长编》,第378页。

[4] 李焘:《续资治通鉴长编》,第436页。

[5] 苏辙:《元祐会计录叙》,氏著《苏辙集》,中华书局1990年版,第1050页。

继位之谜的沉重包袱而急于建功扬名,但军事指挥实非其长"①,最终造成两次北征辽朝皆以失败收场的不利局面。

《辽史》对宋朝两次北征及其影响评论道:

> 宋乘下太原之锐,以师围燕,继遣曹彬、杨继业等分道来伐。是两役也,辽亦岌岌乎殆哉!休哥奋击于高梁,敌兵奔溃;斜轸擒继业于朔州,旋复故地。宋自是不复深入,社稷固而边境宁……②

太宗发动的第一次北征是在太平兴国四年(979),平定北汉(其首都是太原)以后,率胜利之师围攻燕京(辽称幽州为燕京,治所在今北京市城西南隅);第二次北征是在雍熙三年(986),曹彬、潘美、杨业(即杨继业)等名将率三路大军攻辽,史称雍熙北伐。"论国力,辽远不如宋。"③所以《辽史》称,宋朝的这两次北征,都使辽朝处于极其危险的境地。但是雍熙北伐失败后,宋太宗便开始采取"守内虚外"的治国原则,"把守内放在第一位,把防边放在第二位"。④因此宋朝的军事战略也从承继五代

---

① 张其凡:《宋太宗》,广东人民出版社2022年版,第182页。
② 脱脱等:《辽史》,中华书局1974年版,第1305页。
③ 漆侠:《宋太宗雍熙北伐——宋辽战争研究之二》,《漆侠全集》第九卷,第177—194页。引文见第187页。
④ 漆侠:《宋太宗与守内虚外》,《漆侠全集》第九卷,第143—158页。引文见第157页。

时期的"速战速决而较富攻略意识的战略"转变为"长时期从事防御为主导的战略",失去了战略上的主动性。①

"辽亦岌岌乎殆哉",反映出宋朝的北征给辽朝带来了非常强烈的不安全感。太宗在雍熙北伐时的对手——辽朝的承天太后萧绰(953—1009),将主要由宋军北征造成的"边防未靖",与"母寡子弱""族属雄强"一起视作辽景宗(948—982)去世后,她和辽圣宗(972—1031)面临的三大难题之一。②宋军虽然在雍熙北伐时被打败,但是精锐仍在。③为了解决"边防未靖"和"族属雄强"的难题,辽朝选择了"以战迫和"的策略。④

景德元年(辽圣宗统和二十二年,1004),辽朝承天太后和辽圣宗亲率大军南下,发动纵深攻击,直趋黄河北岸的澶渊(也称澶州,治所在今河南濮阳县西二十里)。宋朝朝野震动,在宰相寇准的力谏下,宋真宗决定御驾亲征。到达澶渊之后,宋真宗登上澶渊北城门楼,展开黄色的龙旗,城下将士见到龙旗后,"皆呼万岁,气势百倍"⑤。正巧此前辽军先锋萧挞凛在"按视地形"时,"中

---

①③ 曾瑞龙:《经略幽燕:宋辽战争军事灾难的战略分析》,第444、408页。

② 脱脱等:《辽史》,第1202页。

④ 李锡厚:《论"澶渊之盟"非"城下之盟"》,张希清、田浩等《澶渊之盟新论》,上海人民出版社2007年版,第5—7页。

⑤ 司马光:《涑水记闻》,第114页。

伏弩卒"①，辽军士气深受打击。加之，辽军身后的瀛州（治所在今河北河间市）、定州（治所在今河北定州市）等重要城池仍然在宋军手中。在此情况下，辽军的处境实际上比宋军更糟糕，"前进则受到宋军的阻遏，背后又有宋军的环伺，应当说，辽军陷于进退失据、孙子所说的'挂形'的不利地位中"②。

其实早在宋真宗亲征以前，议和活动就已经开始了。真宗爱将、藩邸旧臣、曾任殿前都虞候、云州（治所在今山西大同市）观察使的王继忠在其中起了关键作用。王继忠在望都之战（1003）中被俘以后，不只被辽朝授予官职，而且还得到了辽朝高层一定程度上的亲近信任，于是继忠便利用机会向辽朝高层"言和好之利"。当时承天太后年事已高，有厌战的倾向，"虽大举深入，然亦纳继忠说"。③惧辽怯战的宋真宗在收到辽朝的和谈意向之后，便派曹利用前往商议具体事宜。最终双方在澶渊签订和约，史称"澶渊之盟"。

宋朝的《澶渊誓书》曰：

> 维景德元年，岁次甲辰，十二月庚辰朔、七日丙戌，大宋皇帝谨致誓书于大契丹皇帝阙下：共遵成信，虔奉欢盟，以风土之宜，助军旅之费，每岁以绢二十万

---

① 脱脱等：《辽史》，第1314页。
② 漆侠：《辽国的战略进攻与澶渊之盟的订立——宋辽战争研究之三》，《漆侠全集》第九卷，第195—214页。引文见第204页。
③ 李焘：《续资治通鉴长编》，第1268页。

匹、银一十万两，更不差使臣专往北朝，只令三司差人般送至雄州交割。沿边州军，各守疆界，两地人户，不得交侵。或有盗贼逋逃，彼此无令停匿。至于陇亩稼穑，南北勿纵惊骚。所有两朝城池，并可依旧存守，淘壕完葺，一切如常，即不得创筑城隍，开拔河道。誓书之外，各无所求。必务协同，庶存悠久。自此保安黎献，慎守封陲，质于天地神祇，告于宗庙社稷，子孙共守，传之无穷，有渝此盟，不克享国。昭昭天监，当共殛之。远具披陈，专俟报复，不宣，谨白。①

辽朝誓书的内容全部抄自宋朝誓书。② 从内容上说，这是一份平等的条约。第一，从"名分"上说，宋辽互相

---

① 李焘：《续资治通鉴长编》，第1299页。
② 《契丹圣宗誓书》曰："维统和二十二年，岁次甲辰，十二月庚辰朔，十二日辛卯，大契丹皇帝谨致书于大宋皇帝阙下：共议戢兵，复论通好，兼承惠顾，特示誓书：'以风土之宜，助军旅之费，每岁以绢二十万匹、银一十万两，更不差使臣专往北朝，只令三司差人搬送至雄州交割。沿边州、军，各守疆界，两地人户，不得交侵。或有盗贼逋逃，彼此无令停匿。至于垅亩稼穑，南北勿纵搔扰。所有两朝城池，并可依旧存守，淘濠完葺，一切如常，即不得创筑城隍，开掘河道。誓书之外，各无所求，必务协同，庶存悠久。自此保安黎献，谨守封陲，质于天地神祇，告于宗庙社稷，子孙共守，传之无穷，有渝此盟，不克享国。昭昭天鉴，当共殛之。'某虽不才，敢遵此约，谨告于天地，誓之子孙，苟渝此盟，神明是殛。专具咨述，不宣。"叶隆礼：《契丹国志》，中华书局2014年版，第214页。

称呼对方为"皇帝",国号是"大宋"和"大契丹",两朝是南北朝。在此以前,双方谈判时,辽朝通过王继忠向曹利用提出:"南北通和,实为美事。国主年少,愿兄事南朝。"①因此两国的皇帝结成兄弟,两国的皇族实际上也建立了一种虚拟的亲属关系。双方的称呼也不是固定不变的,而是按照辈分来推算的。真宗称圣宗为弟、称承天太后为婶;真宗的继任者仁宗,则称圣宗为叔。②第二,在领土方面,双方确定了边界,宋朝放弃了对辽朝所占燕云地区的主权,辽朝也放弃了对宋朝所占"关南地区"③的主权。双方互相尊重对方领土主权,而且不在边境新建军事设施。第三,宋朝支付辽朝岁币的方式,"不是由大使送往契丹的朝廷,并且举行进贡的典礼,而是由大臣将岁币在边境交付给契丹的官员,所以并非进贡"④。岁币的金额是"绢二十万匹、银一十万两",这些财富"较于用兵之

---

① 李焘:《续资治通鉴长编》,第1291页。

② 参李锡厚:《论"澶渊之盟"非"城下之盟"》,《澶渊之盟新论》,第20—21页。

③ "显德六年(959),后周世宗第二次伐辽,从辽朝手中夺得益津、瓦桥、淤口三关和易州,此外,还有燕云十六州中的莫、瀛二州,此处所谓关南地区,指的是瓦桥关以南十州县。"参游彪:《宋史:文治昌盛 武功弱势》,中信出版社2017年版,第627页。

④ 陶晋生:《宋代外交史》,台北联经出版事业股份有限公司2020年版,第44页。

费，不及百分之一"。①同时，这些岁币很容易通过宋辽之间七个新设立的榷场（市场）的利润赚回来。②因此和约中的岁币有些像是今天的"国际援助"，宋朝作为援助国实际上更需要辽朝接受援助。因为在当时的情况下，宋朝根本没有能力收复整个燕云地区，与其彼此消耗，不如通过岁币营造一个和平良好的周边环境。

有学者指出："国际规范（international norm）是国家间在长期互动、交往中形成的并对国家行为具有不同约束力的习惯、规则、法律等行为准则的统称。"③澶渊之盟的缔结标志着新的国际规范的建立，使宋辽两国"以法律文件的形式互相承认对方与自己同样是具有平等主权的国家，开创了两国关系史上的一种全新格局"④。双方处于对等地位，也各自以自己为中心建立了朝贡体系。大辽"东朝高丽，西臣夏国，南子石晋而兄弟赵宋，吴越、南唐航海输贡"⑤。大宋将大辽视作"兄弟之邦"；对大理、于阗、回鹘、吐蕃以及东南亚实力较弱的政权和国家，则仍

---

① 李焘：《续资治通鉴长编》，第1578页。
② 崔瑞德、史乐民等：《剑桥中国宋代史（上卷：907—1279年）》，中国社会科学出版社2020年版，第244页。
③ 阎学通、何颖：《国际关系分析》（第三版），北京大学出版社2017年版，第37页。
④ 汪圣铎、胡坤：《宋辽瀛州之战与澶渊之盟》，《澶渊之盟新论》，第48页。
⑤ 脱脱等：《辽史》，第437页。

然维持着传统的朝贡外交途径，继续充当"宗主国"的角色；对于西夏、高丽等地缘位置重要的国家，则会根据实际需要，不断调整外交关系。①

从宋真宗景德元年（辽统和二十二年，1004），宋辽双方缔结澶渊之盟开始，到宋徽宗宣和二年（金天辅四年，1120），宋遣使臣赵良嗣等于登州（治所在今山东蓬莱市）渡海至辽东与金缔结"海上之盟"为止，宋辽之间基本上保持了近一百二十年的和平局面。

---

① 参吴晓萍：《宋代外交制度研究》，安徽人民出版社2006年版，第275页。

第二节 宋金之间的战与和

宋徽宗政和五年（金收国元年，1115），位于辽朝北面的女真族，在完颜阿骨打的领导下建立金朝。宋朝决定联合这个新兴国家夹攻辽朝，收复燕云地区，实现开国以来的夙愿，于是与金朝建立"海上之盟"。双方在盟约中约定，"金攻辽中京（今内蒙古宁城西）等地，宋攻燕京，辽亡后，燕、云归宋，宋将原给辽的岁币给金等"①。然而宋军孱弱，两次攻打燕京都被辽军打败，最后只能邀请金军夹击燕京。可是当金太祖完颜阿骨打率兵抵达燕京的时候，却"不见（宋军）一人一骑"②。最终，燕京守臣开门向金军投降。

在金朝看来，既然宋朝没有按照约定独自收复燕京，

---

① 陈振：《宋史》，第448—449页。
② 黄以周等：《续资治通鉴长编拾补》，中华书局2004年版，第1399页。

那么就不能无偿把燕云地区交还给宋朝。宋朝收回燕云地区的前提是，每年从燕京的赋税中抽出"一百万贯文合值物色"交给金朝。①因此当两国在宋徽宗宣和五年（金天辅七年，1123）签订和约时，《金朝誓书》以一种居高临下的态度称，从前完颜阿骨打"亲领兵至全燕，一方城池，不攻自下"，金朝是出于睦邻友好的目的，才特地将"燕京、涿、易、檀、顺、景、蓟并属县及所管户民""赠与"宋朝。②宋朝君臣却普遍将收回失地视作巨大的胜利，在开封举行了盛大的庆祝活动。

高丽国君主曾提醒宋朝说："辽兄弟之国，存之足为边扞。女真狼虎尔，不可交也……宜早为备。"③事实证明，宋与金结盟，无异于玩火自焚。出于"苟不先之，恐为后患"④的担忧，同时为了惩罚宋朝违背和约，接纳金朝叛将张觉，金太宗在宣和七年（金天会三年，1125），发动对宋战争。金朝自知兵力有限，没有能力吞下宋朝全境，因此最初的战略目标是以保存宋朝政权为条件，换取宋朝割让"河东、河北，以大河（按：黄河）为界"⑤。可是宋徽宗和宋钦宗父子二人，却先后违约，于是金朝决

---

① 佚名：《与宋徽宗第七书》，张金吾《金文最》，中华书局1990年版，第726页。
② 佚名：《与宋誓书》，《金文最》，第728页。
③ 马端临：《文献通考》，中华书局2011年版，第8957页。
④ 脱脱等：《金史》，中华书局1975年版，第1704页。
⑤ 黄以周等：《续资治通鉴长编拾补》，第1546页。

定灭亡赵宋政权，废掉皇族，"别择贤人，立为藩屏"。①在这一新的战略目标的指导下，金朝军队不只按照皇族族谱逮捕全体成员，劫掠"二帝及太妃、太子、宗戚三千人北去"②，而且在三月七日，把宰相张邦昌立为傀儡皇帝，创建附属国——楚国，作为自己的屏障。这就是历史上的"靖康之变"，因此"北宋政权灭亡的正确时间应为靖康二年（1127）三月七日"③。

钦宗的弟弟，康王赵构，因为靖康之变时不在京城，所以侥幸逃过一劫，成为皇室在宋朝的唯一幸存者。赵构在靖康二年（金天会五年，1127）五月一日在南京应天府（原宋州，治所在今河南商丘市南）即皇帝位，改

宋佚名《宋高宗坐像》（台北"故宫博物院"藏）

---

① 金太宗：《答元帅府奏宋降诏》，《金文最》，第41页。
② 陈邦瞻：《宋史纪事本末》，中华书局2015年版，第600页。
③ 寺地遵：《南宋初期政治史研究》，复旦大学出版社2018年版，第26页。

元建炎，在名义上重建了赵宋王朝，史称南宋。

摆在新生政权面前最重要的问题有三个：一是对金政策，二是收兵权，三是确保财源。①

对金政策可以分为战、守、和三策。此三策是贯穿南宋的"国是"。宋朝的"国是"相当于今天我们所说的最高国策或正确路线，它由皇帝和士大夫群体共同订立，并且必须共同遵守，上至皇帝，下至普通百姓，都不可以公然违背"既定国是"。

在南宋，第一个提出"国是"问题的人是李纲（1083—1140）。他在《建炎进退志》中写道：

> 余因出札子奏陈。其一曰议国是。大略谓：中国之御夷狄，能守而后可战，能战而后可和。而靖康之末皆失之。今欲战则不足，欲和则不可，莫若自治，专以守为策。俟吾政事修、士气振，然后可议大举。②

李纲的态度是"主守"，然而"国是"最终需要皇帝"断自渊衷"。③直到绍兴七年（金天会十五年，1137）郦琼叛变以前，宋高宗对于主战、主守、主和，都没有下定

---

① 寺地遵：《南宋初期政治史研究》，第62页。
② 李纲：《建炎进退志》，大象出版社2019年版，第56页。
③ 李纲：《议国是》，曾枣庄、刘琳《全宋文》第一百六十九册，上海辞书出版社、安徽教育出版社2006年版，第298页。

最后决心，处于举棋不定的状态中。

即位之初，高宗重用李纲和宗泽，任命李纲为宰相筹划全局，任命宗泽为开封知府留守东京。李纲"主守"，他的具体观点是："昔金人与契丹二十余战，战必割地，厚赂以讲和，既和则又求衅以战，卒灭契丹。今又以和议惑中国，至于破都城、灭宗社、易姓建号，其不道如此……为今之计，莫若一切罢和议，专务自守之策，而战议姑俟于可为之时……建藩镇于河北、河东之地，置帅府要郡于沿河、江淮之南……以报不共戴天之仇，以雪振古所无之耻。"① 宗泽与李纲观点相近，并且"成功地将李纲所构想的军事体制具体化"②。

后来，高宗舍弃了声望较高的李纲，转而选择能够广开财源、重建财政的黄潜善和汪伯彦出任宰相。黄潜善和汪伯彦等人一直"主和"。早在靖康二年（金天会五年，1127），金人围攻开封时，汪伯彦等就认为："议和为可信。"③ 高宗即位之初，"河北惟失真定等四郡，河东惟失太原等七郡，其余皆在"④，然而黄潜善等却主张接受金朝"画河为界"⑤的要求，与金朝议和。黄潜善等甚至命令

---

① 李纲：《议国是》，《全宋文》第一百六十九册，第296—297页。

② 寺地遵：《南宋初期政治史研究》，57页。

③④ 李心传：《建炎以来系年要录》，第22、151页。

⑤ 毕沅：《续资治通鉴》，中华书局1957年版，第2580页。

刑部不可以将高宗即位后朝廷公布赦罪的文书发往黄河以北，军队也屯驻在黄河以南，主动放弃了对黄河以北领土的经营管理。

然而金朝此时的战略不只是"画河为界"，还包括"灭宗社、易姓建号"。于是建炎二年（金天会六年，1128），金人听说宗泽去世以后，决定以逮捕康王赵构的名义发动对宋战争。金太宗命令金军："康王当穷其所往而追之，俟平宋，当立藩辅如张邦昌者。"①此时宋朝主政的"宰相黄潜善、汪伯彦，皆无远略"②，加之宋军士气低落，很多将领和士兵远远望见金军的踪影和强大气势，便快速逃跑溃散，因此当金军大举南下时，几乎如入无人之境。直到金军攻占北京大名府的消息传来，有评论者认为敌人的骑兵马上就要兵临扬州（高宗此时已将朝廷迁到扬州）了，朝廷却依旧毫无准备，"张浚率同列谒执政力言之"，黄潜善、汪伯彦的态度竟然是"笑且不信"。③

在得知金军已经攻陷天长军（治所在今安徽天长市），距离扬州仅有几十公里的时候，宋高宗急忙穿上盔甲，骑马逃跑。当时随行的只有"御营都统制王渊、内侍省押班康履五六骑"，情形极其狼狈。④高宗逃到镇江时，没有床上用品，睡觉时只能用随身携带的貂皮，一半

---

①②③ 毕沅：《续资治通鉴》，第2681、2699—2700页。
④ 李心传：《建炎以来系年要录》，第390页。

铺在身下，一半盖在身上。"时事出仓卒，朝廷仪物，悉委弃之"，甚至连太祖的排位也在逃难中丢失了。[①]后来，吕颐浩进献"航海之策"，称"敌兵多骑，必不能乘舟袭我。江、浙地热，必不〔能〕久留，俟其退去，复还二浙。彼出我入，彼入我出，此兵家之奇也"[②]。高宗采纳了他的建议，逃亡海上。金军追到明州（治所在今浙江宁波市），"搜山检海已毕"[③]，仍然没能追上高宗，才在焚烧明州后退兵。金将完颜宗弼（又作兀术）企图从镇江渡江北归，结果在黄天荡遭遇韩世忠所率船队的阻击，差点全军覆没。

高宗也曾在绍兴五年（金天会十三年，1135），将边防事务交由"主战"的张浚全权处理。张浚以恢复中原，迎还二帝作为战略目标，主张对金发动全面战争。可是当时南宋的军队实际上是私家军，"隶张俊者，则曰张家军；隶岳飞者，则曰岳家军；隶韩世忠者，则曰韩家军。相视如仇仇，相防如盗贼"[④]。因此张浚北伐的成败，主要取决于能否改变这种私家军各自行动，缺少配合的局面，将家军体制重新整合为由国家进行统一指挥、有效统治的军事力量。[⑤]

[①][③][④] 李心传：《建炎以来系年要录》，第392、608、2201—2202页。

[②] 陈邦瞻：《宋史纪事本末》，第657页。

[⑤] 寺地遵：《南宋初期政治史研究》，第107—111页。

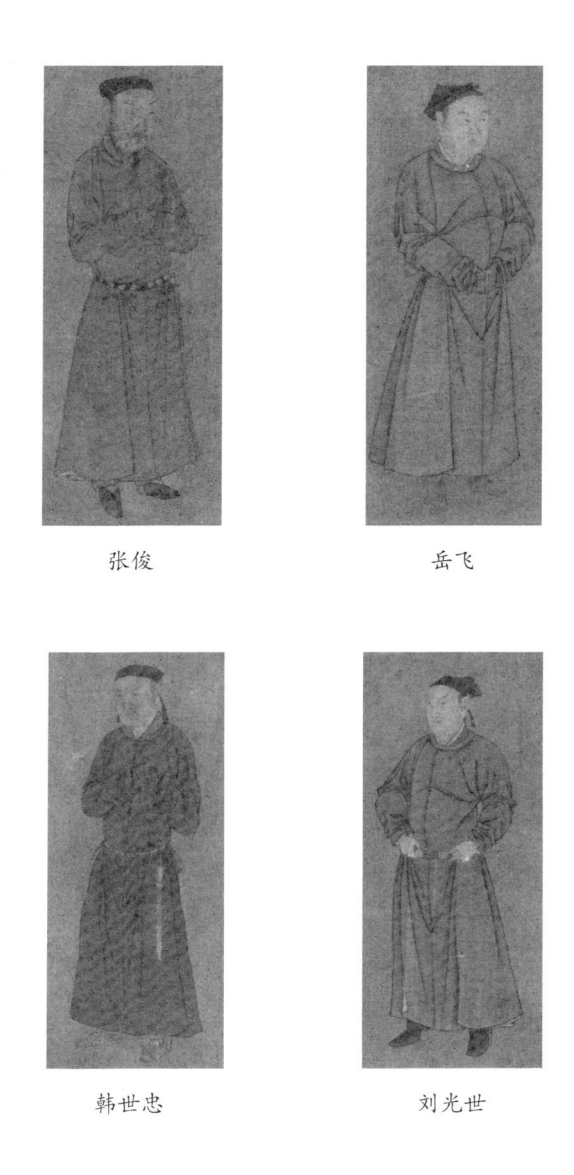

第一章 敌国外患：菊坡学派形成的历史背景

张俊　　　　　岳飞

韩世忠　　　　刘光世

选自《中兴四将图》（中国国家博物馆藏）

为了整合私家军，绍兴七年（金天会十五年，1137），张浚派吕祉收编刘光世旧部时，结果激起郦琼杀死吕祉，并且率领前线数万军队叛变，北渡淮河投降刘豫政权，史称"淮西兵变"。淮西兵变促使高宗打消了恢复中原的念头，他对张浚的评价是"措置三年，穷竭民力，殚耗国用，何尝得尺寸之地，而坏却许多事功"①。

金朝发动灭亡北宋的战争时，金太宗将中原的一切军政事务交给河东的左副元帅完颜宗翰（又作粘罕）和河北的右副元帅完颜宗望（又作斡离不）全权负责。②完颜宗望死于建炎元年（金天会五年，1127）六月。他死后由完颜昌（本名挞懒）接替其地位。挞懒"轻率浮躁"，先是向金太宗建议立刘豫为帝，国号大齐，后来见刘豫"为帝数年，无尺寸功"③，便又向金熙宗提议"以河南、陕西与宋，使称臣"④。

绍兴八年（金天眷元年，1138），金朝开出的议和条件是，把当时伪齐占领的"河南、陕西赐之宋，宋约奉表称臣"⑤，"徐议余事"⑥。高宗此时已经不再有恢复中原、洗刷靖康之耻的雄心壮志，只想保全自己（皇族），

---

① 赵鼎：《建炎笔录》，大象出版社2019年版，第56页。
② 陶晋生：《宋辽金史论丛》，台北联经出版事业股份有限公司2013年版，第295—296页。
③④⑤ 脱脱等：《金史》，第1764、1730、1860页。
⑥ 李心传：《建炎以来系年要录》，第2021页。

偏安一隅以图富贵享乐。因此在徽宗梓宫（棺材）、钦宗、高宗母后韦氏、宗族没有被送回南宋，金朝许诺的河南、陕西也没有归还的情况下，就想要"屈己求和"①，答应金朝的议和条件，对金称臣。但是当时朝野上下反对议和的力量极其强大，"士大夫不以为可，民庶不以为可，军士不以为可"②。高宗和秦桧深知反对的声浪绝不是一般的相权甚至君权所能压制得住的，于是决定采纳李纲的建议，把和议确定为"国是"。秦桧为了取得高宗的绝对信任，先后三次"留身独奏"，两次让高宗"思虑三日"。《宋宰辅编年录校补》曰：

> 金人有许和之议……秦桧意欲讲和，一日，朝殿宰执奏事退，桧独留身，奏讲和之说，且曰："臣以为讲和便。"上曰："然。"桧曰："臣僚之说，各持两端。畏首畏尾，此不足与断大事。若陛下决欲讲和，乞陛下英断，独与臣议其事，不许群臣干与，事乃可成，不然无益也。"上曰："朕独委卿。"桧曰："臣亦恐未便，欲望陛下更精加思虑三日，然后别具奏禀。"上曰："然。"又三日，桧复留身奏事，知上意欲和甚坚，犹以为未也。乃曰："臣恐别

---

① 李心传：《建炎以来系年要录》，第3192页。
② 毕沅：《续资治通鉴》，第3201页。

有未便,欲望陛下更思虑三日,容臣别奏。"上曰:"然。"又三日,桧复留身奏事如初,知上意坚确不移,方出文字,乞决和议,不许群臣干与。①

十一月的时候,外界仍然对"屈己求和"议论纷纷。秦桧采纳勾龙如渊的建议,"择人为台谏",弹劾反对议和的官员。同时提拔一大批"士大夫之顽钝嗜利无耻者"②支持议和,最终压下了反对议和的浪潮,在十二月底与金朝达成和议。

挞懒提议"以河南、陕西与宋,使称臣"③,在金朝内部遇到了强大的反对力量。他能够让此项提议最终在朝廷通过,是因为得到太宗长子、太师宗磐和宰相宗隽的坚定支持。不久之后,宗磐和宗隽都因图谋反叛而被处死。挞懒则被兀术告发,指控他里通外国,在收受宋人贿赂之后,决定把河南、陕西的土地归还给南宋。兀术请求"诛挞懒,复旧疆"④,于是金熙宗命令兀术诛杀挞懒,收复挞懒割让给南宋的疆土。

绍兴十年(金天眷三年,1140),金朝撕毁和约,重启战端。高宗和秦桧选择的应对方式是,坚持绍兴八年订

---

① 徐自明、王瑞来:《宋宰辅编年录校补》,中华书局1986年版,第1034—1035页。
② 陈邦瞻:《宋史纪事本末》,第743、761页。
③④ 脱脱等:《金史》,第1730、1754页。

立的"国是"——和，决定与金朝打一场局部防御战争。宋朝在檄文中公开谴责兀术为了一己私欲而发动对宋战争，并且表示宋朝发动对金战争的首要目的是清除首恶兀术，"期使南北，共享太平"。①高宗和秦桧的真实战略意图是，希望通过防御战争促使金朝放弃对宋战争政策，让双方重新回到绍兴八年的和议体制。

为了实现此种战略意图，在同年六月初，顺昌（治所在今安徽阜阳市）之战紧急时，高宗就赐御札给岳飞曰"设施之方，一以委卿，朕不遥度"，然而在岳飞屡战屡胜，攻下洛阳，大败兀术手中的王牌军队——重甲骑兵拐子马，使兀术手下大将纷纷归降，兀术本人也打算逃到黄河以北，恢复中原指日可待的时候，却在一日内接连收到高宗发出的十二道诏书，命令其撤军。②类似的遭遇也发生在刘锜身上，刘锜在取得顺昌大捷以后，本打算趁着金军虚弱，进一步反击，却收到秦桧让他撤军的命令。③

不甘心在中原战场失败的兀术，又在绍兴十一年（1141），渡淮南侵，结果在柘皋被宋军打得大败。有学者认为，柘皋会战是根据高宗的战略构想，将当时主要的家军军团几乎全体动员起来而进行的一场大决战，让宋朝取得了"划时代的胜利"。高宗通过此次会战恢复了朝廷

---

① 参毕沅：《续资治通鉴》，第3248—3249页。
② 参脱脱等：《宋史》，第11388—11391页。
③ 参李心传：《建炎以来系年要录》，第2196页。

的军事指挥权,得以真正确立其作为皇帝的权威和领导力。①也有学者指出:"柘皋之战,金军十万在野战中被南宋二级将领刘锜、杨沂中所部宋军打得大败,改变了以前只有岳飞、韩世忠、张俊三大将才能与金军角逐的形势,金都元帅兀术(宗弼)也由此战得知宋军已今非昔比,金已不可能消灭南宋。宋高宗、秦桧也因而认为不必依靠岳飞、韩世忠、张俊就能保持半壁江山,南宋已没有被金灭亡之虞,求和的最好时机已经来临。"②于是高宗和秦桧合谋,以对柘皋之战(岳飞并没有参加)论功行赏为由,让"韩世忠、张俊并为枢密使,岳飞为副使,以宣抚司军隶枢密院",夺了他们的兵权。③

绍兴十一年十一月,宋金签订和议,史称"绍兴和议"。在"绍兴和议"中,宋朝满足了金朝在边界、领土、岁币等方面的要求,两国以东起淮水中流,西至大散关(在今陕西宝鸡市西南)一线为边界,每年向金朝进贡"银、绢二十五万两、匹"④。金朝则满足了宋朝在名分方面的要求:一是,将宋徽宗梓宫和高宗母后韦氏归还;二

---

① 寺地遵:《南宋初期政治史研究》,第186—187页。
② 陈振:《宋史》,第497页。
③ 脱脱等:《宋史》,第13757—13758页。
④ 脱脱等:《金史》,第1755页。

是，将两国关系由"父子关系"[①]改为册封关系——君臣关系，南宋在政治上沦为金朝的藩属，金朝皇帝"册命尔（康王赵构）为帝，国号宋，世服臣职，永为屏翰"[②]。

以割地、纳贡、称臣为主要内容的绍兴和议无疑是一份屈辱的和议，只是平心而论，绍兴和议所表现出的两国关系，对宋朝也有三点积极意义：一是，南宋政权得到了金朝的正式承认，双方建立起了稳定的宋金关系；二是，高宗借着梓宫和母后的归返，使自己即位正当化，增强了作为皇帝的合法性和权威性；三是，金朝放弃了建立傀儡政权，拥立钦宗及其太子等破坏性活动。[③]

自绍兴十一年开始，不只宋朝"专在和好，而女真之族类亦皆以和为利"[④]。直到金朝的海陵王完颜亮自"恃累世强盛"[⑤]，想要统一南北，在绍兴三十一年（金正隆六年，1161）八月发动对宋战争，宋金战争才又重新开启。在此次宋金战争中，影响全局的战役主要有两次：一次是，绍兴三十一年的采石之战；另一次是，隆兴元年（1163）的符离之战。

---

① 寺地遵指出，在绍兴八年（1138）和议中，金朝要求"将对齐关系原原本本地转移为对宋关系……即要求以事父之礼相待。"参氏著：《南宋初期政治史研究》，第207页。
② 脱脱等：《金史》，第1756页。
③ 寺地遵：《南宋初期政治史研究》，第210—213页。
④ 叶适：《叶适集》，中华书局2010年版，第824页。
⑤ 毕沅：《续资治通鉴》，第3492页。

绍兴三十一年十一月初，时任参谋军事的虞允文奉命去采石（今安徽马鞍山市西南采石街道）慰劳、赏赐前线军队。在距离采石十多里的地方，他就看到南宋军队杂乱无序地坐在路边；驱马赶到采石，又看到长江北岸的金军营帐无边无际，人数足有四十万，战马八十万匹，而长江南岸的南宋军队仅有将士一万八千人，战马几百匹而已。这些宋军是原属王权的败兵，从淮南西路的庐州（绍兴初年，治所在今安徽巢湖市）一路溃逃而来，已经丢盔卸甲，士气非常低落。此时王权已经被罢免，新任命的统帅李显忠还没有抵达，军队没有统帅，形势十分危急。

值此千钧一发之际，虞允文认为，坐着等待李显忠来指挥军队只会贻误战机，便立即召集张振、王琪、时俊等将领召开紧急会议，勉励他们说，"敌人一旦过江，你们又能逃到哪里去呢？现在我们占有地利，与其逃跑，不如借助长江天险死中求生。而且在军队中非常有威望、受你们尊重爱戴的李显忠将军马上就要来做你们的新统帅了。朝廷已经让我把赏赐给军队的钱财和加官晋爵的凭证带来了，就等着你们夺得战功，好立即赏赐给你们。"[①]将领们表示，既然有虞允文主持大局，大家都愿意为了虞允文与金军决一死战。这一战的结果是，宋军大胜，粉碎了完颜

---

① 参李心传：《建炎以来系年要录》，第3259—3270页；脱脱等：《宋史》，第11792—11793页。

亮想要从采石渡江的计划，史称采石之战。

采石之战的规模并不大，但是影响却非常大。第一，金军在采石渡江失败，直接促成了完颜元宜等煽动叛乱，杀死金帝完颜亮和皇太子完颜光英，并率领大军北撤。①第二，这一战的胜利，极大地鼓舞了南宋军民的士气。在此前不久，王权战败的时候，"中外大震"，高宗曾想疏散官吏，"浮海避敌"②，而在听闻完颜亮被部下杀死之后，则自信满满地说："是天赐朕也。朕当择日进临大江，洒扫陵寝，肃清京都"③。第三，从此以后，金人放弃了彻底消灭南宋的企图。④

此时，金朝内部不稳，境内出现了很多叛乱。因而同年十二月，金朝大都督府在发给宋朝三省枢密院的公文中指出"正隆（按：完颜亮年号）失德，师出无名……各宜戢兵，以敦旧好"⑤，希望恢复绍兴十一年的和议体制。第二年（1162）三月，当契丹人耶律窝干的叛军快要打到居庸关（今北京市昌平区西北三十里）时，金世宗为了避免宋军乘虚而入，曾考虑过如果宋朝在领土方面"有所求，

---

① 脱脱等：《金史》，第2830—2831页。
②⑤ 李心传：《建炎以来系年要录》，第3243、3287页。
③ 汪圣铎：《宋史全文》，中华书局2016年版，第1912页。
④ 陶晋生：《宋辽金元史新编》，台北稻香出版社2013年版，第141页。

当割而与之",可惜宋朝没有把握机会索取土地归还宋。①

同年(1162)六月,宋高宗禅位。太子赵昚(太祖七世孙)即位,是为孝宗。九月,金朝平定了耶律窝干的叛乱,转而对南宋采取强硬态度。

孝宗起初锐意恢复,在隆兴元年(金大定三年,1163)正月,任命主战的张浚为枢密使,负责对金防务。两个月以后,张浚收到金帅纥石烈志宁的来信。纥石烈志宁要求南宋按照绍兴和议向金称臣纳贡,同时索要此前被南宋占领的海(辖境包括今江苏连云港市)、泗(辖境包括今江苏宿迁市)、唐(治所在今河南唐河县)、邓(治所在今河南邓州市)、商州(治所在今陕西商洛市)等地,否则就开战。②张浚说服孝宗采取先发制人战略,派李显忠和邵宏渊率领军队,渡淮北上,分别攻打灵璧(治所在今安徽灵璧县,属宿州)和虹县(治所在今安徽泗县,属泗州)。得胜之后,李显忠又乘势攻占宿州(治所在今安徽宿州市)。可是李显忠与邵宏渊不和,在李显忠与金军激烈交战时,邵宏渊居然按兵不动,甚至对麾下将士说:"当此盛夏,摇扇清凉且不堪,况烈日被甲苦战乎!"③最终李显忠无奈率军南撤,"虽然辎重尽失,但保存了兵力"④。

---

① 李心传:《建炎以来系年要录》,第3367—3368页。
②③ 陈邦瞻:《宋史纪事本末》,第810、812页。
④ 陈振:《宋史》,第518页。

由于宿州也被称为符离郡,所以宿州之战也多被称作"符离之战"。以前的宋金战争都是"因其(按:金军)来而后与之战……不得已而后战也"①。符离之战是南宋历史上第一次主动出击,它的失败证明,宋朝没有能力打到淮河以北,收复中原。此前的完颜亮南征则证明,金朝对于在长江以南与南宋交战,也没有必胜的把握。宋金双方在体验了打破现状的失败后,最终在隆兴二年(金大定四年,1164)缔结了新的和议,"仿大辽书题之仪,正皇帝之称,为叔侄之国,岁币减十万之数,地界如绍兴之时"②。史称"隆兴和议"。

与绍兴和议相比,南宋通过放弃新占的领土("地界如绍兴之时"),争取到了较为有利的条件:其一,"宋对金的表和金对宋的诏都改为平等的国书"③。在国书中南宋不再称"敝邑",改称"大宋";在对金关系中,南宋皇帝不再称王(金朝此前一直称宋高宗为康王),改称皇帝。其二,宋金关系不再是"以小事大"的君臣关系,而是"世为叔侄"④的亲属关系。其三,"岁贡"改称"岁币",而且银、绢各减五万两、匹。

此后,直到开禧二年(金泰和六年,1206),权臣韩

---

① 刘时举:《续宋中兴编年资治通鉴》,中华书局2014年版,第170页。

②④ 脱脱等:《宋史》,第630、11830页。

③ 陶晋生:《宋辽金元史新编》,第142页。

侂胄为了"立盖世功名以自固"①而发动开禧北伐，宋金双方维持了四十多年的和平。

宋金之间的边界实际上是综合国力对比的客观结果。开禧年间，在综合国力方面，金强宋弱的整体态势并没有改变；在外部环境方面，虽然蒙古诸部日渐强大，不时侵扰金朝北疆，但是铁木真在公元1206年才刚刚完成蒙古诸部的统一，还没有威胁到金朝的生存。因此在南宋内部，即使是主战的辛弃疾（1140—1207）和叶适（1150—1223）也都认为北伐的时机尚未成熟。

辛弃疾在嘉泰四年（金泰和四年，1204）对宋宁宗说："夷狄（按：指金朝）必乱必亡，愿付之元老大臣，务为仓猝可以应变之计。"②至于金朝混乱灭亡的时间，则不是当前，而是从开禧元年（1205）算起，"更须二十年"③。辛弃疾对程珌说，南宋军队在符离之战后开始有"不战自溃"的风气，这种军队不能迎敌，只能装点门面，"渡淮迎敌，左右应援，则非沿边土丁，断不可用"。而且沿边土丁要独立成军，因为一旦和官军混在一起，"则日渐月染，尽成弃甲之人。不幸有警，则彼此相

---

①② 李心传：《建炎以来朝野杂记》，中华书局2000年版，第825页。

③ 袁桷：《跋朱文公与辛稼轩手书》，氏著《袁桷集校注》，中华书局2012年版，第1992页。

持，莫肯先进；一有微功，则彼此交夺，反戈自戕"。①

叶适（1150—1223）在得知韩侂胄将要发动北伐的消息后，就向宁宗上奏曰："修实政，行实德，弱可变而为强，非有难也……故必备成而后动，守定而后战。今或谓金已衰弱，姑开先衅，不惧后艰，求宣和之所不能，为绍兴之所不敢，此至险至危事也。"②然而辛弃疾和叶适的意见并没有被宁宗采纳。

开禧二年四月，宋军不宣而战，分兵三路伐金，史称"开禧北伐"。战局正如辛弃疾所料，"弃甲曳兵而走者，皆平日厚廪于县官者也。其间称以立功自见，及控扼关隘之人，大抵皆义勇民兵，万弩手、雄淮敢死诸军耳"③。除了毕再遇和田俊迈以外，参与北伐的南宋军队几乎没有值得称道的将帅之才。④被韩侂胄委以四川军政大权的吴曦，更是早有二心，北伐前就暗中与金朝勾结。在十二月，被金朝秘密册封为蜀王以后，吴曦甚至计划联合金军夹攻襄阳。⑤

见形势不妙，从开禧三年（1207）春季到秋季，韩侂

---

① 辛弃疾、辛更儒：《辛弃疾集编年笺注》，中华书局2015年版，第2127页。

②⑤ 脱脱等：《宋史》，第12892、13812—13813页。

③ 袁甫：《入对札子》，《全宋文》第三百二十三册，第288页。

④ 虞云国：《南宋行暮：宋光宗宋宁宗时代》，上海人民出版社2018年版，第230页。

胄连续三次派遣方信孺出使金朝议和。方信孺具有极其出色的外交才能，《宋史》称他"以口舌折强敌"，"公论所推，虽敌人不能掩也"。①他清醒地认识到金军在与宋军的相持中并没有绝对优势，蒙古在不久的将来会成为金朝的劲敌，因此敢于拒绝金人关于"割地""称臣""缚送首谋"的要求。②可是当韩侂胄得知金朝议和的条件之一，是索要自己的脑袋以后，就中断了议和进程，决定将北伐进行到底，致使"中外忧惧"。③

北伐失败，动摇了韩侂胄的地位。时人林大中对宾客说："今日欲安民，非息兵不可；欲息兵，非去侂胄不可。"④这种观点反映了当时的公论：韩侂胄已经成为议和的最大障碍。杨皇后（在韩皇后刚去世，中宫虚位的时候，韩侂胄曾支持杨皇后的竞争对手曹美人为后）和礼部侍郎史弥远（公开反对北伐，已经与韩侂胄势不两立）趁机联手，伪造宁宗密旨，命令权主管殿前司公事夏震，将韩侂胄杀死。

最终，经过集体讨论，南宋同意了金朝的条件：将韩侂胄的首级从棺材中取出来，用盒子装好，送到金朝，换回开禧北伐中失去的淮南、陕西的土地。最终双方在嘉定元年（金泰和八年，1208）缔结了嘉定和议。主要条

---

①③④ 脱脱等：《宋史》，第12061、13776、12016页。
② 虞云国：《南宋行暮：宋光宗宋宁宗时代》，第246—250页。

款是：宋金关系由"世为叔侄"改为"世为伯侄"；岁币由"每年银、绢二十万两、匹"变成"每年银、绢三十万两、匹"；此外还有一次性的犒军钱（战争赔款）三百万两。[①]宋朝虽然没有割地称臣，但是函首乞和是主权国家的奇耻大辱，而且同上一次宋金间的隆兴和议相比，在名分和岁币方面都处于更加不利的位置。

综上，从南宋建国的1127年开始，到金朝灭亡的1234年为止，南宋与金先后四次签订和约。虽然和约的内容不尽相同，但是其本质都是不平等条约。

---

① 脱脱等：《金史》，第2169—2173页。

宋金和议表

次数	时间	内容	先决条件	履行情况
首次	高宗绍兴八年（1138）	"河南、陕西赐之宋，宋约奉表称臣"，"徐议余事"	无	因金国政变，未能履行
二次	高宗绍兴十一年（1141）绍兴和议	1．宋对金称臣；2．东以淮水中流、西以大散关为界；3．每年金朝皇帝生辰和正旦，南宋遣使称贺；4．南宋每年进贡银、绢二十五万两、匹	杀名将岳飞	履行
三次	孝宗隆兴二年（1164）隆兴和议	1．金宋关系由君臣关系改成"世为叔侄"；2．改表、诏为平等的国书；3．宋每岁纳币数，减为银、绢二十万两、匹；4．疆界一如绍兴和议	无	履行
四次	宁宗嘉定元年（1208）嘉定和议	1．金宋关系由"世为叔侄"改成"世为伯侄"；2．金归还开禧北伐后新占的领土；3．宋增岁币为银、绢三十万两、匹；4．南宋一次性向金朝支付犒军钱三百万两	杀宰相韩侂胄，送其首级至金	履行

第三节　联蒙灭金与蒙灭宋

南宋最初对崛起于金朝北方的蒙古缺乏认识，直到嘉定四年（金大安三年，1211）使臣余嵘带回蒙古围攻燕京的消息以后，才开始重视蒙古。对于蒙古的崛起，南宋的心情是一则以喜，一则以忧。喜的是，有机会停止向金朝提供岁币，甚至收复中原，一雪靖康之耻。忧的是，现在的蒙古就相当于曾经的女真，现在的金朝就相当于曾经的辽朝，如果联蒙灭金，很有可能重蹈昔日海上之盟的覆辙；如果置身事外，闭关自守，动荡的时局又不允许。当时南宋的处境真可谓："事会之来，应之实难，毫厘少差，祸败立至。"[1]

嘉定七年（金贞祐二年，1214）七月，金朝为了躲避

---

[1] 真德秀：《奏札二》，《全宋文》第三百一十二册，第182页。

蒙古的侵犯欺凌，将都城由燕京迁到汴京（金称南京，今河南开封市）。面对新的国际形势，以真德秀、刘光祖、陈𫘦等为代表的主战派，主张废弃岁币、绝交，甚至不惜与金一战。①真德秀在同月的二十五日上书宁宗曰："汴京是宋太祖开基建国、祭祀天地和祖先、接受群臣和周边政权朝拜的地方，如今却被垂死的、丑恶的金朝偷去作首都。关于岁币，上策是废除，全额用于战备，以激励士气；中策是削减，削减到隆兴和议时的数额；若是一切如初，则不只是下策，简直是无策，不但会给国家带来羞辱，而且还会招来蒙古与其他盗贼的侵犯和勒索。"②刘光祖更进一步，主张与金朝绝交："今虏（按：指金朝）舍其巢穴，污我汴都，尚复与之通使，使吾臣子拜虏于昔日朝会之廷，可乎？"③陈𫘦则更加激进，主张早日收复中原，"宜早夜以克复激厉中外之心，不可以自守沮抑将士之气，士气一惰，作之实难"④。

然而以权相史弥远为首的主和派，为了巩固自己的地

---

① 黄宽重：《晚宋朝臣对国是的争议——理宗时代的和战、边防与流民》，台北天贸有限公司1978年版，第14—18页。
② 参真德秀：《直前奏事札子》，《全宋文》第三百一十二册，第208—209页。
③ 真德秀：《刘阁学墓志铭》，《全宋文》第三百一十四册，第116页。
④ 刘克庄：《忠肃陈观文神道碑》，《全宋文》第三百三十一册，第121页。

位，仍然打算"遣使予币"①。如淮西转运使乔行简的观点就是："蒙古渐兴，其势已足以亡金。金，昔我之仇也，今吾之蔽也。宜姑与币，使得拒蒙古。"②

菊坡学派的创始人崔菊坡属于主守派。他认为，主动出击必然会带来不利后果；与金人议和又会误国，因此在他心里，对于主战与主和的观点都怀有深深的忧虑。③他的观点是，金朝迁都汴京标志着金朝国力的衰落，意味着南宋恢复中原的机会正在到来，但是南宋还没有做好充足准备。因为南宋的军队，就像汉文帝时期屯驻在霸上和棘门的守军，"如儿戏耳"，而且军队中遗留着"债帅"④的风气，这样的军队只能装点门面，无法用于收复中原的军事行动中。南宋的当务之急是保持战略定力，致力于提升国

---

① 真德秀：《刘文简公神道碑》，《全宋文》第三百一十四册，第65页。

② 毕沅：《续资治通鉴》，第4339页。

③ 崔菊坡曰："有为进取之举者，臣知其必不利；又有为议和之说者，臣亦断以为不可行，既而竟如所料。"李肖龙：《言行录》，《宋丞相崔清献公全录》，第13页。

④ "债帅"这个名称产生于唐朝后半期，《旧唐书·高瑀》曰："自大历已来，节制之除拜，多出禁军中尉。凡命一帅，必广输重赂。禁军将校当为帅者，自无家财，必取资于人，得镇之后，则膏血疲民以偿。及瑀之拜，以内外公议，搢绅相庆曰：'韦公作相，债帅鲜矣！'"刘昫等：《旧唐书》，中华书局1975年版，第4250页。

力,然后运用万全之策,一举收复全部失地。①

最终改变主和派态度的是金宣宗的南伐。南宋停止向金朝缴纳岁币,让金朝原本已经拮据的财政变得更加窘迫。加之此前,术虎高琪为了重新获得兵权,力劝宣宗讨伐南宋"以广疆土"②,补偿蒙古所造成的损失。因而金宣宗在嘉定十年(金兴定元年,1217)四月,趁着成吉思汗忙于西征,金朝北部压力暂时缓解的时候,以"岁币不至"为借口,派遣乌古论庆寿和完颜赛不领兵讨伐南宋。③然而此时金朝的国力已经衰落,打南宋不再是"手到擒来",而是"势均力敌",甚至是"败多胜少"。④不久之后,金宣宗便下诏罢兵,有意与南宋议和,但是却遭到了南宋的拒绝。直到嘉定十七年(金正大元年,1224),金哀宗完颜守绪即位后停止南伐,同时放弃岁币要求,南宋顺势收兵,此次宋金战争才算结束。金朝不去抵御蒙古,反而来侵略南宋,加上双方几乎不可能化解的夙怨,令南宋不可能选择"扶金以拒蒙"的政策。

金兵南侵以后,南宋对于是否要联蒙抗金进行了激烈的讨论。由于有"海上之盟"的教训,南宋的态度非常慎重,最终史弥远采纳了程珌的主张,让防守边疆的将帅自

---

① 洪咨夔:《通崔安抚》,氏著《洪咨夔集》,浙江古籍出版社2015年版,第888—889页。

②③ 脱脱等:《金史》,第2344、328页。

④ 参陈振:《宋史》,第533页。

第一章 敌国外患：菊坡学派形成的历史背景

己决定对蒙政策，朝廷不直接参与。他们认为这样做的好处是，如果成功，朝廷享受利益；如果失败，朝廷也没有损失。①

宋理宗宝庆三年（金正大四年，1227），成吉思汗去世。成吉思汗临终前留下了借道南宋，灭亡金朝的战略构想："金精兵在潼关，南据连山，北限大河，难以遽破。若假道于宋，宋、金世仇，必能许我，则下兵唐、邓，直捣大梁。金急，必征兵潼关。然以数万之众，千里赴援，人马疲弊，虽至弗能战，破之必矣。"②绍定五年（金天兴元年，1232），蒙古拖雷的先锋按竺迩率领大军抵达南宋边境，成功说服宋制置使桂如渊借道，于是有了蒙古军在三峰山（今河南禹州市西南二十

宋佚名《理宗坐像轴》（台北"故宫博物院"藏）

① 参程珌：《边币议》，《全宋文》第二百九十八册，第14页。
② 宋濂等：《元史》，中华书局1976年版，第25页。

里）歼灭金军全部精锐的辉煌战绩。①

三峰山之战后,金哀宗逃往蔡州（治所在今河南汝南县）。绍定六年（金天兴二年,1233）八月,蒙古派王檝出使南宋,约南宋出兵一起攻打蔡州,并且索要军粮。当时南宋朝廷里有些人认为,金朝快要灭亡了,应该复仇；有些人主张,蒙古贪得无厌,应该以防后患,没有形成统一意见。京湖制置使史嵩之咨询名将孟珙,孟珙认为,南宋现在的实力不足,没有办法威慑蒙古,为了避免蒙古在灭亡金朝之后攻打南宋,应该联合蒙古攻打金朝,并且提供军粮。史嵩之采纳了孟珙的建议,派孟珙和江海率领两万宋军,与倴盏率领的蒙军一同攻打蔡州。②

金哀宗知道王檝返回蒙古时,有南宋军队护送,感到非常恐惧,于是立即派遣完颜阿虎带等出使南宋,求援并且借粮。他命令使臣劝说南宋："宋人负朕深矣,朕自即位以来,戒饬边将无犯南界。边臣有自请征讨者,未尝不切责之……今乘我疲敝,据我寿州（按：治所在今安徽寿县）,诱我邓州（按：治所在今河南邓州市）,又攻我唐州,彼（按：指南宋）为谋亦浅矣。大元灭国四十,以及西夏,夏亡及于我,我亡必及于宋。唇亡齿寒,自然之

---

① 宋濂等：《元史》,第2887、2983—2984页。
② 刘克庄：《刘克庄集笺校》,中华书局2011年版,第5681页。

理。若与我连和，所以为我者亦为彼也。"①但是南宋最终还是拒绝了金朝的请求。

同年十月，史弥远病死，宋理宗开始亲政。理宗在十一月下诏，改次年为端平元年（金天兴三年，1234），有意改革更新。端平元年正月初十，蔡州城将要被攻破的时候，金哀宗传位给身手矫健敏捷、具有用兵谋略的东面元帅完颜承麟（按：金末帝），希望他能够突出重围，延续国祚。可是在传位仪式还在进行时，孟珙就已经率领宋军攻入南门。其后，宋军从内部打开城门，放倴盏带领的蒙军进城。金哀宗知道大势已去，便自缢殉国。当孟珙和倴盏赶到现场时，金哀宗的遗体还没有完全被火化成灰烬，于是他们各取了一部分哀宗的遗骨和用于仪仗、祭祀的器物作为战利品。②金末帝也被叛乱的士兵杀死，金亡。③

金亡之后，蒙古按照约定，将"陈、蔡东南之地给宋……撤兵北退"④。此时蒙强宋弱，而且蒙古以"和"待宋，对于南宋来说，最好的选择应当是"以和为形，以守为实，以战为应"⑤。但是赵范、赵葵、全子才却被降

---

①③ 脱脱等：《金史》，第400、402—403页。
② 脱脱等：《宋史》，第12374、801页。
④ 黄宽重：《晚宋朝臣对国是的争议——理宗时代的和战、边防与流民》，第33页。
⑤ 吴潜：《上庙堂书》，《全宋文》第三百三十七册，第236页。

人谷用安煽动，认为只有效法金军依靠潼关（今陕西潼关县东北）和黄河天险建立防线才能抵挡住蒙古的铁蹄，因此他们主张趁蒙军北撤之时夺取潼关和黄河，一举平定中原。①绝大多数官员则以"内治未举，规模未立""人才缺乏，士卒不足""中原赤地，军食艰难""民心未孚，恐酿内乱""根本空虚，必受实祸""实力不足，事力难继""挑敌不祥，不可轻动"为由，主张对蒙古采取和平政策。②最终在宰相郑清之（1176—1251）的力主之下，理宗决定出兵河南，收复中原。③

端平元年（1234），宋朝发兵收复汴京以后，本来打算等粮草准备充足之后再前进，后来，为了早日收复潼关和黄河，从汴京向洛阳进军时，就只带了五天的军粮（当时预计后面的军粮会陆续送到）。到洛阳时，"城中寂然无应者。盖北军（按：指蒙古军）之戍洛阳者，皆空其城诱我矣。逮晚，始有民庶三百余家登城投降"。七月二十九日，军粮已经用尽，又碰到了被蒙古军打败的"杨义军溃卒"，于是士气低落的宋军在八月仓皇溃败。这次

---

① 周密：《齐东野语》，中华书局1983年版，第77—79页。
② 黄宽重：《晚宋朝臣对国是的争议——理宗时代的和战、边防与流民》，第34—40页。
③ 陈邦瞻：《宋史纪事本末》，第1037页。

军事行动,史称端平入洛。①

端平入洛的结果是南宋死亡几十万军民,损失一百多万石粮食,舍弃的兵器、铠甲、船、车等辎重不计其数,使南宋在江淮战场的防线变得非常脆弱。②此后,史弥远的侄子史嵩之仍然主和,但是却遭到了端平入洛的主战者和清议知识分子的一致反对。他们认为,史嵩之议和损害了国家利益,其目的是巩固自己的权位,其结果只能是让南宋重蹈北宋灭亡的覆辙。③有主战者指出,端平入洛失败的主要原因在于,史嵩之没有把军粮送到前线,造成"粮用不继"。④李昴英主张:"(史)嵩之包藏祸心,窃据相位……自其漏我师期,于是乎有京洛之败;假挟北使,于是乎有邀索之辱;导敌入寇,于是乎有淮甸之祸;是为卖国之贼臣。"⑤最终,南宋仍然在战、守、和之间犹豫不决,继续对蒙古实行和战并行的政策。

波斯《史集》记载,有一次成吉思汗和身边的将领们谈论"对男子汉来说什么是最大的快乐"。成吉思汗听了大家的回答,感觉都不满意。他说:"你们说得不好!镇

---

① 周密:《齐东野语》,第78—79页。
② 参徐自明、王瑞来:《宋宰辅编年录校补》,第1558页。
③ 黄宽重:《晚宋朝臣对国是的争议——理宗时代的和战、边防与流民》,第51—56页。
④ 毕沅:《续资治通鉴》,第4566页。
⑤ 李昴英:《再论史丞相疏》,《文溪存稿》,第90页。

压叛乱者、战胜敌人,将他们连根铲除,夺取他们所有的一切;使他们的已婚妇女号哭、流泪,骑乘他们的后背平滑的骏马……这才是男子汉〔最大〕的乐趣!"①蒙古的将领是一批以掠夺为荣耀的职业战士。蒙古统治者"实际上是把所有已知世界都当作了他们'未来世界帝国'的组成部分"②。在蒙古人心中,衡量一位统治者的成就的重要指标,就是看他是否能够征服更多的国家、人民,掠夺更多的财富。③整个蒙古民族的普遍心态是:"你气力大则我投降归附你,我气力大则你投降归附我。"④对国势积弱的南宋而言,被蒙古征服实际上是迟早的事。最终,南宋恭帝在德祐二年(元至元十三年,1276)投降,宋末帝在祥兴二年(元至元十六年,1279)被陆秀夫背着投海自尽,南宋亡。

---

① 拉施特主编,余大均、周建奇译:《史集(第一卷第二分册)》,商务印书馆1983年版,第361—362页。

②③ 参傅海波、崔瑞德编,史卫民等译:《剑桥中国辽西夏金元史(907—1368年)》,第18、441页。

④ 参吴潜:《上庙堂书》,《全宋文》第三百三十七册,第238页。

第二章 科举社会：菊坡学派形成的社会背景

宋朝建立时，既不像唐朝那样，可以依靠关陇集团和山东门第作为其社会基础，又深怕唐末五代以来骄兵悍将随时发动军事政变、颠覆政权的前鉴。因此宋朝统治者有意争取士人（读书人）对新王朝的支持。他们的具体做法是，通过对科举制度进行改革和完善，塑造了一个科举社会。①

选自仇英《观榜图》（台北"故宫博物院"藏）

---

① 钱穆先生指出，宋代社会"永不再有世袭贵族与大门第出现"，政府通过科举考试选拔官员，官员主要出自平民，因此可以称作科举社会或白衣（平民）社会。参钱穆：《国史新论》，三联书店2018年版，第30—31、48页。

第一节　考试内容的改革

为了更好地选拔治国人才，王安石（1021—1086）在熙宁年间推动了科举制度改革。根据《续资治通鉴长编》在熙宁四年（1071）的记载：

> 二月丁巳朔，中书言："……明经及诸科欲行废罢，取元解明经人数增解进士，及更俟一次科场，不许诸科新人应举，渐令改习进士……今定贡举新制，进士罢诗赋、帖经、墨义，各占治《诗》《书》《易》《周礼》《礼记》一经，兼以《论语》《孟子》。每试四场，初本经，次兼经并大义十道，务通义理，不须尽用注疏。次论一首，次时务策三道，礼部五道。（礼部五道，当考。）中书撰大义式颁行……"从之。①

---

① 李焘：《续资治通鉴长编》，第5334—5335页。

此次改革主要包括考试科目和考试题型两个方面。在考试科目方面，废除明经科和诸科，改为进士科一科取士。具体操作办法是：立即废除明经科，让原来准备考明经科的举人改考进士科；逐渐废除诸科，在下一次科举考试后，除原来考诸科的"老应举人"外，"新应举人"都只能考进士科，不允许再报考诸科。让诸科随着"老应举人"的消失而消亡。在考试题型方面，进士科废除诗赋、帖经、墨义，变为大义、论、策取士。

从治国理政的角度看，"诗赋浮靡，不根道德，施于有政，无所用之"[1]。正如王安石在《上仁宗皇帝言事书》中所言，通过诗赋选拔出来的进士，他们的才能"不足以为公卿"。以诗赋取士的后果是：一方面，很多没有公卿之才的人，凭借诗赋方面的才能而位至公卿；另一方面，绝大多数（十之八九）有公卿之才的人，因为缺乏诗赋方面的才能而老死于山野。[2]

与之相反，"论、策可以验实学"[3]。论、策是官场的实用文体，是奏议写作的主要形式，主要考察的是"通

---

[1] 李焘：《续资治通鉴长编》，第5336页。
[2] 参王安石：《上仁宗皇帝言事书》，《全宋文》第六十三册，第336—337页。
[3] 马端临：《文献通考》，第898页。

经致用"，即运用"经义"解决实际问题的能力。①何谓"经义"？经义就是指《诗》《书》《易》《周礼》《礼记》《论语》《孟子》等儒家经典中所包含的，与格物、致知、诚意、正心、修身、齐家、治国、平天下相关的"义理""道理""大义"，即王安石所谓的"天下正理"。王安石认为："今以少壮时正当讲求天下正理，乃闭门学作诗赋，及其入官，世事皆所不习，此乃科法败坏人才，致不如古。"②

具体而言，论与策又有差别。"试之论，以观其所以是非于古之人；试之策，以观其所以措置于今之世。"③"论以见评议古今，策以试潦通时务。"④作为一种文体，"论"是指"解释经典、说明道理的著作"；作为一种方法，"论"是指"论理"，"是对各种说法加以综合研究，从而深入地探讨某一道理"，"重在用严密的理论来判辨是非，大多是论证抽象的道理"。⑤策则主要考

---

① 参陈植锷：《北宋文化史述论》，中华书局2019年版，第107—111页。

② 马端临：《文献通考》，第907页。

③ 苏轼：《谢梅龙图书》，苏轼、李之亮《苏轼文集编年笺注》，巴蜀书社2011年版，第353页。

④ 徐松：《宋会要辑稿》，上海古籍出版社2014年版，第5367—5368页。

⑤ 参刘勰、陆侃如、牟世金：《文心雕龙译注》，齐鲁书社2009年版，第274—280页。

察一个人处理实际事务的能力。

"帖经"类似于现在的"填空";"墨义"类似于现在的"默写",它们只能考察考生记忆经文和注疏的能力,却无法考察考生"通经致用"的能力。①

与此不同的是,考"大义"时要求举人"直取圣贤意义解释对答,或以诸书引证,不须具注疏"②。可以推知,"大义"就是义理,以大义解经,所用的方法是"据理以通经"③。"据理以通经"意味着考生需要用义理来诠释圣贤在经典中所表达的意思,在具体的诠释过程中,可以引用其他书籍来证明自己的观点,不必完全依据注疏。皇祐初年,刘恕应诏对《春秋》《礼记》大义,所对大义被誉为"最精密翔实"。他的方法就是"先具注疏,次引先儒异说,末以己意论而断之"。④正如蔡襄(1012—1067)所言:"明经(按:指帖经、墨义)只问所习经书异同;大义,所对之义只合注疏大意,不须文字尽同,或自有意

---

① 张希清:《中国科举制度通史(宋代卷)》,上海人民出版社2017年版,第15—16页。

② 宋祁:《详定贡举条制奏》,《全宋文》第二十三册,第320页。

③ 范宁:《春秋穀梁传序》,阮元《十三经注疏·春秋穀梁传注疏》,中华书局2009年版,第5126页。

④ 周祖谟:《宋史文苑传笺证·附辽史文学传笺证》,凤凰出版社2012年版,第580页。

见，即依注疏解释外，任自陈述，可以明其识虑。"①

王安石推动的科举改革，对于选拔治国理政所需的人才大有好处，连反对王安石变法的司马光也认为："悉罢赋诗及经学诸科，专以经义、论、策试进士。此乃革历代之积弊，复先王之令典，百世不易之法也。"②因此随着诸科在宋徽宗政和六年（1116）彻底消亡，其后的八百多年间，完全变为进士一科取士。③就宋朝而言，在王安石去世以后，进士科有时分为经义进士和诗赋进士两科，有时又合为一科，时分时合，最终在南宋高宗绍兴三十一年（1161）确定为在解试和省试时，进士科"分为经义进士、诗赋进士两科，殿试仍为一科，一直沿用至南宋灭亡"④。经义进士考经义、论、策，诗赋进士考诗赋、论、策。两科进士分别以经义和诗赋决定取舍，而以论、策确定高下。⑤

王安石推动的科举改革可以概括为，"变声律为议论，变墨义为大义"⑥。"变声律为议论"，是指以论、策代替诗赋；"变墨义为大义"，是指以义理代替记诵。从

---

① 蔡襄：《论改科场条制疏》，《全宋文》第四十六册，第394页。

② 司马光：《起请科场札子》，司马光、李之亮《司马温公集编年笺注》，巴蜀书社2009年版，第274页。

③④⑤ 张希清：《中国科举制度通史（宋代卷）》，第13、81、422页。

⑥ 马端临：《文献通考》，第908页。

学术的角度来说,"诗赋观词章之润色"[①],主要考察的是辞章之学;"以帖经试本文,以墨义问注疏"[②],主要考察的是汉唐注疏之学;试"大义……务通义理"[③],主要考察的是义理之学。科举考试内容的改革,标志着宋学(义理之学)对辞章之学和汉唐注疏之学的胜利,同时也让一大批通晓儒学义理,善作古文,长于议论的新一代知识分子成长起来。

[①] 徐松:《宋会要辑稿》,第5367页。
[②] 陈植锷:《北宋文化史述论》,第122页。
[③] 李焘:《续资治通鉴长编》,第5334页。

第二节 考试方法的改革

宋代在继承唐代科举制度的基础上,通过对考试方法进行改革,更加充分地践行了"自由报名,统一考试,平等竞争,择优录取"的原则。

一、自由报名

唐代科举考试的报名条件很宽松,对于那些没在官学学习的读书人,只需要"怀牒自列于州县"[①],即带着自己的身份证明材料到州县衙门去报名,不需要推荐。宋代的报名条件更加宽松,同时还允许现任官员、工商业者和宗室子弟报名。[②]这实际上是通过公开招考、自由报名的方式,为不同家世背景的读书人提供了均等的考试机会。

---

① 欧阳修、宋祁:《新唐书》,中华书局1975年版,第1161页。
② 张希清:《中国科举制度通史(宋代卷)》,第4—5页。

二、统一考试

宋代的科举考试分为三级，分别是：解试、省试和殿试。

"解"是指"地方发送士人入京的文书凭证"[①]。根据《朝野类要》（被誉为"宋代官场小型百科全书"）记载，解试（也称"发解试"）的功能是"依额取人，荐名于朝廷"[②]。即根据分配到的解额数量，确定得解人选，然后向朝廷进献人才。因其一般在秋天举行，所以也被称为"秋试""秋赋""秋闱"。读书人参加解试，称为取解、取应或应举。通过解试，虽然不能直接被授予官职，但是却能够以举人、进士、乡贡进士、得解进士等身份自居，在政治、法律和经济等方面享受优待。[③]

《朝野类要》曰："除四川外，诸州及漕司解士，就礼部贡院锁试，名曰省试。"[④]由此可知，省试是对四川以外的地区，通过府州军监和漕司（转运司）解试的得解进士的复试。因其由尚书省礼部主持，所以也被称为"礼部试""礼闱"；又因其一般在春天举行，所以也被称为"春试""春闱"。为了赶在春天参加省试，得解进士一

---

① 邓小南：《宋代文官选任制度诸层面》，中华书局2021年版，第282页。

②④ 赵升：《朝野类要》，中华书局2007年版，第55—56页。

③ 何忠礼：《南宋科举制度史》，人民出版社2009年版，第69—70、115页。

般需要"冬集礼部"①,在省试前委托"书铺"办理与应考有关的手续②。通过省试的进士,称为奏名进士,意为需要向皇帝奏名,等待殿试后才能被正式录取的进士。③

殿试由皇帝亲自主持,是对省试合格的奏名进士的复试。殿试也称"廷试""御试""亲试",是科举考试中最高一级考试。殿试制度由宋太祖创立于开宝六年(973),此后成为一项固定不变的制度。创立殿试制度的目的是为了加强中央集权,同时让更多出身低微的读书人(寒士)有出人头地的机会。④

三、平等竞争和择优录取

隋唐五代及北宋初期,科举制度还保留着察举制度的

---

① 科举考试一般是"秋取解,冬集礼部,春考试"。脱脱等:《宋史》,第3604页。

② "凡举子预试,并仕宦到部参堂,应干节次文书,并有书铺承干。"赵升:《朝野类要》,第140页。"'书铺'是宋代城市一种新兴行业,和出版书籍、贩卖书籍的书坊不同,经营的主要是有关法律方面的业务,譬如代人起草诉讼状,或者证明供词或契约的正确,此外,书铺也为应考人代办应考手续,譬如考生的乡贯、家状和试纸都要先交给书铺,经书铺审核没有错误,才交给贡院。"梁庚尧:《宋代科举社会》,东方出版中心2021年版,第31页。

③ 何忠礼:《南宋科举制度史》,第117页。

④ 宋太祖诏之曰:"向者登科名级,多为势家所取,致塞孤寒之路,甚无谓也。今朕躬亲临试,以可否进退,尽革畴昔之弊矣。"李焘:《续资治通鉴长编》,第336页。

痕迹，推荐在其中起着重要作用。应举者在考试前，需要向朝廷中的重要官员进献所写的诗文以求得推荐，这种行为和考试前所进献的诗文都叫"行卷"，也叫"温卷"。朝廷中的重要官员的推荐，则称为"公荐"。①关于公荐，比较著名的例子是，吴武陵推荐杜牧的故事。《唐摭言》记载：

>崔郾侍郎既拜命，于东都试举人，三署公卿皆祖于长乐传舍，冠盖之盛，罕有加也。时吴武陵任太学博士，策蹇而至。郾闻其来，微讶之，乃离席与言。武陵曰："侍郎以峻德伟望，为明天子选才俊，武陵敢不薄施尘露！向者偶见太学生十数辈，扬眉抵掌读一卷文书，就而观之，乃进士杜牧《阿房宫赋》。若其人，真王佐才也。侍郎官重，必恐未暇披览。"于是搢笏，朗宣一遍。郾大奇之。武陵曰："请侍郎与状头。"郾曰："已有人。"武陵曰："不然，则第三人。"郾曰："亦有人。"武陵曰："不得已，即第五人。"郾未遑对。武陵曰："不尔，即请还此赋。"郾应声曰："敬依所教。"既即席，白诸公曰："适吴太学以第五人见惠。"或曰："为谁？"

---

① "故事，知举官将赴贡院，台阁近臣得荐所知之负艺者，号曰'公荐'。"脱脱等：《宋史》，第3605页。

曰："杜牧。"众中有以牧不拘细行间之者。郾曰："已许吴君矣。牧虽屠沽，不能易也。"[1]

太学博士吴武陵带着杜牧的《阿房宫赋（行卷）》去向主持科举考试的礼部侍郎崔郾推荐杜牧做状元，结果崔郾说："状元已经有确定人选了。"吴武陵说："如果没有办法，也要让杜牧做第五名。"崔郾说："好，就让杜牧做第五名。"吴武陵走了以后，有人对崔郾挑拨说，杜牧"不拘小节"。崔郾说，已经应允吴武陵，把第五名给他推荐的人了。他推荐的杜牧即使是做屠狗卖酒等低贱职业的人，也不能改变了。

不难发现，公荐制度中存在着"贵者托以势，富者托以财，亲故者托以情"[2]的请托之风。为了纠正公荐制度的弊端，防止官员在考试中徇私舞弊，宋代在科举考试中实行了锁院、别试、封弥[3]和誊录等制度。

锁院制度创立于太宗淳化三年（992），其具体内容是，"在贡举考官被任命之后，立即被送入贡院或其他考

---

[1] 王定保、陶绍清：《唐摭言校证》，中华书局2021年版，第219—220页。

[2] 商衍鎏：《清代科举考试述录》，故宫出版社2014年版，第310页。

[3] "将'封弥'称作'弥封'乃元代以后之事。"何忠礼：《宋史选举志补正》，中华书局2013年版，第113页。

试场所",让考官在与外界隔绝的情况下出卷、阅卷和确定等第,使考官没有机会接受请托,收受贿赂。①

别试又称别头试,是一种回避亲嫌的考试制度,其具体内容是,"专门派遣考官,单独设立考场考试考官的亲属"②。别试虽然在唐代已经存在,但是时行时废,并没有形成固定的制度;在宋代则普遍施行于解试和省试中,已经形成为一种固定的制度。

封弥就是把试卷上填写姓名、籍贯的地方用纸糊住,因此也称糊名,目的是让考官无法知道考生信息。

誊录是指照试卷底稿用工整的楷书抄写清楚,送抄件给考官评阅,目的是为了使考官无法辨认考生字迹。

关于封弥和誊录,比较著名的例子是,苏轼(字子瞻,自号东坡居士,1037—1101)和李廌(字方叔,1059—1109)的故事。陆游《老学庵笔记》记载:

> 东坡素知李廌方叔。方叔赴省试,东坡知举,得一卷子,大喜,手批数十字,且语黄鲁直曰:"是必吾李廌也。"及拆号,则章持致平,而廌乃见黜。故东坡、山谷皆有诗在集中。初,廌试罢归,语人曰:"苏公知举,吾之文必不在三名后。"及后黜,廌有

---

①② 张希清:《中国科举制度通史(宋代卷)》,第322、327页。

乳母年七十，大哭曰："吾儿遇苏内翰知举不及第，它日尚奚望？"遂闭门睡，至夕不出。发壁视之，自缢死矣。鹰果终身不第以死，亦可哀也。①

故事发生在宋哲宗元祐三年（1088），名列"苏门六君子"的李廌参加省试，恰巧碰上苏轼主持科举考试。刚考完时，李廌自信满满地对人说："苏轼任主考官，我的成绩一定是前三名。"评卷时，苏轼看到一份卷子，非常高兴，对黄庭坚（字鲁直，自号山谷道人，1045—1105）说："这份试卷一定是我的学生李廌的。"结果拆号后，才发现那份考卷是自己的政敌的儿子章持（字致平）的。当年共有四千七百三十二名进士参加考试②，录取五百〇八

---

① 陆游：《老学庵笔记》，中华书局1979年版，第125页。这个故事在《风月堂诗话》《老学庵笔记》《鹤林玉露》《养疴漫笔》等书中皆有记载，因为《老学庵笔记》记录的多是陆游本人亲眼所见、亲耳所闻、亲身经历的事情，以"态度严谨"著称，因此选用此书的记载。至于说东坡泄题给李廌而为政敌之子章氏兄弟窃取，在宋代严密的科举制度下，则纯属虚构。参钱建状：《苏轼元祐三年科场舞弊辨伪———兼论李廌落第原因》，《浙江大学学报（人文社会科学版）》2008年第3期。

② 黄庭坚《题太学试院》曰："元祐三年正月乙丑，锁太学试礼部进士四千七百三十二人。"曾枣庄：《宋代序跋全编》，齐鲁书社2015年版，第3241页。

人①,平均大约十人取一人,结果李廌竟然榜上无名。为此,苏轼专门写了《余与李廌方叔相知久矣,领贡举事,而李不得第,愧甚,作诗送之》,其文曰:"与君相从非一日,笔势翩翩疑可识。平生谩说古战场,过眼终迷日五色。我惭不出君大笑,行止皆天子何责。青袍白纻五千人,知子无怨亦无德。归家但草凌云赋,我相夫子非癯仙。"②

锁院、别试、封弥和誊录等制度的实施,确立了完全根据程文(应举者进呈的文章)判断取舍的原则③,在更高水平上实现了平等竞争和择优录取的理念。欧阳修对此盛

---

① "是榜进士总数有两说:一为508人,一为523人,两者相差15人,而该榜正奏名武进士15人,疑《宋会要》、《皇宋十朝纲要》等,将文、武科进士合计在内,今取《续资治通鉴长编》508人之数。"龚延明、祖慧:《宋代登科总录(3)》,广西师范大学出版社2014年版,第1352页。

② 关于第二句,王文诰注引《唐摭言》曰:"李缪公贞元中试《日有五色赋》,其破题曰:德动天鉴,祥开日华。翼日,无名。杨于陵深不平,携之以诣主文,曰:'当今场中,若有此赋,侍郎何以待之?'主文曰:'非状元不可也。'于陵曰:'苟如此,侍郎已遗贤矣。'主文因致谢,于陵请擢为状元。"苏轼:《余与李廌方叔相知久矣,领贡举事,而李不得第,愧甚,作诗送之》,苏轼、王文诰《苏轼诗集》,中华书局1982年版,第1570页。

③ "本朝进士,初亦如唐制,兼采时望。真庙时,周安惠公起,始建糊名法,一切以程文为去留。"陆游:《老学庵笔记》,第82页。

赞道："窃以国家取士之制，比于前世，最号至公……各糊名誊录而考之，使主司莫知为何方之人，谁氏之子，不得有所憎爱薄厚于其间……其无情如造化，至公如权衡，祖宗以来不可易之制也。"①

科举考试方法的改革，也给宋代社会带来了巨大的变化。郑樵（1104—1162）对此有深刻的观察，他在《通志·氏族略序》中说：

> 自隋、唐而上，官有簿状，家有谱系，官之选举必由于簿状，家之婚姻必由于谱系……此近古之制，以绳天下，使贵有常尊，贱有等威者也……自五季以来，取士不问家世，婚姻不问阀阅……②

隋唐和隋唐以前的魏晋南北朝盛行家谱，因为家谱记载着家世（家族世代相承的系统），而家世决定着人们的仕途和婚姻。魏晋南北朝的选官制度是九品中正制，其具体内容是："在地方郡国设置中正一职，参酌乡里的评判，给管辖区内的人物确定一品至九品的等级，上报政

---

① 欧阳修：《论逐路取人札子》，氏著《欧阳修全集》，中华书局2001年版，第1716页。

② 郑樵：《通志二十略》，中华书局1995年版，第1页。

府，政府根据地方上报的品级任命官员"①。中正通常由世家大族把持，评价人物时往往偏袒世家大族，因此出现了"但取门资，多不择贤良"②的现象。政治权力被少数有权势的家族垄断的后果是，形成了一个"上品无寒门，下品无势族"③的门第社会。

门第社会是一个阶层固化的社会，其通行的规则是："贵有常尊，贱有等威。""如袁绍一家，其先四世三公，即为一大门第。又如诸葛亮，其先家世二千石，亦一大门第，故兄弟三人，分在魏、蜀、吴三国，皆知名。其他不胜列举。"④

为了纠正九品中正制的弊端，隋朝创立了一种更加公平合理的选举制度——科举制。科举制是"朝廷开设科目，士人可以自由报考，主要以考试成绩决定取舍的选拔官员的制度"⑤。但是因为唐代科举制度中存在"公荐"，所以家世背景在官员选拔的过程中仍然起着巨大作用。直到五代十国时期，因为战乱，世家大族在动乱中维系不住，门第在社会中的作用明显变弱，宋朝才有条件对科举

---

① 宫崎市定：《九品官人法研究》，三联书店2020年版，第61页。
② 李延寿：《北史》，中华书局1974年版，第2234页。
③ 房玄龄等：《晋书》，中华书局1974年版，第1274页。
④ 钱穆：《国史新论》，第46页。
⑤ 张希清：《中国科举制度通史（宋代卷）》，第41页。

考试的方法进行深化改革，最终废除公荐制度。

宋朝科举制度选拔人才的特点可以概括为"取士不问家世"，即不看家世背景，完全根据考试成绩确定取舍，因此用"出身"（科举登科）取代门第，形成了一个政治权力由皇帝与优秀的读书人共同享有的科举社会。

第三节　及第授官的改革

唐代虽然已经实行科举取士，但是却仍然是一个门第社会，在唐朝的政治世界里，门第始终占据着中心区域，"寒士"只能屈居于边缘位置。宋代统治者为了维护自己的统治，有意与寒士"共治天下"，不仅扩大了取士名额，而且改革了及第授官的方法——从优任命科举出身的读书人。

及第授官的改革主要体现在以下五个方面。

一、及第即授官

及第以后被授予官职是无数读书人的梦想和荣耀。元人刘一清在《钱塘遗事》中指出，考中进士可以享受五大荣耀。因为被授予官职标志着身份的转变，"前日秀才，今日官人"，所以"布衣而入，绿袍而出"是五大荣耀中最大的荣耀。①

然而在唐代，读书人科举及第，只是获得了做官的资格，还需要通过吏部铨选，才能授官。②在铨选时，权贵的推荐往往会起到重要作用。朝中无人的寒士，多不能成功，因此"文起八代之衰"的韩愈"三试于吏部无成，则十年犹布衣，且有出身二十年不获禄者"③。

宋代从宋太宗太平兴国二年（977）正月十二日开始，实行及第即授官政策。当时太宗刚即位不久，"欲博求俊彦于科场中"，于是未经铨选，就赐新及第进士、诸科吕蒙正以下五百多人绿袍、靴、笏。④赐绿袍、靴、笏，即换下布衣着官服，是授官的标志。⑤后来，从宋真宗景德二年（1005）开始，直到南宋末年，科举及第排名在第一至第四甲（等）者都是直接授官；只有排名在第五甲（等）赐同出身者，才需要经过吏部铨选合格后再授官。⑥前者"一登第之后，即为入仕之期"⑦；后者通过诠选所需要的时间也不会像唐朝那么长。

---

① 刘一清、王瑞来：《钱塘遗事校笺考原》，中华书局2016年版，第367、353页。
② "凡选有文、武，文选吏部主之，武选兵部主之，皆为三铨，尚书、侍郎分主之。"欧阳修、宋祁：《新唐书》，第1171页。
③④⑦ 马端临：《文献通考》，第862、879页。
⑤ 参龚延明：《宋代官制辞典（增补本）》，第701页。
⑥ 张希清：《中国科举制度通史（宋代卷）》，第20—21页。

二、授官起点高

按照唐代的授官制度，秀才、明经、进士、明法、明书、明算等科目及第，一般只能被授予小官。[①]与唐代不同的是，宋代授予科举出身的入仕者的官职，从太平兴国二年（977）吕蒙正榜开始变得优渥。"第一、第二等进士并九经授将作监丞、大理评事，通判诸州，同出身进士及诸科并送吏部免选，优等注拟初资职事判司簿尉。"[②]"宋初依唐制"，将作监丞的品位在"唐为从六品下"。[③]两相对比，宋代授予的官职比唐代高出一大截，被誉为"宠章殊异，历代所未有也"[④]。

宋代对于科举高第者，直接授予京官官职，"接近甚至超过了宰相子的荫补恩数"[⑤]。比如，在崔菊坡高中进士的宋光宗绍熙四年（1193），诏曰：

新及第进士第一人陈亮补承事郎、签书诸州节度

[①] 按照唐代的授官制度："凡秀才，上上第，正八品上；上中第，正八品下；上下第，从八品上；中上第，从八品下。明经，上上第，从八品下；上中第，正九品上；上下第，正九品下；中上第，从九品下。进士、明法，甲第，从九品上；乙第，从九品下……书、算学生，从九品下叙。"欧阳修、宋祁：《新唐书》，第1173页。

[②④] 李焘：《续资治通鉴长编》，第393—394页。

[③] 龚延明：《宋代官制辞典（增补本）》，第407页。

[⑤] 何忠礼：《南宋科举制度史》，第47页。

判官厅公事……①

陈亮被实授的承事郎差遣,在北宋神宗元丰三年(1080)九月以前称大理评事,改制后是正九品京官,"为状元及第及宰相之荫子之官"②。

三、升迁迅速

宋代官员入仕,主要有科举、奏荫(也称荫补、任子等,即凭借祖先的功勋循例做官)、摄署、流外(吏人出官)、从军(军功补授)等五种途径。③其中,科举入仕被视为清流正途,奏荫、纳粟、吏胥、从军皆被视为杂流。④按照宋代官职升迁的制度,科举及第入仕,被称作"有出身",奏荫入仕被称为"无出身",有出身者升迁和改官的速度要比包括无出身在内的其他出身者快。

宋代文官按照官阶从低到高大致可以分为选人、京官和朝官三大类别。⑤选人也称幕职州县官或幕府州县官,有四等七资(七阶)。⑥如果想要从第四等的判司簿尉(三京

---

① 徐松:《宋会要辑稿》,第5281页。
②④⑤ 龚延明:《宋代官制辞典(增补本)》,第630、707、759页。
③ "凡入仕,有贡举、奏荫、摄署、流外、从军五等。"脱脱等:《宋史》,第3693页。
⑥ 邓小南:《宋代文官选任制度诸层面》,第135页。

军巡判官、司理、司户、司法参军、主簿、县尉）升迁到第三等的录事参军，有出身的人需要"两任四考"，无出身的人需要"两任五考"，摄官之后授正官的人需要"三任七考"，流外出身的人需要"四任十考"。①"考"是宋代官员政绩考核的计量单位，形式上一年一考。②可以说选人升迁，进士出身者的速度优势非常明显。

此外，"进士出身的京朝官可以超资升转"③。就是说，在升迁和调动时，进士出身的官员犹如快车，不仅车速快，而且不是每一站都要停靠；其他出身者犹如慢车，车速慢，而且每站必停。著名政治家、科学家沈括（1031—1095）的仕宦经历，是一个典型的例子。沈括在宋仁宗至和元年（1054）以奏荫入仕，起初从"最贱且劳"的沭阳县主簿做起，虽然勤恳工作，也有政绩，但是却"十年试吏，邻于三黜而偶全"④。后来，宋仁宗嘉祐八年（1063），沈括考中进士，授官扬州司理参军，从此仕途开始变得一帆风顺。去掉丁母忧的三年，实际上也只用了十年时间，就在宋神宗熙宁九年（1076）做到了正三品

---

① 脱脱等：《宋史》，第4040—4041页。有过犯人常调另有限制，参龚延明：《宋史职官志补正》，中华书局2009年版，第543—544页。

② 龚延明：《宋代官制辞典（增补本）》，第710页。

③ 何忠礼：《南宋科举制度史》，第48页。

④ 沈括：《除翰林学士谢宣召表》，《全宋文》第七十七册，第228页。

的翰林学士。①同样一个人，前后两个十年，简直是云泥之别，进士出身在仕途升迁中的作用，可见一斑。

四、改官便捷

选人升为京朝官，称为改官或改秩。改官对于选人来说，是一件命运攸关的大事！苏轼曾经说，官员"终身进退之决，在乎召见改官之日，此尤不可以不爱惜慎重者也"②。爱惜慎重的原因是，京朝官意味着好的差遣，正如王安石所言："凡人仕宦，且要改得一京官，然后可别图差遣。"③按照宋代官（品位、官阶）、职（馆阁职、荣誉称号）和差遣（职权事任、实职）分离的授官制度，差遣是官员最看重的，"以差遣要剧为贵途，而不以阶、勋、爵邑有无为轻重"④。

然而改官并不是一件容易的事。不仅名额有限，而且还附有举主、考数等多种条件限制。进士出身的选人在改官时更便捷，不只容易觅得举主，而且改官后的官阶也

---

① 傅璇琮、祝尚书：《新编宋才子传笺证》第一册，第654—668页。

② 苏轼：《策别课百官二》，苏轼、茅维《苏轼文集》，中华书局1986年版，第244页。

③ 傅璇琮、张剑：《新编宋才子传笺证》第二册，辽海出版社2011年版，第739页。

④ 马端临：《文献通考》，第1362页。

比无出身的选人高出一阶。例如，同是担任判司簿尉的选人，在同等条件下，经七考改官，进士出身者可以改大理寺丞，非进士出身者只能改卫尉寺丞；不及七考，前者可以改光禄寺丞，后者只能改大理评事。[1]

五、非进士及第者不得美官

唐代仍然延续南北朝的旧有习俗，崇尚门第。掌管国家政务的人一般认为"朝廷显官，须是公卿子弟"[2]，所以世家子弟"自以门品可坐阶三公"[3]。宋代则重视科举出身，因此"国家用人之法，非进士及第者不得美官"[4]，"进士之科往往皆为将相，皆极通显"[5]。根据苏轼统计："自天圣初讫于嘉祐之末，凡四千五百一十有七人。其贵且贤，以名闻于世者，盖不可胜数。数其上之三人，凡三十有九，而不至于公卿者，五人而已。可谓盛矣。"[6]整个仁宗一朝，从天圣元年（1023）到嘉祐八年（1063），共十三榜进士，在这些进士中，后来担任地位显贵、职司

---

[1] 脱脱等：《宋史》，第4038—4039页。
[2] 刘昫等：《旧唐书》，第603页。
[3] 欧阳修、宋祁：《新唐书》，第4351页。
[4] 司马光：《贡院乞逐路取人状》，《司马温公集编年笺注》，第328页。
[5] 马端临：《文献通考》，第939页。
[6] 苏轼：《送章子平诗叙》，《苏轼文集编年笺注》，第41页。

重要的美官的人不计其数，整个宋代的情况亦可想而知。

治平三年（1066），欧阳修对英宗说："朝廷用人之法，自两制选居两府，自三馆选居两制。"①两府是指中书门下（北宋前期国家最高的政务机构）和枢密院（国家最高的军务机构）。②两制包含内制和外制，"宋元丰改制之前，翰林学士带知制诰者，称内制，中书舍人知制诰谓之外制（宋初多以中书舍人为寄禄官，别置知制诰行舍人之职）"③。三馆是指昭文馆、史馆和集贤院，是"辅相养材之地"④。进入三馆又有三条固定的途径，分别是进士高科、大臣荐举与差遣例除。其中，进士高科是"终南捷径"，"甚至十数年间可达宰执"。⑤

与之相反，非科举出身者想要跻身高级官僚队伍则非常困难。洪迈曾经记载过一个小故事：

> 苏子美在进奏院，会馆职，有中舍者欲预席，子美曰："乐中既无筝、琶、筚、笛，坐上安有国、舍、虞、比。"国谓国子博士，舍谓中舍，虞谓虞

---

① 毕沅：《续资治通鉴》，第1580页。
② 龚延明：《宋代官制总论》，《宋代官制辞典（增补本）》，第16页。
③ 龚延明：《宋史职官志补正》，第79页。
④ 毕沅：《续资治通鉴》，第1580页。
⑤ 邓小南：《宋代文官选任制度诸层面》，第141页。

部，比谓比部员外、郎中，皆任子官也。①

因此，很多无出身的有志之士，甚至宰相的子孙，在恩荫入仕之后仍然去参加科举考试。比如秦桧养子秦熺"参加殿试时，已荫补为正八品右通直郎"，秦桧孙子秦埙参加殿试时，则已经"荫补为从四品敷文阁待制"。②

在宋代，科举出身往往代表着无上的荣耀，意味着无限美好的前途。尹洙（1001—1047）甚至说："状元登第，虽将兵数十万，恢复幽蓟，逐强蕃于穷漠，凯歌劳还，献捷太庙，其荣亦不可及也。"③

---

① 洪迈：《容斋随笔》，中华书局2005年版，第617页。
② 王曾瑜：《并存继逝的王朝：王曾瑜说辽宋夏金》，三联书店2018年版，第67—68页。
③ 尹洙：《论科第》，尹洙、时国强《尹洙集编年校注》，中华书局2019年版，第475页。

第三章 创立学派：高风千古崔与之

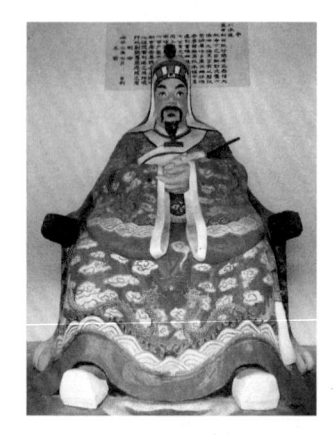

崔菊坡塑像（位于增城崔太师祠内）

    崔与之（1158—1239），字正子，一字正之，晚号菊坡，谥清献，南宋广东增城（今广州市增城区中新镇坑贝村）人。南宋光宗绍熙四年（1193）进士，历仕光宗、宁宗、理宗三朝四十七年，历任浔州（辖境相当于今广西桂平市北部地）司法参军，淮西提刑司检法官，建昌新城县（今江西黎川县）知县，邕州（今广西南宁市）通判、宾州（今广西宾阳县）代理知州，广西提点刑狱，金部员外郎，扬州知州兼淮南东路制置使，秘书少监，试（按照宋代官制，凡寄禄官品低于职事官二品者，职事官带"试"字）秘书监、兼太子侍讲，工部侍郎、兼同修国史、兼实录院同修撰，焕章阁待制、成都知府、四川安抚制置使，广东经略安抚使、兼广州知州等官职。退居广州后，朝廷先后征召崔菊坡为礼部尚书，潭州（治所在今湖南长沙）

知州、湖南安抚使，隆兴府（治所在今江西南昌市）知府、江西安抚使、吏部尚书、参知政事、右丞相、兼枢密使等官职，他都没有接受任命。①因为朝廷先后十三次授予他右丞相官职，理宗又"虚位待之"②，并且以"右相"③称呼他，所以他也被后人称为宋丞相崔清献公。

崔菊坡为官，以勤政爱民、公正廉洁、难进易退、长于应变、荐贤举能著称于世，是南宋名臣。崔菊坡为学，以"重惜名节，务实致用"为宗旨，开创了岭南历史上第一个学术流派——菊坡学派，是"岭南文化承前启后的里程碑式的人物"④。崔菊坡的一生，几乎无可指摘。在他生前，宋宁宗称赞他："道德足以镇浮，智识足以制变。"⑤在他百年之后，称颂之声仍然持续不断。友人刘镇称他："始终无玷缺，出处最光明。"⑥文天祥（1236—1282）称

---

① 何忠礼：《崔与之事迹系年》，中华书局编辑部《文史（第四十一辑）》，中华书局1996年版，第123—140页。
② 崔与之：《宋丞相崔清献公全录》，第37页。
③ 李昴英：《嘉熙戊戌奏札》，《文溪存稿》，第72页。
④ 张其凡：《崔与之的历史地位——"崔与之诞辰850周年纪念大会"总结》，朱泽君《崔与之与岭南文化研究》，人民出版社2010年版，第497页。
⑤ 宋宁宗：《四川制置乞祠不允诏》，《宋丞相崔清献公全录》，第110页。
⑥ 李肖龙：《言行录》，《宋丞相崔清献公全录》，第26页。

他："盛德清风，跨映一代。"①《宋史》称他"屹然大臣之风"，与唐代的张九龄（678—740）、姜公辅（730—805）和宋代的余靖（1000—1064）等岭南名臣齐名。②明代大儒陈白沙（1428—1500）作诗赞美他："泽与流风远，名因避相尊"③，"高风千古镇浮华"④。明代大儒湛若水（1466—1560）赞美他："在天下为天下师，在后世为百世师，在一乡为乡党师。"⑤明代大儒王阳明（1472—1528）颂扬他："寒花晚节！……霜天一碧！"⑥现代著名宋史研究专家何忠礼先生评价他"是有宋一代士大夫中最为杰出的典范"，认为他身上几乎集中了范仲淹、包拯、王安石、岳飞、欧阳修、苏轼、司马光、虞允文、陆游等所有杰出人物的品格，"不愧为一个'始终无玷缺，出处

---

① 文天祥：《跋崔丞相二帖》，《宋丞相崔清献公全录》，第119页。

② 脱脱等：《宋史》，第12277页。

③ 陈献章：《崔清献公裔孙潜示遗芳卷，复许示遗像，予既书纪梦之作，于其还也赠之诗》，《陈献章全集》，第490页。

④ 陈献章：《崔潜送菊坡先生遗像至，适乡人送紫菊一株，遂以答之》，《陈献章全集》，第843页。

⑤ 湛若水：《新置崔清献菊坡先生祠田记》，《宋丞相崔清献公全录》，第227页。

⑥ 崔棪：《崔清献从祀·庙庭议》，《宋丞相崔清献公全录》，第202页。

最光明'的完人"①。

南宋高宗绍兴二十八年（1158），崔菊坡出生于广东增城。他的父亲崔世明，是个"以天下为己任"的读书人，本想通过参加科举考试实现"治国平天下"的理想，可惜考了很多年都没有考中进士。每次考场失意，崔世明都会引用范仲淹的名言"不为宰相，则为良医"②来宽慰自己。后来，崔世明用心研究医书，成为一名仁医，遇到贫穷的人来治病，不收取任何费用。

根据明代的《崔氏修续世牒序文》记载，崔菊坡的祖先是开封人，后来迁徙到江西宁都，从第十一代开始定居岭南，到菊坡这一代的时候才开始名声显赫。③崔菊坡称自己"幼孤而贫，居于外邑"④，很小的时候就没有了父亲，

---

① 何忠礼：《宋代士大夫的杰出典范——崔与之》，《崔与之与岭南文化研究》，第379页。

② 据吴曾记载，"范文正公微时，尝诣灵祠求祷，曰：'他时得位相乎？'不许。复祷之曰：'不然，愿为良医。'"吴曾：《能改斋漫录》，山东人民出版社2020年版，第417页。

③ 黄谏：《崔氏修续世牒序文》，《宋丞相崔清献公全录》，第237页。现存的《广东增城崔氏家乘谱》称，崔与之的始祖是崔质，字正文，号普斋，官任侍郎。关于崔与之的世系，及崔与之所在的增城崔与番禺员岗崔氏和南海沙头崔氏这三支崔氏宗系的亲缘和分支的考证文章，可以参考金强：《崔与之世系考》，《崔与之与岭南文化研究》，第158—170页。

④ 崔与之：《欧阳氏山坟记》，《宋丞相崔清献公全录》，第91页。

居住在当时的外县增城。可以想象，他的母亲罗氏是一位非常了不起的母亲，虽然生活贫困，但是仍然坚持让崔菊坡读书。所幸母以子贵，后来罗氏因为崔菊坡在道德和事功等方面的成就，被朝廷册封为申国夫人。

根据《言行录》记载，有一天，崔菊坡的母亲罗氏在室外坐着，看到"一颗星星坠入怀中"，于是就怀孕生了菊坡，因为这个原因，菊坡儿时的名字叫星郎。[①]另一个故事来源于太学里的斋仆。有斋仆在前一天夜里梦见"一条黑色的龙蜿蜒盆中"，结果第二天早晨，崔菊坡来太学报到，参加入学仪式时，恰巧在昨夜黑龙显现过的盆子里洗手。听说这个故事的人，都感觉很神奇。[②]

这些增饰在崔菊坡身上的神异事件当然不一定可信，但也无法排除确有其事的可能，对待这些记载的最佳方式是将态度由"疑古"转为"释古"。"有星坠怀"（"梦星入怀"），在中国文化中，是预示生出聪慧的贵子的吉兆。比如《新唐书·李白传》记载："白之生，母梦长庚星，因以命之。"[③]长庚星就是古人所说的太白星，因为李白的母亲梦见"太白星坠怀"，然后怀孕，所以生下的

---

① 李肖龙：《言行录》，《宋丞相崔清献公全录》，第2页。
② "初参斋，臧夜梦有乌龙蜿蜒盆中，翌旦，公适至，盥于盆，闻者异之。"参丁丙：《武林坊巷志》，浙江古籍出版社2018年版，第4598—4599页。
③ 欧阳修、宋祁：《新唐书》，第5762页。

孩子取名李白，字太白。龙在中国文化中也具有崇高的地位，通常把品格高逸、出类拔萃的人称为"人中之龙"。例如《三国演义》讲道，曹操曰："刘备人中之龙也，平生未尝得水。今得荆州，有困龙入大海矣，孤安得不动心哉？"[1]崔菊坡传记的作者之所以记载这些与菊坡有关的神异事件，其目的就是为了突显菊坡的卓尔不凡，至于这些神异事件的真假，我们完全可以"存而不论"。

崔菊坡出类拔萃，具有卓越出众的品德和行为。在步入仕途以前，他做了三件极不平凡的事，分别是：不远四千里去太学游学；在太学读书的三年，足迹未尝至廛市（"商肆集中之处"）和成为广州第一个由太学考取进士乙科的读书人。

---

[1] 罗贯中：《三国演义》，中华书局2009年版，第336页。

第一节　四千里游学

岭南，也称岭外、岭表、岭海、岭峤、峤南，起初是一个自然地理概念，指中国五岭以南地区。

"五岭"作为一个名词，在传世文献中，最早出现在司马迁撰写的《史记》。《史记·张耳陈余列传》曰："（秦）北有长城之役，南有五岭之戍"[1]。大意是说，秦朝北方有修筑长城的劳役，南方有守卫五岭的兵役。后来关于五岭的解释众说纷纭，莫衷一是。其中影响比较大的观点至少有三种：

第一种观点是，裴渊《广州记》曰："大庾、始安、临贺、桂阳、揭阳，是为五领。"[2]认同这种观点的人，主要还有唐代著名的经学家，杰出的文字学家、史学家颜师

---

[1] 司马迁、裴骃、司马贞、张守节：《史记》，中华书局1982年版，第2573页。

[2] 班固、颜师古：《汉书》，中华书局1962年版，第1832页。

古（581—645），以及近代著名经学家、史学家、考据学家王先谦（1842—1917）。①

第二种观点是，邓德明《南康记》曰："大庾领一也，桂阳骑田领二也，桂阳都庞领三也，临贺萌渚领四也，始安越城领五也。"②认同此说者，主要还有北魏著名地理学家、文学家郦道元（469—527），以及近代历史地理学家杨守敬（1839—1915）。

第三种观点是，周去非（1135—1189）《岭外代答·地理·五岭》曰："自秦世有五岭之说，皆指山名之。考之，乃入岭之途五耳，非必山也。自福建之汀，入广东之循、梅，一也；自江西之南安，逾大庾入南雄，二也；自湖南之郴入连，三也；自道入广西之贺，四也；自全入静江，五也。"③周去非认为五岭不一定是指山岭，而可能是进入岭南的五条道路。

历史上对于五岭的认识存在分歧，因此岭南的确切范

---

① 王先谦：《湖南全省掌故备考》，岳麓书社2009年版，第253页。

② 参班固、颜师古：《汉书》，第1832页；郦道元、杨守敬、熊会贞：《京都大学藏钞本水经注疏》，辽海出版社2012年版，第1808—1809页。

③ 周去非、杨武泉：《岭外代答校注》，中华书局1999年版，第11—12页。周去非的观点与《晋书·地理志》相近，《晋书·地理志》曰："自北徂南，入越之道，必由岭峤，时有五处，故曰五岭。"房玄龄等：《晋书》，第464页。

围也难以划定。学术界最权威的《中国历史地名大辞典》的观点是："岭南……包括今广东、广西、海南三省区及越南北部地区。"①

出于政治、军事、经济、文化等方面的需要，岭南通向岭北的道路被逐步完善。"秦两次修南岭峤道，两汉五次新修和改建南岭交通道路，使南岭陆路和水路平整顺达，为岭南与岭北的各项交流奠定了基础。"②隋唐五代时期，连接五岭南北中心城市的交通路线基本建成；五岭地区各州之间，以及各州与下辖县之间的路网也大大改观；加之大庾岭道的开辟和灵渠、相思埭等通道的新修，"基本上奠定了以后五岭交通的大局"。③宋代岭南"形成了对内比较固定的交通路线，州县或山区各州之间的交通进一步细化和交错，基本上形成了后世岭南与内地的交通大势"④。然而直到南宋时期，想要从北靠群山，南临大海的岭南去都城临安府（辖境约相当今杭州、海宁、富阳三市），仍然是一件极其困难的事情，不仅需要充足的路

---

① 史为乐：《中国历史地名大辞典（增订本）》，第1640页。
② 王元林：《秦汉时期南岭交通的开发与南北交流》，《中国历史地理论丛》2008年第4期。引文见第49页。
③ 参王元林：《隋唐五代时期岭南海陆丝路变迁与苍梧郡地位的变化》，《广西民族大学学报（哲学社会科学版）》2017年第1期。引文见第66页。
④ 王元林：《海陆古道——海陆丝绸之路对接通道》，广东经济出版社2015年版，第60—70页。引文见第61页。

费,而且要面对各种各样的困难。据崔菊坡的门人李昂英记载:

> 吾州去在所(按:指临安府)四千里,水浮陆驰,大约七十程。士以补试,虽登名,犹未脱韦布也,故稍有事力者犹劳且费之,惮而尼其行,寒士又可知矣。公(按:指崔菊坡)奋然间关独往……①

崔菊坡在宋光宗绍熙元年(1190)参加补试。补试是指宋代太学的招生考试。称为补试的原因是,太学的生员有一定名额,必须有空出来的名额才能补充新人。补试又分为混补和待补。混补是指在学、未在学,已获得解额(选送礼部参加省试的名额)或未获得解额等不同身份的考生一起参加考试。②因为混补的报考条件比较宽松,所以报名参加考试的人数很多。如宋孝宗初年,太学在校生规模为一千人左右,初入学的太学生不过数百人而已,但是参加混补的考生却高达一万多人。这给朝廷主办太学招生考试带来了很大压力。③因此宋孝宗淳熙四年(1177),

---

① 李昂英:《跋菊坡太学生时书稿》,《文溪存稿》,第49页。
② 梁庚尧:《宋代科举社会》,第54页。
③ 太学采取混补,有可能导致米价上涨。"陈君举欲行混补,赵丞相不肯,曰:'今此天寒粟贵,若复混补,须添万余人,米价愈腾踊矣!'"黎靖德:《朱子语类》,中华书局1986年版,第2695页。

"朝议以就试者多，欲为之限制，乃立待补之法，诸路漕司及州军皆以解试终场人数为准，每百人取六人，许赴补试"①，"其住本学及游学之类，一切禁止"②。后来，嘉定十四年（1221），又改为根据解试终场人数每百人取三人。③混补自宋高宗绍兴十三年（1143）开始施行，到宋孝宗淳熙四年（1177）才被待补取代；到了宋宁宗庆元二年（1196），又开始恢复混补法，其后直至南宋末年，大致上是混补和待补交替实行。④根据时间推算，崔菊坡参加太学招生考试时，太学实行的是待补法。崔菊坡能够获得去参加补试的机会，说明他的解试成绩很靠前。

进入太学，对于有意从政的读书人来说无疑是最佳选择。

首先，太学生"既有舍法之利，又有科举之利，不入学者止有科举一途"⑤。太学生既可以享受三舍法的好处，通过三舍法直接获得政府授予的官职；也可以享受科举制的好处，通过科举考试步入仕途，然而没有进入太学的读书人如果想要入仕，却只有科举考试一条大路可走。

其次，太学实质上是科举预备学校。南宋"太学的

---

① 李心传：《建炎以来朝野杂记》，第280页。
② 脱脱等：《宋史》，第3670页。
③ 参何忠礼：《宋史选举志补正》，第124页。
④ 梁庚尧：《宋代科举社会》，第54—56页。
⑤ 黎靖德：《朱子语类》，第2695页。

课程设置完全以科举考试为依据,科场考什么,太学就教学生学什么,科场怎样考,太学课试也就怎样试。更有甚者,科举考试有时进行'微调'。太学立即跟着也变"①。

再次,太学地处京城,既有名师大儒授业,又可获得考试的最新信息,因此太学生更容易考中进士。

从次,"以资望言则舍选尊而乡举卑,以名额言则舍选优而乡举窄"②。从资历和声望的角度来说,舍选出身要比乡举出身更尊贵,从解额的角度来说,太学解额远远高于州郡解额。③如南宋著名的理学家、宋代儒学的集大成者朱熹(1130—1200)记载:"如今太学解额,七人取两人。"④"较之诸州或五六百人解送一人,何其不平至于此!"⑤

此外,宋孝宗即位后,首创并施行"覃恩免解法"。从此一遇到皇帝的重大庆典,就会实行"覃恩免解法",太学生参加省试的解额因此会额外增加几十个,久而久之就成了不变的规律。⑥

---

① 苗春德、赵国权:《南宋教育史》,上海古籍出版社2008年版,第28页。

② 马端临:《文献通考》,第1233页。

③ 何忠礼先生指出:"关于南宋太学的解额,有三种记载……无论何种说法为是,太学解额皆远远高于州郡解额。"参何忠礼:《南宋科举制度史》,第291页。

④⑤ 黎靖德:《朱子语类》,第2695、2703页。

⑥ 李心传:《建炎以来朝野杂记》,第278页。

进入太学虽然有如此多的好处，但是多数广州的读书人还是不愿意去临安参加太学补试。他们一般认为，广州和临安相距四千里，水路和陆路加在一起约有七十段路程，游学之路实在是太难走了！再者，考入太学，虽然可以让自己声名远播，但是却没有脱离平民身份。因此稍微有些能力的人尚且畏惧旅途辛苦，费用高昂，而不愿意去参加补试。对于家境贫寒的读书人来说，则"难是行如登天"[①]。与多数读书人形成鲜明对比的则是崔菊坡，他"自耻伏诵牖下，无所建明"[②]，于是在朋友的资助下，振奋精神，独自踏上了崎岖艰险的游学之路。

《宋史》称，崔菊坡"少卓荦有奇节，不远数千里游太学"[③]。数千里的游学路，崔菊坡去过哪些地方，见过哪些人，遇到了哪些困难，都没有留下记载。我们只能根据宋代的交通情况和技术条件推测崔菊坡大致的游学线路和可能遇到的困难。

在宋朝，陆上丝绸之路被西夏遮断，从广州出发的海上丝绸之路日渐兴盛，于是由中原通往岭南的交通重心也逐渐由西向东偏移，大庾岭（又名梅岭，在今江西大余县、广东南雄市交界处）商道成为人员往来的主要通道。

[①] 刘克庄：《鄂州贡士田》，《刘克庄集笺校》，第3794页。

[②] 温若春：《崔清献公墓志铭》，《宋丞相崔清献公全录》，第189页。

[③] 脱脱等：《宋史》，第12257页。

大庾岭商道始建于秦朝。秦朝时开凿的小路（即小梅关），到唐朝时已经成为"废路"。道路既陡峭又狭窄，走不了车，运输只能靠肩挑背负，非常不方便。于是开元四年（716），唐玄宗命令韶州曲江人张九龄主持开凿大庾岭新道（即大梅关）。新道修好后，交通情况大为改善：

> 坦坦而方五轨，阗阗而走四通，转输以之化劳，高深为之失险。于是乎锯耳贯胸之类，殊琛绝赆之人，有宿有息，如京如坻。①

道路不只平坦宽阔，可以五辆车并行，而且与四方相通，往来车辆众多，运输不再劳累辛苦，通行不再危险。往来的少数民族和外国人在路上也有住宿和休息的地方，通过这条路进献的贡品堆积如山。从此，"大庾岭通道便是北从长安—洛阳—汴河—淮河—江南运河—杭州—钱塘江—常山—玉山—信江—鄱阳湖—赣江—大庾岭通道—浈水—北江—南到广州的这条长达数千里的南北水陆交通要道中的关键一段"②。

根据北宋名臣余靖（1000—1064）在宋仁宗景祐五年

---

① 张九龄：《开凿大庾岭路序》，张九龄、熊飞《张九龄集校注》，中华书局2008年版，第891页。

② 胡水凤：《繁华的大庾岭古商道》，《江西师范大学学报（哲学社会科学版）》1992年第4期，第61页。

（1038）写的《韶州真水馆记》记载："真水出大庾岭，（字本从水从贞，今朝以音犯庙讳，故改为真）……故之峤南虽三道，下真水者十七八焉。"①后来，余靖又在《韶州新修望京楼记》中说："唐、汉之西都也，由湘、衡而得骑田，故武水最要；今天子都大梁（按：今河南开封西北，战国时曾为魏国都城，后通称今开封为大梁），浮江、淮而得大庾，故真水最便。"②可以推知，大庾岭商道在北宋时已成为多数人进出岭南的首选路线。

其后，北宋仁宗嘉祐八年（1063），时任广南东路提点刑狱（一说为转运使）的蔡抗和时任江南西路提点刑狱的蔡挺兄弟，又"相与协议"对大庾岭商道进行了升级改造：

> 以砖甃其道……每数里置亭以憩客，左右通渠流泉，涓涓不绝，红白梅夹道，行者忘劳……然既过岭，即青松夹道，以达南雄州。③

他们用砖铺路，并且在危险处堆砌防护墙，每隔数里就设

---

① 余靖：《韶州真水馆记》，《全宋文》第二十七册，第50页。
② 余靖：《韶州新修望京楼记》，《全宋文》第二十七册，第48页。
③ 王巩：《庾岭险绝天下》，王巩《清虚杂著三编》，中华书局2017年版，第232页。

置凉亭让旅客休息，道路两旁开通河渠让泉水流淌，细水漫流、连续不断，道路两侧种植着红梅和白梅，这一切让出行的人忘记了疲劳。翻过大庾岭，道路两旁种植着青翠的松树，直达南雄州（治所在今广东南雄市）。从此大庾岭商道不只便捷，而且安全、舒适、美丽，因而崔菊坡选择经由大庾岭商道北上临安的路线，具有最大的可能性。[①]

此外，崔菊坡也可能走"潮惠下路"，经福建路（治所在今福建福州市，辖境相当于今福建省）去临安。

潮惠下路，也称"便路"，最迟在南宋初，已成为通往福建路，最终抵达临安的重要路段。南宋高宗建炎四年（1130），广西路左右两江峒丁公事李棫言："措置收买战马，发赴行在，探报江西路各有贼马，道路阻节。今踏逐得广东有便路，经自福建入两浙，赴行在。欲起马纲，自广东径路前去。"[②]

宋高宗绍兴二十八年（1158），新任广东转运判官林安宅（1099—1181）到达潮州后，问去广州的道路。当地老人说：

[①] 曹家齐先生指出："从临安西南行经大庾岭至广东之路线显然成为南宋行都连通岭南之最便捷路线。"氏著：《宋代的交通与政治》，中华书局2017年版，第246页。

[②] 徐松：《宋会要辑稿》，第9127页。

直北而西，由梅及循，谓之上路；南自潮阳，历惠之海丰，谓之下路。绵亘俱八百余里。上路重冈复岭，峻险难登，林木蓊翳，瘴疠袭人，行者惮焉。下路坦夷，烟岚稀远，行人多喜由之。然犹有不便者四。①

上路都是崇山峻岭，既高又陡，难以攀登，树木茂密，瘴气熏人，出行的人很畏惧。下路平坦，山林间蒸腾的雾气稀薄，多数出行的人都喜欢走下路。然而下路还有四处不方便。林安宅听闻之后，便组织当地的官吏，一起修缮了潮惠下路，使"来者如归，略无前日之患"②。可惜，继任的地方官没有对下路进行持续的保养和维护，数十年后，潮惠下路又"颓陋如故"③。直到宋光宗绍熙三年（1192），转运使黄榆才对潮惠下路再次进行比较大的修缮。

可以推知，崔菊坡去临安游学时，潮惠下路虽然仍"颓陋如故"，但是路况应该比三十多年前的1158年的时候要好，因此仍然是崔菊坡可能走的路线之一。

然而无论是走大庾岭商道，还是走潮惠下路，在古代交通非常困难的情况下，崔菊坡想要从广州到临安去游

---

①② 林安宅：《潮惠下路修驿植木记》，《全宋文》第一百九十一册，第154—155页。

③ 马蓉等：《永乐大典方志辑佚·广东省》，中华书局2004年版，第2691页。

学，都是一件非常困难的事。

近人马洪路先生（1945—2013）在《行路难》一书中指出，古人行路艰难主要表现在三个方面：

首先，跋山涉水。翻山越岭既有滑下陡坡、坠入深谷的意外，也有遭遇毒蛇猛兽的危险，走过高山密林、人迹罕至的地方还有迷路的风险。在江河湖海上乘船，难免遇上风浪、暗礁和险滩，一不小心就会发生船毁人亡的事故。

其次，世态炎凉。旅途中风餐露宿是很普通的事，生病无人照顾、被偷遭抢更让人忧虑。各地语言不通，风俗不一，不少地方的地痞流氓、豪强恶霸喜欢欺负旅人，地方官员通常对此熟视无睹，很少会为旅人伸张正义。

再次，心理调适。有的读书人赴试落第，变得萎靡不振，甚至心生绝望，使旅途充满忧愁与悲伤。有的旅人涉世未深，难免被骗子、妓女等敲诈、诱惑而丧失财物、陷入困境等等。[1]

"上述情况在南宋普遍存在"[2]，崔菊坡却不畏艰难险阻，毅然独自踏上了游学之路，其超世拔俗和刚强坚毅的品行由此可见一斑。

---

[1] 参马洪路：《行路难》，香港中华书局1990年版，第28—29页。
[2] 参徐吉军：《南宋全史》第八册，上海古籍出版社2016年版，第315—316页。

第二节　未尝至廛市

杭州古称钱塘，"钱塘自古繁华"[1]。五代时就已经开始出现了"上有天堂，下有苏、杭"的说法。[2]南宋高宗建炎三年（1129），杭州被升格为临安府，府治被作为行宫，称为"行在所"。绍兴八年（1138），临安成为南宋的首都，但是仍然被称为"行在"。"行在"原指国都以外供皇帝出行时居住的宫室。把国都称为行在，意在向外界表明，皇帝和朝廷仍然怀有收复北方失地的意志和决心。对于临安而言，成为首都，让它获得了巨大的好处——在不到两百年的时间内，由一座中等规模的城市，变成了"世界上最富庶和最享盛名的都会"。[3]

---

[1] 唐圭璋：《宋词纪事》，中华书局2008年版，第15页。

[2] 朱偰：《中国运河史料选辑·第四编·唐代运河史料》，中华书局1962年版，第31页。

[3] 谢和耐：《蒙元入侵前夜的中国日常生活》，北京大学出版社2020年版，第18页。

临安以美景著称，被宋仁宗誉为"地有湖山美，东南第一州"①。湖山美是指西湖及其周边的湖光山色秀丽灵动。在南山路、方家峪、小麦岭、大麦岭、西湖三堤路、孤山路、北山路、葛岭路等处，分布着丰乐楼、遇真道院、道人山、法空寺（旧名资庆）、苏公堤、西泠桥（又名西林桥、西陵桥、西村）、涵碧桥、断桥、灵隐寺、越王墓、武林山（又名灵隐山、灵苑山、仙居山）等知名景点。②

其中丰乐楼（以前也先后叫过众乐亭、耸翠楼），"宏丽为湖山冠"。③赵汝愚（1140—1193）曾为丰乐楼题写《柳梢青》，其词曰："水月光中，烟霞影里，涌出楼台。空外笙箫，云间笑语，人在蓬莱。　天香暗逐风回。正十里、荷花盛开。买个扁舟，山南游遍，山北归来。"④

西湖"青山四围，中涵绿水，金碧楼台相间，全似着色山水。独东偏无山，乃有鳞鳞万瓦，屋宇充满"，是天造地设的美景。⑤苏堤春晓、平湖秋月、断桥残雪、雷峰夕照、曲院风荷、花港观鱼、南屏晚钟、柳浪闻莺、三潭印

---

① 王象之：《舆地纪胜》，浙江古籍出版社2013年版，第81页。
②③ 周密、朱廷焕：《武林旧事·附〈增补武林旧事〉》，中州古籍出版社2019年版，第188—215页。引文见第188页。
④ 唐圭璋：《全宋词》，中华书局1965年版，第1867页。
⑤ 周密：《癸辛杂识》，中华书局1988年版，第203—204页。

月、两峰插云，合称为西湖十景。①

临安美食众多，据《梦粱录》记载，规模较大的分茶酒店中有百味羹、锦丝头羹、十色头羹、海鲜头食、酥没辣、象眼头食、落索儿、焐腰子、鸡丝签、鸡元鱼、五味焐鸡、五味杏酪鹅、绣吹鹅、酒蒸羊、绣吹羊、细点羊头、梅血细粉、铺五羹决明、三陈羹决明、酥骨鱼、油煠、五味酒酱蟹、五辣醋蚶子、淡菜脍、改汁辣淡菜、米脯鲜蛤、米脯淡菜、米脯风鳗、米脯羊、米脯鸠子、鲜蛤等几百种著名美食。②对于菜单上没有的美食，也可以"随时索唤，应手供造品尝"③。

临安还有果子店、粥店、凉水店、从食店等多种特色食品店。果子店有皂儿膏、瓜蒌煎、鲍螺裹蜜、糖丝线、蜜麻酥、炒团、甘露饼、熬木瓜、橘红膏、荔枝膏、二色灌香藕、蜜枣儿、天花饼、琥珀蜜、诸色糖蜜煎等多种类型的果子；粥店有七宝素粥、五味粥、粟米粥、糖豆粥等多种口味的粥品；凉水店有甘豆汤、椰子酒、豆儿水、苦水、梅花酒、五苓大顺散、紫苏饮等多种口味的凉水；从食店有大包子、荷叶饼、芙蓉饼、太学馒头、羊肉馒头、枣栗馅、

---

① 西湖十景历经岁月变迁，一直流传到今天，只是有些景点的地点有所变更，出于清代康熙年间的重新布置。参杨宽：《中国古代都城制度史研究》，上海人民出版社2016年版，第450页。

②③ 吴自牧撰，黄纯艳整理：《梦粱录》，大象出版社2019年版，第365—367页。

南宋佚名《杂剧打花鼓图》（故宫博物院藏）

薄皮、蟹黄、灌浆、卧炉鹅项、乳饼、千层、月饼、肉油酥、金花饼、春饼、胡饼、韭饼等多种口味的从食。①

临安的文化娱乐活动也极其丰富，以勾栏为中心的瓦子非常热闹。勾栏是指杂剧和各种伎艺演出的场所，也叫棚（临时用较差的材料搭成的）或棚楼（建筑成楼）。②瓦子也称瓦市、瓦肆、瓦舍，是都市中娱乐和买卖杂货的集中场所。瓦子里有小说、讲史、杂技、杂剧、诸宫调、相扑、傀儡、影戏等多种演出项目。

宋人罗烨在《醉翁谈录》谈小说开辟时，指出小说分为灵怪、烟粉、传奇、公案、朴刀、棍棒、妖术、神仙等

---

① 周密、朱廷焕：《武林旧事·附〈增补武林旧事〉》，第240—241页。
② 杨宽：《中国古代都城制度史研究》，第433—434页。

多种类型。①其中"灵怪"是讲神怪故事;"烟粉"是讲烟花粉黛,男女爱情故事;"传奇"是讲情节离奇的故事;"公案"是讲著名的案件;"朴刀"是讲武功和战斗;"棍棒"讲武打。②

罗烨在谈小说开辟时,也谈到"讲史"的情况:"说征战有《刘项争雄》,论机谋有《孙庞斗智》。新话说张、韩、刘、岳;史书讲晋、宋、齐、梁。《三国志》诸葛亮雄材;《收西夏》说狄青大略。说国贼怀奸从佞,遣愚夫等辈生嗔;说忠臣负屈衔冤,铁心肠也须下泪。"③讲史中的"史",应当是以历史事实为基础,通过艺术加工,创作而成的故事。故事里有雄才大略的英雄、机智的谋士、奸邪的国贼、发怒的愚夫、衔冤的忠臣等多种人物类型,讲史的动人之处在于,通过对人物形象的细节刻画,引发观众的情感共鸣。艺人还结合本朝历史,创作了"新话"——关于张俊、韩世忠、刘光世、岳飞等南宋中兴四大将的故事。宋度宗咸淳年间(1265—1274),知名艺人"王六大夫"表演的《复华篇》和《中兴名将传》,非常受欢迎,"听者纷纷"。④

宋代的杂技表演已经很成熟,有非常多的表演项

---

①③ 参罗烨:《醉翁谈录》,大象出版社2019年版,第73—75页。引文见第74页。

② 杨宽:《中国古代都城制度史研究》,第443页。

④ 吴自牧:《梦粱录》,第423—424页。

目。如踢瓶、弄碗、踢磬、踢缸、踢钟、弄花钱、花鼓槌、踢笔墨、弄斗、打硬、射弩等；又有各种魔术，如藏人、烧火、藏剑、吃针等；还有各种马戏，教虫蚁、弄熊等。

同其他文化娱乐活动一样，宋人已经具有品牌意识，出现了很多声名远播的杂技艺术家。宋理宗淳祐（1241—1252）以后，著名的杂技艺术家有"包喜、陆寿、施半仙、金宝、金时好、宋德、徐彦、沈兴、赵安、陆胜、包寿、范春、吴顺、金胜等"[1]。

不难想象，崔菊坡在1190年到太学读书时，临安已经非常繁华，是一个吃喝玩乐的好地方。面对美景、美食、娱乐等诸多诱惑，菊坡却一心向学，立志"必期三年成名而归"[2]。《崔清献公行状》记载，崔菊坡考上太学后，"朝夕肄业，足迹未尝至廛市"[3]。早晚用功读书，没有去过商店集中的地方。这种行为背后虽然也许有经济上的原因[4]，但是更主要的原因则是菊坡笃志向学，不被物

---

[1] 吴自牧：《梦粱录》，第421—422页。
[2] 李昴英：《跋菊坡太学生时书稿》，《文溪存稿》，第49页。
[3] 李昴英：《崔清献公行状》，《文溪存稿》，第113页。
[4] 崔与之家里贫困，在太学读书的费用，都是朋友资助的。据其门人李昴英记载：崔与之"入京参斋时，皆朋友相资助……贫者士之常，公之贫有人不堪其忧者，处之甚安，所以富贵不能淫，而清白照一世也"。李昴英：《跋菊坡太学生时书稿》，《文溪存稿》，第49页。

欲所累，想早日实现父亲遗志和自己"澄清天下"[①]的抱负。

崔菊坡在太学中享有崇高的地位。据《癸辛杂识·诸斋祠先辈》记载，"太学诸斋各祠本斋之有德行者。存心斋、果行斋并祠栗斋巩丰，循理斋祠慈湖杨简，果行斋祠李绍，观化斋祠梅溪王十朋、菊坡崔与之"[②]。

其中巩丰（1148—1217），字仲至，号栗斋，南宋婺州（今浙江金华市）武义人。他早年在婺州的丽泽书堂求学，师从南宋著名理学家、史学家、教育家和文献学家吕祖谦（1137—1181），后来在太学的存心斋和果行斋读书，孝宗淳熙八年（1181）考中进士，官至宰相。巩丰同时也是南宋著名诗人，与当世大儒朱熹、叶适，诗坛名家陆游、杨万里是好朋友。[③]

杨简（1141—1226），字敬仲，号慈湖，浙江慈溪

---

① 温若春在《崔清献公墓志铭》曰："公先而卓荦有奇节，常以天下为己任。方金人陆梁，慨然有澄清之志。"崔与之：《宋丞相崔清献公全录》，第189页。

② 周密：《癸辛杂识》，第64页。南宋时，太学实行分斋教学，通常一斋可以容纳三十人。参脱脱等：《宋史》，第3663页。

③ 《宋史》没有巩丰的传记，关于巩丰的生平事迹可以参考叶适：《巩仲至墓志铭》，《叶适集》，第436—437页；陆心源：《宋史翼》，浙江古籍出版社2016年版，第682—683页；沈志权：《南宋诗人巩丰考论》，《浙江社会科学》2011年第3期；崔小敬：《南宋诗人巩丰生平与著述补考》，《浙江社会科学》2016年第8期。

（今浙江宁波市慈城镇）人，是南宋大儒。杨简早年在太学循理斋读书，孝宗乾道五年（1169）考中进士。后来师从陆王心学的开创者陆九渊（1139—1193），既是陆九渊门下最重要的弟子，也是心学由陆九渊发展到王阳明的关键性人物。[1]

王十朋（1112—1171），字龟龄，谥忠文，温州乐清（今浙江乐清市）人。王十朋天资聪颖，曾入太学观化斋读书。秦桧（1090—1155）死后，高宗赵构于绍兴二十七年（1157）亲自主持殿试，王十朋作一万多字的《廷对策》，主张皇帝"揽权"，"惩既往而戒未然，威福一出于上"。赵构赞许他"经学淹通，议论醇正，遂擢为第一"[2]。他是南宋初年著名的抗金主战派代表人物，曾经在轮对时向高宗建议，御敌的当务之急是用人，如果想要恢复中原，应当重用张浚和刘锜。他先后弹劾过大将杨存中、宰相史浩等人，《宋史》称其"指陈时事，斥权幸，无所回隐"[3]。他历任饶、夔、湖、泉四郡知州，实行了很多有益于百姓的举措，具有非常好的政治声誉。饶州（治所在今江西鄱阳县）百姓得知他要转任夔州（治所在今重庆市奉节县东十里白帝城）知州，就去有关部门请求

---

[1] 关于杨简生平事迹及思想的著作可以参考李承贵：《杨简》，陕西师范大学出版社2017年版；张实龙：《杨简研究》，浙江大学出版社2012年版。

[2][3] 脱脱等：《宋史》，第11883、11747页。

让他留任。请求被驳回后,饶州百姓竟然断开桥梁,阻止他离任。王十朋最终只好从偏僻的小路离去。当地民众把断桥修好后,取名"王公桥"来表达对他的纪念。王十朋经常把自己比作诸葛亮、寇准、范仲淹、韩琦等名臣相比较,南宋著名理学家朱熹和张栻(1133—1180)都极其尊重他。①朱熹称其诗:"浑厚质直,恳恻条畅,如其为人。"②张栻称其人:"大节元无玷,中心本不欺。排奸力扛鼎,忧国鬓成丝。"③《四库全书总目》称:"十朋立朝刚直、为当代伟人。"④

崔菊坡和宰相巩丰、大儒杨简、名臣王十朋等人在太学中一起享受祭祀,他的地位、声望和影响就不言而喻了。

---

① 脱脱等:《宋史》,第11887。
② 朱熹:《王梅溪文集序》,《全宋文》第二百五十册,第317页。
③ 张栻:《故太子詹事王公挽诗二首》,氏著《新刊南轩先生文集》,中华书局2015年版,第784页。
④ 永瑢等:《四库全书总目》,中华书局1965年版,第1371页。

第三节　由太学及第

科举考试中的殿试（廷试）制度创立于宋太祖开宝六年（973），起初殿试内容只考诗与赋各一首，自太宗太平兴国三年（978）开始，"进士加论一首，自是常以三题为准"[1]。从绍圣元年（1094）开始，"殿试内容为策一道，成为定制"[2]。策按照内容又可以分为三类：一是，经义策，以儒家经典为考试内容；二是，子史策，以历代史事为考试内容；三是，时务策，以时事政务为考试内容。[3]

宋光宗绍熙四年（1193），崔菊坡参加殿试。当年殿试考的是时务策，题目是：

> 朕以凉菲，承寿皇付托之重，夙夜祗翼，思所

---

[1] 李焘：《续资治通鉴长编》，第434页。
[2][3] 张希清：《中国科举制度通史（宋代卷）》，第384、431页。

以遵慈谟、蹈明宪者甚切至也,临政五年于兹,而治不加进,泽不加广,岂教化之实未著,而号令之意未孚耶?……今欲为士者精白承德而趋向一于正,为民者迁善远罪而讼诉归于平;名宾于实而是非不能文其伪,私灭于公而爱恶莫可容其情;节俭正直之谊兴行于庶位,哀矜审克之惠周浃于四方,果何道以臻此?子大夫待问久矣,咸造在庭,其为朕稽古今之宜,推治化之本,凡可以同风俗、清刑罚、成泰和之效者,悉意而条陈之,朕将亲览。①

光宗在廷对中问:"我用才德微薄的天赋,承担孝宗(尊号是至尊寿皇圣帝)托付的天下重任,早晚谨慎小心,不怠慢不苟且,思考如何遵循孝宗的决策和严明的法度已很恳切周到,亲理政务至今已经五年,然而国家的治理能力既没有提高,也没有将恩泽施加给更多的百姓,难道是教导感化的效果未显著,指示命令的意图未能使人信服吗?"

崔菊坡的"廷策极言宫闱,皆人所难言"②。可以推知,崔菊坡在廷试时,针对当时的"过宫风波"对皇帝进行直言规劝,表达的多是普通人不敢说的、正直不阿的

---

① 陈亮、邓广铭:《陈亮集(增订本)》,中华书局1987年版,第115—116页。

② 李昴英:《崔清献公行状》,《文溪存稿》,第113页。

观点。所谓"过宫风波",要从宋高宗讲起。高宗因为亲生儿子早夭,自己又丧失了生育能力,于是便把皇位传给了孝宗,让皇位重归太祖一系。孝宗铭感五内,对高宗非常孝顺。《宋史》对孝宗的评价是:"然自古人君起自外藩,入继大统,而能尽宫廷之孝,未有若帝……宋之庙号……孝宗之为'孝',其无愧焉,其无愧焉!"①光宗是孝宗的第三个儿子,孝宗觉得他"英武类己",便在淳熙十六年(1189),将皇位禅让给他,自己做了太上皇。②光宗效法孝宗,从即位的第二个月开始,"每月四朝"重华宫(即以前高宗在世时居住的德寿宫)。但不久之后,光宗就在绍熙二年(1191)十一月,"震惧感疾",得了精神分裂症。后来,光宗"始终担心太上皇要害他、废他,内心深处视每月四朝重华宫为畏途险径",总是千方百计地寻找借口,推迟去重华宫朝见孝宗的日期,最终导致了持续数年之久的过宫风波。③

过宫风波在当时是一个影响非常大的政治事件。陈傅良(1137—1203)在绍熙三年(1192)劝谏光宗道:"一国之势,譬如一身,血气标本,贵在贯通。少有壅底,便生疾恙。若乃咫尺君门,杳如万里;今日迁延某事,明日阻节某人,日复一日,莫以为怪。人心益玩,主势益轻。

---

① ② 脱脱等:《宋史》,第691—693页。
③ 虞云国:《南宋行暮:宋光宗宋宁宗时代》,第80—81页。

脱有奸慝乘时为利，则中外之情不接，威福之柄可移。虽是擅传指挥，将亦无从觉察。或放散仪卫，或革退臣僚，或斗谍宫闱，或激怒军旅，万一有此，臣恐陛下孤立，而外廷无以效区区矣。"①可是光宗的病情时好时坏，精神正常时还能采纳建议，去重华宫；精神一旦不正常，产生被迫害妄想症，就会推迟、甚至拒绝去重华宫。

同年状元陈亮在廷对中也谈到了过宫风波："臣窃叹陛下之于寿皇，莅政二十有八年之间，宁有一政一事之不在圣怀，而问安视寝之余，所以察词而观色，因此而得彼者，其端甚众，亦既得其机要而见诸施行矣。岂徒一月四朝而以为京邑之美观也哉！"②陈亮认为"一月四朝"只是一种形式，属于效法孝宗的"迹"；真正重要的是效法孝宗的"心"，用"礼乐刑政"和"仁义孝悌"，把国家治理好！

此时正是光宗长时间不朝见孝宗，过宫风波越演越烈，使朝廷和地方怀疑、惊骇的当口。③陈亮对父（孝宗）子（光宗）关系的解读，可谓正中光宗下怀，因此被光宗由第三名擢升为第一名。

---

① 陈傅良：《直前札子》，《全宋文》第二百六十七册，第237页。
② 陈亮、邓广铭：《陈亮集（增订本）》，第116页。
③ 参脱脱等：《宋史》，第8654页。

不像陈亮那样"取巧","直言"的崔菊坡最终高中进士乙科。高中进士乙科不只为崔菊坡一生的功业和名节打下了基础，而且也开创了广州读书人"由太学取科第"的先河。

第四节　司法彰公正

崔菊坡在宋光宗绍熙四年（1193）高中进士乙科，当年的授官规则是：

> 新及第进士第一人陈亮补承事郎、签书诸州节度判官厅公事，第二人朱质、第三人黄中并文林郎、两使职官，第四人滕强恕、第五人杨琛并从事郎、初等职官，第六人以下至第四甲并迪功郎、诸州司户簿尉，第五甲守选。①

按照规则，崔菊坡的初授官是迪功郎、浔州（辖境相当于今广西桂平市北部地）司法参军。司法参军是幕职州县官四等七阶中的第四等第七阶，属于基层官员，主要负责斟酌法度、讨论法制、判刑和常平仓收支。②

---

① 徐松：《宋会要辑稿》，第5281页。
② 参龚延明：《宋史职官志补正》，第467页。

韩琦（1008—1075）主张"治国之本，当先聚财积谷"[1]，可能是受其观点影响，崔菊坡特别重视常平仓的管理。常平仓中的谷物，储存在州县，除了平抑粮价之外，其作用就是遇到灾荒时，救济百姓，因此也常常被称为常平（"以平谷价"）义仓（"以备凶灾"）。[2]按照宋朝的法律："义仓谷唯充赈给，不得他用，即擅支借移用，以违制论。"[3]按道理说，严厉的法律可以杜绝常平仓中的谷物被挪用或侵占，保障百姓生命安全，维护社会稳定。然而当时常平仓的管理方式是："司法（按：即司法参军）收支，通判主管"[4]，这为府、州、军、监长官挪用或侵占常平仓中的谷物留下了空间。正如朱熹所抨击的那样，当府、州、军、监长官想要挪用或侵占常平仓的积蓄时，哪个司法参军和通判敢不顺从他？！[5]杨倓（？—1181）也在乾道八年（1172）向宋孝宗上奏曰："今诸路州县常平义

---

[1][2] 参脱脱等：《宋史》，第10228、4275页。

[3] 朱熹、朱杰人、严佐之等：《朱子全书（修订本）》第二十册，上海古籍出版社、安徽教育出版社2010年版，第783页。

[4] 徐松：《宋会要辑稿》，第4630页。

[5] 朱熹曰："令所在常平仓，都教司法管，此最不是。少间太守（按：府、州、军、监长官通称）要侵支，司法如何敢拗他！通判虽管常平，而其职实管于司法。又，所在通判，大率避嫌不敢与知州争事，韩文公所谓'例以嫌不可否事者也'。且如经、总制钱、牙契钱、倍契钱之类，尽被知州瞒朝廷夺去，更不敢争。"黎靖德：《朱子语类》，第2642页。

仓米斛，不少年来虽间有灾伤去处，支给不多。访闻皆是擅行侵用，从来未曾稽考。"①可以推知，南宋时期常平仓中的谷物多被非法挪用或侵占。在这样的风气下，初入官场的崔菊坡却能够严格执法，以巨大的勇气，坚定地拒绝了郡守想要"移兑常平之积"的命令。②郡守尊敬崔菊坡的气节，佩服他的持正不阿，不只收回了"移兑常平之积"的命令，而且更加器重他，并在政绩考核时向朝廷极力推荐他。

宋代"员多阙少"③，冗官现象非常严重。"'员'是指已经进入官僚队伍、包括在吏部官员名籍之内、有资格根据自身条件被任命以不同差遣的大小官员；'阙'（有时作'缺'），又名'窠阙'，是指因就职者正常离任、致仕或意外事故等，造成的有待填补的空缺职位；由此引申为指实际治事体系中的各类职位。"④员与阙之间的矛盾，致使为官员拟定差遣很困难。因此宋代的选人（"文臣京朝官以外的低档寄禄官阶"）在三年任满之后，往往需要待阙数年，才能被拟定新的差遣。崔菊坡三年任满之后，也经历了三年待阙时光，随后在庆元六年（1200）被调任淮西（亦称淮右，今皖北、豫西淮河

---

① 参杨倓：《乞清查常平义仓米斛奏》，《全宋文》第二百一十九册，第339—340页。

②③ 脱脱等：《宋史》，第12257、3716页。

④ 邓小南：《宋代文官选任制度诸层面》，第283页。

北岸一带）提点刑狱司检法官，职责是："佐提点刑狱官审阅、疏驳狱状。及复审州县官、小使臣公罪仗以下案。"①

崔菊坡在淮西提点刑狱司检法官任上碰到了一个案子：有一个穷苦的老百姓无力偿还拖欠豪民的债务，为了逃债，就打死自己的孩子，并且诬告是豪民所为。崔菊坡的上级，提点刑狱官打算判诬告者流放罪。崔菊坡建议说："平民百姓出于无奈，仓促之间想到个馊主意，怎么忍心让他们一家人辗转迁徙呢？况且故意杀子孙，依照刑法只是判处徒刑。"②最终，上级采纳了崔菊坡的建议，只给此人判了徒刑。

还有一个案子，有人起诉王枢密的儿子凭借权势强取佛教寺院的农田。因为此时王枢密正掌握国家大权，所以当地官吏没有人敢判决这起案件，只有崔菊坡根据客观事实量刑判罪，不向权势屈服。王枢密听闻此事后，赞许菊坡公正廉明，并向朝廷推荐了他。因此许多台谏也一起争着举荐他。③

出任浔州司法参军和淮西检法官，为崔菊坡赢得了"守法持正"④的美誉，让他在宋宁宗嘉泰四年（金泰和四

---

① 龚延明：《宋代官制辞典（增补本）》，第537页。
② 脱脱等：《宋史》，第12257页。
③ 李肖龙：《言行录》，《宋丞相崔清献公全录》，第2页。
④ 李昂英：《崔清献公行状》，《文溪存稿》，第113页。

年，1204）改官成功①，成为京朝官。按照宋朝规定，文臣京朝官以外的低档寄禄官阶经过考核改为京朝官后，"初任须入知县"②，因此崔菊坡于同年出任江南西路建昌军新城县（治所在今江西黎川县）知县，开始全面地管理一个县的行政事务。

---

① 参何忠礼：《南宋名臣崔与之述论》，《广东社会科学》1994年第6期，第72页。

② 邓小南：《宋代文官选任制度诸层面》，第168页。

第五节　清正不烦苛

新城县向来以"难治"著称于世，崔菊坡的治理原则是"清简"①。清简可以理解为"简除烦苛，禁察非法"②。就是简化或废除不方便老百姓办事的规章制度，禁止下属扰民等不法行为。

据《言行录》记载：

> （崔菊坡）治新城，以抚字寓之，催科酌道里为信限，悉蠲（按：免除，除去）浮费，民输直造庭下，东庑交钱，西庑给钞，未纳无泛比，已纳无泛追，不事一箠，而赋益办。③

---

① 脱脱等：《宋史》，第12258页。
② 范晔、李贤等：《后汉书》，中华书局1965年版，第2478页。
③ 李肖龙：《言行录》，《宋丞相崔清献公全录》，第2页。

"催科"就是催收赋税（根据田亩征收的赋税和其他各种税款）。崔菊坡治理新城县的时候，对催收赋税的相关政策进行了两点改革：一是，简化纳税程序，免除民户不必要的开支。让民户直接到官衙庭院缴纳税款，东边的廊屋交钱，西边的廊屋领取税钞（纳税凭证）。这样就废除了纳税过程中所有不必要的中间环节，从根本上消除了各级官吏假借收税的名义对民户进行勒索和压榨。二是，禁止野蛮征税。催索赋税时，参考路程远近，确定合理的缴税截止日期，使百姓不会因为行程遥远所造成的延期纳税而遭受处罚。对于已经纳税的百姓，不得再以其他名义进行追讨；对于未纳税的百姓，不得比照旧例加重处罚，额外征税。[①]赋税改革后，效果非常好，"不事一箠，而赋益办"，百姓不再遭受鞭打之苦，而新城县的税收工作却完成的比往年都好。

　　开禧二年（1206），权臣韩侂胄发动开禧北伐，企图"立盖世功名以自固"[②]。朝廷诏令全国筹措军粮等军需物资，苛刻而急切，致使各地都处于动荡不安的状态。当年新城县恰巧赶上粮食歉收，于是崔菊坡取出"系省钱"到市场上采购物资，没有增加百姓的任何额外负担。"'系省'者，即指地方谷帛钱物，系籍于省司（三司、户部）

---

①　参魏天安：《清廉持正——崔清献施政之经济举措论析》，《崔与之与岭南文化研究》，第451页。

②　李心传：《建炎以来朝野杂记》，第825页。

的意思，表明财赋虽由地方留用，但其所有权仍属于中央。"①在南宋，系省钱是"月解钱"②的重要来源。州县要按月足额上缴月解钱，否则主管的官吏就有被弹劾的风险。当属吏提醒崔菊坡没有办法完成当月应该上缴的月解钱指标时，崔菊坡说他的原则是"无以政事杀民"③，否则"宁罢去"④。

朝廷关于"和籴"⑤指标的命令下达后，只有崔菊坡按照时价买进粮食。他还亲自赶赴现场，让百姓自己负责用工具把斗斛中的粮食刮平，不使其过满，这样就避免有关人员在称重时做手脚使百姓利益受损。结果分派给新城县的和籴指标"不扰而办，为诸邑最"⑥。崔菊坡的做法，得到了江南西路转运使赵希怿的重视。赵希怿将崔菊坡的做法树立为样板，在江南西路推广实行，并且特别向朝廷汇报了崔菊坡施政的成绩。

---

① 包伟民：《宋代地方财政史研究》，中国人民大学出版社2011年版，第28页。

② 包伟民先生指出，月解钱也称月给钱、月桩钱等，"所谓'月桩'，即按月桩发之意"。氏著：《宋代地方财政史研究》，第101页。

③ 李肖龙：《言行录》，《宋丞相崔清献公全录》，第20页。

④ 脱脱等：《宋史》，第12257页。

⑤ 和籴是官府以议价交易为名，向民间收购粮食。因为政府提供的"议价"通常低于"时价"，所以"名'和籴'，实强取，民不堪命"。洪咨夔：《知心堂记》，《洪咨夔集》，第239页。

⑥ 李昂英：《崔清献公行状》，《文溪存稿》，第113页。

新城县知县任满以后，因为政绩卓著，当时的宰相有意让崔菊坡留在朝中任职，然而他却选择去邕州（治所在今广西南宁市）任通判。刚上任不久，恰巧宾州发生军队内讧，朝廷认为他"长于应变"就提拔他做宾州（辖境相当于今广西宾阳县地）知州。他轻而易举地平息了内讧。

宋宁宗非常欣赏崔菊坡，对他寄予厚望，在嘉定二年（1209）特旨任命他为广南西路（治所在广西桂林市，辖境相当于今广西壮族自治区、海南省及广东雷州半岛）提点刑狱，并且勉励他道：

> 尔分符未久，治有休声。兹予命汝，持节于本道，岂徒为尔宠哉？以尔习知风土之宜，则广右之民，有所未便，及所愿欲而不得者，皆可以罢、行之。①

提点刑狱的职务非常重要——负责"一路刑狱公事，察所部疑难不决案件、所系囚犯案牍复审，每旬将本路所关押囚犯因由、审讯情状申报，如判决有不符事实者，移牒复勘。并兼劝课农桑、举刺官吏，南宋时兼催经制、总制钱"②。新的职务以及宁宗的信任和赋予的兴利除弊的权力，

---

① 李肖龙：《言行录》，《宋丞相崔清献公全录》，第3页。
② 龚延明：《宋代官制辞典（增补本）》，第535页。

使崔菊坡更加振奋，让他下定决心整顿广南西路的吏治。

崔菊坡认为："岭右去天远甚，官吏任情摧剥，须澄清之。"①于是在他到职办公的第一天，就首先张贴告示，公开宣布准备重点整治的各种弊病：

> 一曰狱囚充斥之弊，二曰鞫勘不法之弊，三曰死囚冤枉之弊，四曰赃物供摊之弊，五曰户长科役不均，六曰弓手土军骚扰，七曰催科泛追，八曰缉捕生事，九曰奸猾健讼，十曰州县病民等事。②

崔菊坡发布的命令清明严肃，看到告示的官吏都戒慎恐惧。因为崔菊坡用严刑峻法整顿吏治，而且不怕得罪有权有势的人，所以很多有贪污行为的人，看到形势不妙，就提前辞掉官职，逃到别的地方去了。后来淮南东路的真州（治所在今江苏仪征市）知州高惟肖和广州提举市舶赵汝楷看到榜文后，心悦诚服，认为崔菊坡可以做官吏的榜样，于是他们将榜文刻版印刷发行，名为《岭海便民榜》。③

南宋时期，广南西路包括："府二：静江，庆远。州二十：容、邕、象、融、昭、梧、藤、浔、贵、柳、宾、

---

① ② ③ 参李肖龙：《言行录》，《宋丞相崔清献公全录》，第3页。

横，化，高，雷，钦，廉，贺，琼，郁林。军三：南宁，万安，吉阳。"①这些州大致都是荒远僻静的地方，被称为海外四州（今海南省）的琼州（治所位于今海南省海口市琼山区）、南宁军（治所在今海南省儋州市西北中和地区）、万安军（治所在今海南省万宁市）、吉阳军（治所在今海南省三亚市西北崖城镇）等四个州更是被隔在琼州海峡之外。

为了肃清广南西路官吏的违法犯罪行为，崔菊坡无惧"道阻且长"，迎着朝阳，穿过瘴气，顶着白天的高温，冒着连夜急行、露宿荒野的危险，用了大约半年时间，往返数千里，巡视了辖下的所有地区。

他每到一个地方，都会撩起车上挂的帷幕，访问风俗。旅途的艰辛，让他"形容凋瘁，鬓毛悉斑"②，患上了"风眩"③。但是他不辞劳苦地引导人们畅所欲言。如果有人谈

---

① 脱脱等：《宋史》，第2239页。

② 李肖龙：《言行录》，《宋丞相崔清献公全录》，第4页。

③ 崔与之：《第三次辞免除礼部尚书》，《宋丞相崔清献公全录》，第54页。"风眩"也称风头眩，其名出自《诸病源候论·风头眩候》："风头眩者，由血气虚，风邪入脑，而引目系故也。五脏六腑之精气，皆上注于目，血气与脉并于上系，上属于脑，后出于项中。逢身之虚，则为风邪所伤，入脑则脑转而目系急，目系急故成眩也。"它的症状是眩晕、头痛、心悸、失眠、注意力不集中、记忆力减退伴肢体麻木、血压增高等。参丁光迪：《诸病源候论校注》，人民卫生出版社2013年版，第37页；刘宇等：《风眩源流考》，《中华中医药杂志》2021年第36卷第7期，第4328页。

及政策所带来的利益和损害,他一定会对相关政策进行有针对性的推广、修改或废除,之后才离开。道路上常常挤满了有冤屈的百姓,他们拦截车辆,请求崔菊坡为他们申冤。

崔菊坡还不避风浪,坐小船渡大海去海外四州巡视,成为南宋历史上第一个去海外四州考察的提点刑狱。在吉阳军巡视时,他发现当地出产一种植物叫苦蕫,有的民众取它的叶子代替茶叶,州郡因此征税,每年"创收"五百缗(一缗为一千文)。在琼州巡视时,他发现地方政府让当地妇女用吉贝(木棉)织衣服和被子,为了服这种劳役,有的妇女甚至一年不能与家人团聚,"弃稚违老,民尤苦之"。诸如此类违法害民的赋税、劳役,他都在当地公开张贴告示,宣布予以废除。琼州人非常感激他,就按照顺序把他的事迹编辑为《海上澄清录》。①

在海外四州巡视期间,崔菊坡弹劾了几个贪官污吏,起到了震慑作用。从此当地官吏才知道有国法,不敢再做伤害人民的事。海外四州的人民为了表达感恩之情,便为崔菊坡设立祠堂,年年祭祀他。②崔菊坡发现,王安石在熙宁年间推行的"免役法"③,只有海外四州没有实行,造成

---

① 脱脱等:《宋史》,第12258页。
② 李肖龙:《言行录》,《宋丞相崔清献公全录》,第4页。
③ 免役法也称雇役法或募役法,是指"将差役改为雇役,由应役人户按等出钱,官府募人代服徭役"。参漆侠:《王安石新法校正》,《漆侠全集》第二卷,第242—245页。

"民破家相望"的凄惨景象。因此他计划在海外四州实行免役法,可惜没有成功。后来,他将自己的计划告诉给了颜戣,颜戣在任琼州知州时,最终实行了免役法。①

此外,崔菊坡发现,广南西路偏僻的县里的官吏很多都由武官担任,大多贪污,于是他奏请朝廷"援广东循、梅诸邑,减举员赏格,以劝选人"②。希望借此吸引更多的文官来广南西路任职,从源头上改变广南西路官场的贪腐之风。

在广南西路任职期间,崔菊坡赢得了"长于应变"③"处事识大体,爱民有实惠"④"郡政清简"⑤"澄清海上"⑥等美誉,让他在嘉定六年(1213)被任命为金部员外郎,由此开启了在朝廷任职的经历。

---

①②⑤⑥ 参脱脱等:《宋史》,第12258页。
③④ 李肖龙:《言行录》,《宋丞相崔清献公全录》,第3页。

第六节　医国收全功

开禧北伐失败后，南宋以函送韩侂胄首级作为条件之一，在嘉定元年（金章宗泰和八年，1208）与金朝缔结了更为屈辱的嘉定和议。但是和议订立不久，中国北方的形势就迎来了巨变。

嘉定和议（1208）缔结当年，金章宗去世，金朝内部接二连三的宫廷政变加速了金朝的衰落。嘉定四年（蒙古太祖六年，1211），成吉思汗亲率蒙古大军南伐，在野狐岭（今河北万全县北三十里）打败四十万金军，接着，大将遮别在同年九月，率领军队进入居庸关（又名蓟门关，今北京市昌平区西北三十里），抵达燕京（金初专称燕京，1153年定都于此后，改称中都，治所在今北京市城西南隅）。[①]嘉定七年（蒙古太祖九年，1214），二月，金宣

---

① 参宋濂等：《元史》，第15页。

宗遣人议和,答应了成吉思汗提出的所有条件,于是蒙古军队在当年三月撤军。①蒙古军刚撤走不久,金宣宗就在同年五月"决意南迁,诏告国内",计划将都城由燕京迁到汴京(今河南开封市)。②蒙古人听说此事后,愤怒地说:"既和而迁,是有疑心而不释憾,特以讲和为款我之计耳!"③因此成吉思汗以金朝迁都违约为借口,在嘉定八年(太祖十年,1215)发兵南下,一路所向披靡,占领了河北、河东、山东大部分地区。

由于蒙古军队"初无远略",主要以俘虏人口和抢劫财物为目的,所以兵马所到之处,"人民杀戮几尽,金帛、子女、牛羊、马畜皆席卷而去。屋庐焚毁,城郭丘墟矣"④。金朝原有的社会秩序被摧毁,"于是受到韩侂胄鼓煽兴起,而在开禧之后暂受招安或潜匿的华北汉人,乃揭竿而起"⑤。其情形正如《金史》所言:"金自章宗季年,宋韩侂胄构难,招诱邻境亡命以挠中原,事竟无成。而青、徐、淮海之郊民心一摇,岁遇饥馑,盗贼蜂起,相为长雄,又自屠灭,害及无辜,十余年糜沸未息。"⑥

在蜂起的"盗贼"中名气比较大的有刘二祖、彭义

---

① ③ ④ 李心传:《建炎以来朝野杂记》,第850—852页。
② ⑥ 参脱脱等:《金史》,第304—305、2568页。
⑤ 黄宽重:《南宋地方武力——地方军与民间自卫武力的探讨》,台北东大图书公司2002年版,第278页。

斌、石珪、夏全、时青、杨安儿、杨妙真、李全、李福、季先等，这些人实际上都是民间武装力量的首领。①自嘉定十年（金兴定元年，1217）四月，金宣宗以"岁币不至"为借口，发兵讨伐南宋以来，山东、淮海地区"成为宋、金、蒙三国逐鹿的主要战场"②。三国相继采取争夺活跃于该地区的民间武装力量的政策，而这些民间武装力量出于追求自身利益最大化的考虑，"产生游移于三国之间或降或叛的现象"。③

面对北方的大变局，特别是在金朝迁都汴京以后，南宋对国际形势做了新的研判。南宋朝廷估计，金朝不会满足于国土沦丧，其军队会继续向南迫近，进而侵占南宋边境"以广疆土"。

在这样的背景下，嘉定七年（金宣宗贞祐二年，1214），时任金部员外郎的崔菊坡临危受命，出任位于宋金对峙前线的扬州知州，兼淮南东路（治所在扬州，今江苏扬州市，辖境相当今江苏北部、安徽全椒以东、河南永城等县市）制置使。知州的职责是主管"本州军、民之政，举凡户口、赋役、钱谷、狱讼听断之事，绳法以总领之；至于宣布条教，岁时劝课农桑，旌别孝悌，考察

---

① 脱脱等：《宋史》，第13817—13819页。
②③ 黄宽重：《南宋地方武力——地方军与民间自卫武力的探讨》，第285—286页。

郡吏；遇水旱，以法赈济，安集流亡，均负其职"[1]。制置使的职责是主管经营筹划"边防军旅及从事征讨、捍御军事"[2]。制置使和安抚制置使等官员在开禧北伐失败后，逐渐"成为事实上的大军区统兵官，直接指挥前沿军务"。[3]

镇守淮南东路五年之后，因为政绩突出，崔菊坡在嘉定十二年（金宣宗兴定三年，1219）被调回临安，担任秘书少监、兼国史院编修官、兼实录院检讨官。第二年，又先后升任试秘书监、兼太子侍讲；工部侍郎、兼同修国史、兼实录院同修撰等官职，并在这一年的四月被特旨任命为焕章阁待制、知成都府（宋为成都府路治）、本路安抚使。[4]

此时，宋金战争仍在继续，而且四川的形势对南宋很不利，"外三关既失，藩篱决坏"[5]。加之，去年闰三月，四川又发生了兴元士兵张福、莫简等领导的红巾队叛乱。[6]红巾队焚烧了利州（今四川广元市），吓跑了时任四川制置使的聂子述，杀死了时任总领四川财赋军马钱粮的杨九

---

[1][2] 龚延明：《宋代官制辞典（增补本）》，第585、499页。

[3] 参王曾瑜：《宋朝军制初探（增订本）》，中华书局2011年版，第229页。

[4] 何忠礼：《崔与之事迹系年》，《文史（第四十一辑）》，第132—134页。

[5] 魏了翁：《应诏封事》，《全宋文》第三〇九册，第130页。

[6] 脱脱等：《宋史》，第772页。

鼎，攻破阆州（治所在今四川阆中市）、果州（治所在今四川南充市），进入遂宁府（治所在今四川遂宁市），担任巡逻突击的骑兵"在潼、汉界，将窥成都"①。叛乱虽然最终在同年七月被官兵彻底平息，但是却让南宋在四川的统治面临极大的危机，因此崔菊坡被任命为成都知府、本路安抚使，同样是临危受命。

新的差遣，充分体现了朝廷对崔菊坡的器重。众所周知，四川所在的川陕战区和两淮战区、京湖战区一起并称为宋金战争的三大战区。况且四川位于长江上游，地理位置极其重要。四川的统治中心和战略要地是成都府，因而被授予成都知府、本路安抚使的人"必硕德雅望，而后可以镇服人心；必远识长材，而后可以应酬事变"②。据说朝廷有意让崔菊坡整治蜀中乱局，又担心他不接受任命，于是就先让司谏王贯卿上疏，批评"士大夫辞难避事，不肯任朝廷之委用"，然后才任命他去成都任职。③崔菊坡因此没有办法拒绝，只能去成都上任。

崔菊坡在做成都知府、成都府路安抚使时，同样政绩斐然。安丙去世以后，朝廷升任他为焕章阁直学士，朝散大夫，成都、潼川府，夔州、利州路安抚制置使（安抚

---

① 脱脱等：《宋史》，第12215页。

② 崔与之：《辞免除焕章阁待制知成都府本路安抚使》，《宋丞相崔清献公全录》，第47页。

③ 张端义：《贵耳集》，大象出版社2019年版，第189页。

使兼制置使的合称）、兼知成都军府。[①]南宋朝廷一般认为，重要的是选任统帅，尤其重要的是选任四川的统帅，"谋帅之甚，于蜀为甚"[②]。能够让崔菊坡统帅四川军队，说明他的军事才能，得到了国家的高度认可。宋宁宗在《四川制置乞祠不允诏》中赞美他："道德足以镇浮，智识足以制变。赋宽四蜀，民气顿苏。尘靖三边，军声益振。使朕无西顾之虑，而风动中原之遗。"[③]此赞美可以看作是朝廷的公论。

从嘉定七年（金贞祐二年，1214）担任扬州知州，兼淮南东路制置使开始，到嘉定十七年（金正大元年，1224）从四川安抚制置使，兼成都知府的职务上离任，前后共十一年。其中守卫淮东五年，在朝廷中任职两年，护卫四川四年。边疆前线处理政务、军务的经验，加上在朝廷中筹谋全局，建言献策的经历，让崔菊坡对南宋面临的问题和解决问题的方法有了更加深入的思考，形成了自己的政治思想和军事思想。

崔菊坡认为，如果把处于内忧外患中的南宋看作一个

[①] 崔与之：《四川制置乞祠》，《宋丞相崔清献公全录》，第48页。

[②] 宋宁宗：《辞免礼部尚书不允诏》，《宋丞相崔清献公全录》，第111页。

[③] 宋宁宗：《四川制置乞祠不允诏》，《宋丞相崔清献公全录》，第110页。

病人，那么他自己就是一位胸中藏有治国良方的医生，有信心医好国家的沉疴痼疾，成就伟大的功业，"胸藏经济方，医国收全功"①。

在崔菊坡看来，南宋究竟存在哪些问题？针对这些问题，他又会开出怎样的良方呢？

一、确定长远规划、明确最高国策、建立功勋事业

崔菊坡认为，与汉唐相比，南宋的一个突出短板是"事功之不立"，即没有建立伟大的事业和不朽的功勋。究其原因，"事功之不立，由意向之不明；意向之不明，由规模之不定"②。

为了理解"意向之不明"和"规模之不定"的确切含义，我们需要了解宋朝的"国是"观念。

宋朝的"国是"相当于今天我们所说的最高国策或正确路线。贯穿南宋的"国是"是战、守、和。菊坡所说的"意向"实际上是指"国是"，而"意向之不明"的确切含义是，对战、守、和的态度游移不定。具体而言，在崔菊坡历仕的光宗、宁宗、理宗三朝，朝廷对战、守、和的

---

① 崔与之：《答李侍郎》，《宋丞相崔清献公全录》，第100页。

② 李肖龙：《言行录》，《宋丞相崔清献公全录》，第13页。

态度都是游移不定。

宋光宗刚即位不久,就在绍熙二年(金章宗明昌二年,1191)十一月,"震惧感疾",得了精神分裂症。[①]自此以后,"政治日昏"[②],自然难以确立国是。

宋宁宗临朝听政时的画面是:

> 兼听广览……未尝有所咨访,有所质问,多唯唯默默而容受之。[③]

虽然表面上能够做到广泛地听取大臣的意见、阅读他们的奏章,但实际上却处于束手坐视的状态:既不咨询,也不质问,多是缄口不语,或应而不置可否。诚如有学者所指出的那样,宁宗就像一个永远长不大的孩子,韩侂胄在的时候,离不开韩侂胄这根拐杖;诛韩之后,"又放不下史弥远这支奶瓶"。[④]因此韩侂胄主政的时候,宁宗曾经赞同开禧北伐;诛韩之后,他又附和史弥远主和。

理宗即位以后,对蒙古采取和战并行的摇摆政策。[⑤]联

[①][④] 虞云国:《南宋行暮:宋光宗宋宁宗时代》,第80、296页。

[②] 脱脱等:《宋史》,第710页。

[③] 卫泾:《丁巳岁右史直前奏事札子》,《全宋文》第二百九十一册,第260页。

[⑤] 黄宽重:《晚宋朝臣对国是的争议——理宗时代的和战、边防与流民》,第19—76页。

蒙灭金以后，又因"贪地弃盟"，发动端平入洛军，进行事冒险，致使南宋"兵连祸结，境土日蹙"。①

宋朝的"国是"是君权和相权合法性的依据，因此至少在理论上，宰相一定要对"国是"负责，也就是与"国是"共进退。当皇帝庸弱，缺少战略思考，没有能力对最高国策做出长远规划的时候，战与和便成了权臣"招权固位之计"②。韩侂胄企图"立盖世功名以自固"③，于是主张战争政策，发动了开禧北伐。北伐失败后，史弥远诛杀韩侂胄，并且取代了韩侂胄的地位，因而"其说不得不出于和"。④可以说，无论是韩侂胄仓促北伐，还是史弥远屈辱求和，实际上都反映出南宋缺少战略思考能力，没有关于最高国策的稳定的长远规划。所以"规模之不定"的确切含义是，没有关于最高国策究竟是战、是守、是和的稳定的长远规划。

综上，"事功之不立"是指没有建立伟大的事业和不朽的功勋；"意向之不明"的确切含义是，对战、守、和的态度游移不定；"规模之不定"的确切含义是，没有关于最高国策究竟是战、是守、是和的稳定的长远规划。因此，针对"事功之不立"，崔菊坡给皇帝开出的处方是，

---

① 脱脱等：《宋史》，第889页。
②④ 参魏了翁：《应诏封事》，《全宋文》第三〇九册，第129—130页。
③ 李心传：《建炎以来朝野杂记》，第825页。

君臣经由集体讨论确定"国是",然后公开实行,不能让一个人独断。①

崔菊坡是开禧北伐的见证者。在担任建昌军新城县知县时,他曾为开禧北伐筹措军需物资。可以推知,北伐失败的后果,"百年教养之兵一日而溃,百年葺治之器一日而散,百年公私之盖藏一日而空,百年中原之人心一日而失"②,一定给他带来了很大的刺激。

嘉定和议(1208)缔结以后,南宋朝野上下"以再和为幸"③。宁宗于嘉定四年(1211)下诏曰:"附会开边得罪之人,自今毋得叙用。"④在这样的背景下,崔菊坡于嘉定七年(金宣宗贞祐二年,1214)被任命为扬州知州,兼淮南东路制置使。作为前线的军队统帅,他亲眼看到自嘉定和议以来,边境"守备不修","聘使往来,人情懈弛",敏锐地意识到和不可久,"必至之忧在于旦夕"⑤。结果,不出所料,三年以后的嘉定十年(1217),金宣宗以"岁币不至"为借口,发动对宋战争。

结合个人亲身经历和独立思考,崔菊坡在镇守扬州时

---

① 李肖龙:《言行录》,《宋丞相崔清献公全录》,第20页。
② 程珌:《丙子轮对札子二》,《全宋文》第二百九十七册,第248页。
③⑤ 刘克庄:《菊坡与刘制置书》,《刘克庄集笺校》,第4475—4476页。
④ 脱脱等:《宋史》,第757页。

就竭力坚持主张,将"国是"定为"守":

> 事功之不立,由意向之不明;意向之不明,由规模之不定。残虏虽微,穷兽必搏。要汲汲自治以待之,乘衅一动,收功万全。臣昨乘障(按:登城守卫)五年,力持守御一说始终不变,毁言日至,不遑恤也。有为进取之举者,臣知其必不利;又有为议和之说者,臣亦断以为不可行,既而竟如所料。①

嘉定和议签订以后,面对北方的大变局,有一段时间南宋"朝野盛言虏(按:金朝)衰"②,宰相史弥远也想要建立战功,巩固自己的地位,于是很多将领都心怀侥幸。"有为进取之举者,臣知其必不利",指的是嘉定十一年(金兴定二年,1218),都统刘琸奉史弥远密札,渡过淮水进行攻打泗州的军事冒险,结果被金军打得大败。③南宋"丧师万人,良将劲卒、精兵利器,不战而沦于泗水,黄

---

① 李肖龙:《言行录》,《宋丞相崔清献公全录》,第13页。
② 刘克庄:《庚辰与方子默金判》,《刘克庄集笺校》,第5203页。
③ 魏了翁指出,史弥远为母亲办丧事时,刘琸送去了厚礼,因此后来当上了统帅军队的司令官。参魏了翁:《应诏封事》,《全宋文》第三〇九册,第128—129页。

团老幼俘虏杀戮五六千人,盱眙东西数百里莽为丘墟"。①

得到刘琸战败的消息以后,崔菊坡立即派遣"敢战精锐"驰援天长(治所在今安徽天长市)、盱眙(治所即今江苏盱眙县)等地,加紧建造防御工事,强化战备。②同时,急速给宰相史弥远送信,表达自己的忧郁、愤恨和担忧:"与之乘鄣五年,孑养士卒,今以万人之命,坏于一夫之手,敌将乘胜袭我。"③

金人渡过淮水以后,史弥远又变得惶恐不安,派人给崔菊坡连续送去三封急信,让他赶快向金人求和。"有为议和之说者",指的正是史弥远。崔菊坡在给史弥远的回信中,透彻地分析了中国历史上的对外政策和现在的边境形势,认为主守才能把握主动,求和绝不可行。

菊坡指出,自古以来,中国的对外政策,无非是战、守、和三种情况而已。只有守得住,才能掌控主动权,之后再去选择战或和;如果守不住,那么就只能变战为和,主动权实际上在对方一边。

金朝刚刚在战场上打了胜仗,占了优势,正在得意,

---

① 黄榦:《与金陵制使李梦闻书一〇》,《全宋文》第二百八十八册,第110页。
② 李肖龙:《言行录》,《宋丞相崔清献公全录》,第11—12页。
③ 脱脱等:《宋史》,第12259页。

若是南宋此时主动去求和，一定会遭受屈辱。况且敌人仍然在南宋境内，他们向来诡计多端，不值得特别相信。议和只会白白地使军情变得疑惑不定，让边境地区的防御松懈。倘若单纯地相信和议可以依靠，那么最终就一定会使国家利益受损。

按照金人的习性，除非力竭，不容易与他们达成和议。此前淮东军区已经依托山林中的有利地形，用石头筑成了纵横相连、接续不断的五山寨。现在盱眙的敌人虽然还没撤军，但是边境居民种植的米、麦等粮食已经全部运送到五山寨储藏起来了，金军在田地与原野抢掠不到粮食，只能攻打青平山（亦作清平山，又名青山，在今江苏盱眙县西南八十五里），结果又战败而去。统制陈世雄等率领的正规军，分别驻屯，正在联合山寨的民兵一起攻打驱逐金军，所以金军坚持不了多久就会撤军。再者，对于进入淮阴的金军，楚州（治所在山阳县，即今江苏淮安市淮安区）已经派遣季先所统率的由"归正人"①组成的忠义军前去迎击，并且已经将金军打败。

如今最好的选择是，继续观察一段时间，看看形势如何变化，再决定是否议和。况且如今原来被金朝占领的山东东路的东海县（治所即今江苏连云港市东南南城镇）和涟水县

---

① 归正人是指，"中原汉人，陷于辽、西夏或金，成为少数民族国家的臣民，后又返回宋王朝下当臣民者"。参龚延明：《宋代官制辞典（增补本）》，第739页。

（治所在今江苏涟水县）已经重新纳入我们南宋的版图；山东归正人组成的忠义军，正在为我们效力。一旦议和，那么涟、海二县将如何处置，山东忠义军的首领们将如何安排？发生在内部的祸乱必然比外部敌人带来的危害还要大，因此不能急于求和，应该通过积极防御掌握战场主动权。

最后菊坡又和史弥远说，自己因为刘琸丧师辱国而愤懑悔恨，以致顾不得吃饭睡觉，实在没有精力去和金人求和，并且立场坚定地表示：如果一定要向金人求和，则请"别差通敏者，以任和议之责"。①

后来战争的走向正如崔菊坡所料，"金人深入无功"②。和议也因此停止了。

二、内外一家、大小一体、用人听言

嘉定十二年（金兴定三年，1219），崔菊坡抵达临安，出任秘书少监。他向皇帝直言进谏说，南宋当前最大的问题是，朝廷和地方彼此不了解对方的实际状况，"盖内外之情不通，最为今日大患"③。针对此问题，他给皇帝开出的处方是："中外当如一家，贫富休戚，实同其责，而势不可不相属。大小当如一体，疾痛痒疴，皆切于身，

---

①③ 李肖龙：《言行录》，《宋丞相崔清献公全录》，第7—8、12页。

② 脱脱等：《宋史》，第12259页。

而情不可不相孚。"[1]

菊坡认为造成"内外之情不通"的深层原因是，选人不当，言路堵塞。他主张的选用人才的标准是"德才兼备，以德为先"，"有才者，固难得，苟无德以将之，反为累尔"[2]。"忠实而有才者，上也；才虽不高，而忠实有守者，次也。用人之道，无越于此。"[3]关于广开言路、听取谏言，崔菊坡在《应诏具陈政事人才疏》中曰："大抵独断当以兼听为先，倘不兼听而断，其势必至于偏听，实为乱阶，威令虽行于上，而权柄潜移于下矣。"[4]同时菊坡也提醒皇帝："'内臣不可令其采访外事，及问以群臣能否'，盖干预之门自此始也。"[5]

菊坡主张"人才之进退，言路之通塞"，关系到"国势之安危"。[6]因此想要提升国力，就必须做到"用人必亲其人，听言必行其言……愿于用人听言之际，一付公论，诏大臣首清中书之务，力为外御之图。延接诸贤，参稽众论，凡大施设大经画，合谋而参订之，以求至当之归"[7]。

三、实边而后可以安边，富国而后可以强国

嘉定十三年（金兴定四年，1220），崔菊坡在赴任成

---

[1][2][6][7] 李肖龙：《言行录》，《宋丞相崔清献公全录》，第15、3、12页。

[3][4][5] 参脱脱等：《宋史》，第12262—12263页。

都知府、本路安抚使之前，针对南宋"边声未宁"[①]，给宋宁宗开出"实边而后可以安边，富国而后可以强国"[②]的处方。他说："从军事行动开始到现在，成都储藏钱财、粮食的仓库已经空了，一点儿钱、谷没剩，假如敌人来侵掠，则无计可施，出事之后再向朝廷请求拨款，恐怕已经来不及了。为了报答皇帝您的知遇之恩，属于知州和安抚使职责内的事务，以及有利于国家和人民的事情，臣发誓，一定尽全力去做好，即使粉身碎骨，也在所不惜。同时也希望皇帝您可以多为边疆考虑，减少力役和赋税的摊派，让民众的财力变得更加宽裕，增加军需物资储备，壮大边防的声威气势。"[③]

在崔菊坡看来，金国已经快要灭亡，想要让南宋边境安宁，就需要先守住金人的攻击，以待"可乘之机"，而要守住金人的攻击，就需要先"厚储积"，因此崔菊坡特别重视储积粮食、战马、马料、钱、战守器具等多种军需品。[④]

关于粮食。崔菊坡任扬州知州时，发现扬州储藏粮食和草料的仓库不只数量少，而且已经损坏，新买进的粮食没有地方存放，于是在北门内，靠近市河的旧柴场，新建

[①] 崔与之：《辞免除四川制置使》，《宋丞相崔清献公全录》，第48页。

[②][③][④] 李肖龙：《言行录》，《宋丞相崔清献公全录》，第15、13页。

"仓廒十二座,积粟充裕"①。嘉定十三年(1220)冬天,崔菊坡刚到成都,就留意军储,收取谷、帛之类正宗赋税,"二三年间,所积顿厚"。②嘉定十五年(1222),菊坡时任四川安抚制置使,总领四川财赋、军马钱粮所(简称四川总领所、总所、总司等)向他报告说,没有资金在秋天收购军粮。当时主管四川总领所的总领四川财赋军马钱粮、专一报发御前文字(简称四川总领、总计等)对此茫然不知所措。崔菊坡当即命令成都府首先拨三十万缗钱引(用来兑换金银钱币的纸币),接着发布公告命令茶马司拨三十万缗,三路漕司各拨二十万缗,潼川、遂宁、汉州各拨十万缗,共计一百五十万缗,"济总所急缺"。让总领所拿这笔专款,趁着秋天粮价便宜,收购军粮,留作明年调遣使用,同时向朝廷申报,将这笔款项作为朝廷给四川减免的征税来处理。③嘉定十五年秋天,用于"收贮中央规定由本地留用的钱帛与粮草"④的省仓已经"见管二十九万余石,岁支有余。遂拨十万石,优立赏格。选官津运至利、沔、鱼关等处安顿,以充朝廷桩积之数。通计旧籴三十余万石,专备经常外不测支用"⑤。

关于战马和马料。四川鼎盛时,兴戎司(兴元府都统司)、沔戎司(沔州都统司)、金戎司(金州都统司)、

---

① ② ③ ⑤ 李肖龙:《言行录》,《宋丞相崔清献公全录》,第13、6、16页。

④ 包伟民:《宋代地方财政史研究》,第39页。

利戎司（利州副都统司）等四戎司，共有战马一万五千多匹。开禧后，安丙裁去三分之一，嘉定年间，损耗过半。等到菊坡上任时，仅有战马五千匹，这极大地影响了宋军的战斗力。于是菊坡书面通知四川茶马司，让其允许都统司像以前一样，自己在关外收购战马，严禁"私商"从事战马买卖，为都统司提供加工精细的茶，提高收购战马的价格，使战马不要被金人抢购。又给总领所发去公文，让其为战马提供充足的马料。①

崔菊坡认为，"厚储积"的前提是实边，即让民众的财力宽裕，生活富裕。他在廷对札子中曰：

> 立国之道，在谨边备，以为藩篱，安人心，以为根本，根本固，则藩篱壮……俾民复业，为国强边。又乞契勘极边，曾经盗贼戎马侵扰去处，稍加宽恤。去年残欠，且与开豁，今年夏春，或免或减，等第施行，务有以系其心、宽其力。不惟可以实边，缓急亦可以为官军声援。②

崔菊坡在四川，"宽减征赋，笃志为民"。为了减轻民众的负担，他不惜得罪当朝宰相史弥远，不再为其进献

---

①② 李肖龙：《言行录》，《宋丞相崔清献公全录》，第32—33、13页。

财物（以前的四川制置使都为史弥远进献财物），史弥远对此也无可奈何。①

关于钱。崔菊坡刚到四川时，"府库钱仅万余，其后至千余万"，并且有价值与此相当的金帛。②将要从四川离任时，菊坡又将赋税盈余（羡余）三十万缗，"归之有司，以佐边用，一无私焉"③。

四、选拔将领、团结民兵是第一要务

针对南宋边境地区防务存在疏漏的问题，崔菊坡给皇帝开的处方是，"选守将、集民兵为边防第一事"④。他认为选拔将领、团结民兵是提升边境防御实力的第一要务。

第一，选拔将领。

为了矫治晚唐、五代骄兵悍将的弊病，宋朝实行"重文轻武，以文制武"的国策。⑤文官与武官之间确立了"严格的尊卑名分"，武官在文官面前，只能"低眉拱手，听任他们摆布"。⑥

---

① 参王德毅：《崔与之与晚宋政局》，《宋丞相崔清献公全录》，第327页。

②④ 脱脱等：《宋史》，第12261、12258页。

③ 李肖龙：《言行录》，《宋丞相崔清献公全录》，第17页。

⑤ 岳珂、王曾瑜：《鄂国金佗稡编续编校注》，中华书局1989年版，第75页。

⑥ 参王曾瑜：《宋朝军制初探（增订本）》，第4—5页。

宋代社会是一个科举社会，在宋人的观念中，科举出身远比战场功勋重要，尹洙（1001—1047）说："状元登第，虽将兵数十万，恢复幽蓟，逐强蕃于穷漠，凯歌劳还，献捷太庙，其荣亦不可及也。"[①]这种主张科举及第是最高荣耀的观点可以视作时人的普遍观念。

宋朝大部分将领的常态是"虽无显恶，而愚庸无知，不严军律，多徇人情，将入队人差出借使。统兵官私役出戍人，解板负贩，略不惩治。保明升差将佐解发到宣抚司，率多庸懦，究其所以，半是亲戚。又信凭巫兵于教场建立淫祠，蛊惑三军，投牒于神，凭神决遣"[②]。

宋朝军政腐败，诞生于唐朝后半期的"债帅"这个名称，又重新出现在南宋。宋孝宗淳熙七年（金大定二十年，1180）四月，朱熹奏曰："今将帅之选率皆膏粱骄子，厮役凡流，徒以趋走应对为能，苟且结托为事，物望素轻，既不为军士所服，而其所以得此差遣，所费已是不赀。以故到军之日，惟务裒敛刻剥，经营贾贩，百种搜罗，以偿债负。债负既足，则又别生希望，愈肆诛求。盖上所以奉权贵而求升擢，下所以饰子女而快己私，皆于此

[①] 尹洙：《论科举》，《尹洙集编年校注》，第475页。
[②] 虞允文：《请去利州东西路二帅疏》，《全宋文》第二百〇七册，第75—76页。

乎取之。"①淳熙十五年（1188），朱熹又奏曰："臣闻日者诸将之求进也，必先掊克士卒以殖私财，然后以此自结于陛下之私人，而祈以姓名达于陛下之贵将。贵将得其姓名，即以付之军中，使自什伍以上，节次保明，称其材武堪任将帅，然后具为奏牍而言之陛下之前。陛下但见其等级推先，案牍具备，则诚以为公荐而可得人矣，而岂知其谐价输钱，已若晚唐之债帅哉？"②到宋宁宗时，苏师旦在得到韩侂胄的亲近信任以后，就开始"招权纳贿，其门如市。自三衙以至江上诸帅，皆立定价，多至数十万，少亦不下十万"③。开禧北伐失败后，韩侂胄"不得已，稍从黜责。诸将往往退有后言，谓吾债帅而责以战将，道路籍籍，传笑境外，遂益有轻视中国之心"④。

针对由于国家政策、社会观念、军政腐败等原因所造成的军队将才缺乏的问题，崔菊坡提出，通过选拔将领来提升军队的战斗力。可惜，书缺有间，菊坡到底选拔了哪些将领，已经无法详细考证。可以确切知道的是，李昂英在《跋吴都统所藏菊坡先生帖》中记载，菊坡镇守四川时，向朝廷举荐了吴彦和李绅，推荐词是："宣力边防，

---

①② 朱熹、朱杰人、严佐之等：《朱子全书（修订本）》第二十册，第583、606页。

③④ 卫泾：《乞贬窜韩侂胄陈自强疏》，《全宋文》第二百九十一册，第346页。

轻财得士卒心。介胄之士才且廉，世不多得。"[①] "同时有李侯绅，受知于公，后以死节闻。"[②]

此外，我们可以推测，菊坡选拔将领的一个重要标准是，训练士兵的能力。他认为军队的战斗力，不在于士兵人数的多少，而取决于平常的军事训练，因此他特别重视军训。菊坡作为淮东军区的统兵官，统帅着淮东军区的部队。这些部队自嘉定和议（1208）签订以来，长期缺少训练，战斗力可想而知。为了提升战斗力，菊坡首先为扬州军队制定一整套评级、训练、考核、奖励、分工机制，发现效果很好后，便在"诸州县屯戍，一体行之"[③]。

关于评级。菊坡认为："弩手，以年力高强而善射者为上，挽踏（按：宋代的弩一般需要足踏开张）施放合格者为中，余为下。枪手，以身材及等仗而有膂力者为上，虽不及等仗，而少壮善击刺者为中，余为下。骑兵，则以人骑轻捷，武技精熟为高下。"[④]

关于训练。崔菊坡提倡，"先布阵势，纵横来往，用草棒相击，以习刀法。或用包头氊枪，驰逐格刺，以习枪法。然后大走马圆射，用拒马围隔射，垛至四十步，施放

[①][②] 李昴英：《跋吴都统所藏菊坡先生帖》，《文溪存稿》，第55页。

[③][④] 李肖龙：《言行录》，《宋丞相崔清献公全录》，第6页。

三箭,来往四遭,精熟又加步数",用来练习骑射。①

关于考核和奖励。崔菊坡规定,各支部队每五天要到扬州教场进行一次军事演习,现场有他派遣的幕僚记录平时成绩,月底时根据总成绩确定总排名。他会根据排名,亲自进行奖励犒赏。长期练习以后,上等士兵变成特等士兵,中等士兵变成上等士兵,下等士兵变成中等士兵,每个士兵都可以在战场上发挥作用。②

关于分工。崔菊坡主张:"战则上等居前锋,中等佐之;守则上等当冲要,中等助之,下等供战守杂役。遇敌战胜,赏亦有差。"③

此外,他还改变了"诸屯军马"的训练方式,让训练更加贴近实战。"公至,始创签牌,分写八卦。如探得乾字,即令旗头搴(按:qiān,意思是"取")乾卦旗,出北门,将校率群骑,视所向以往,遇冈坡沟涧,径趋直前,不令迂绕取道,使人马相得,遇险不慑,缓急可恃为用。"④

综上,通过选拔将领,并且制定一整套评级、训练、考核、奖励、分工机制,崔菊坡极大地提高了军事训练的成效;同时也极大地提升了淮东军的声誉。

第二,团结民兵。

崔菊坡眼中的民兵有两种含义:一是,"乡兵,列入

---

①②③④ 李肖龙:《言行录》,《宋丞相崔清献公全录》,第6—7页。

兵籍，有事则征召入伍"；二是，由归正人组成的民间武装力量。因此崔菊坡所说的团结民兵，也包括招募淮民参军入伍和团结由归正人组成的民间武装力量两种含义。

自绍兴和议（1141）以来，宋金两国以东起淮水中流，西至大散关（在今陕西宝鸡市西南）一线为边界，从此两淮地区变成了南宋与金国接壤的边疆。淮民成为边民以后，"幼则走马臂弓，长则骑河为盗，其视虏人素所狎易"①，因此很多将帅都希望通过招募擅长骑马射箭的淮民参军入伍来提升军队的战斗力。

具体而言，崔菊坡认为，招募淮民参军入伍有两种比较有效的方式：一是创建或团结山水寨，即由政府出面创建山水寨或将民间自发形成的山水寨纳入国防体系中；二是创置新军。

所谓山水寨，本来"指自卫武力防御的据点，在南宋有时兼指据守在山水寨的武装力量"，有时则泛指被组织、训练的民兵。②南宋山水寨的历史，与南宋历史相始终。③南宋初期，中原大乱，很多地方官吏、溃兵、有钱有势的家族和普通百姓往往进入山区或湖沼避难。他们依托有利地形

---

① 程珌：《丙子轮对札子二》，《全宋文》第二百九十七册，第247页。

②③ 参黄宽重：《南宋地方武力——地方军与民间自卫武力的探讨》，第204、209页。

"自为寨栅,群聚以守"①,通过创建山水寨来保全自身。

从国土防御的角度来说,"长江千里,守御为难,若止于两淮防扼,则力省功倍"②,因此两淮地区不只是南宋的国防前线,同时也是屏障长江的重要基地,战略地位极其重要。考虑到在宋金战争中,山水寨能够利用地利优势,充分发挥牵制与游击的战力,起到保卫乡里、抵御外侮的作用,很多朝廷官员和军方将帅都在两淮采取创建或团结山水寨的做法。

比如南宋高宗建炎二年(金天会六年,1128),滁州(治所在今安徽滁州市)知州向子伋(一作汲)"因山阻险为城十余里",筑造琅邪山寨,"聚民坚守"。③枢密使张浚曾在宋孝宗隆兴元年(金大定三年,1163),"修滁州关山以扼敌冲……大饬(按:chì,意思是"整顿")两淮守备"④。宋宁宗开禧三年(金泰和七年,1207),叶适任沿江制置使,兼江淮制置使。他看到因为金军左副元帅仆散揆在1206年侵入两淮,导致"安丰、濠、盱眙、楚、庐、和、扬凡七郡"残破不堪,"累世生聚,一朝

---

① 李心传:《建炎以来系年要录》,第658页。
② 李光:《乞差文臣屯兵庐州状》,《全宋文》第一百五十四册,第108页。
③ 参顾祖禹:《读史方舆纪要》,中华书局2005年版,第1412页。
④ 脱脱等:《宋史》,第11309页。

荡然",只有山水寨中"依山傍水相保聚以自固者亦几二十万家"幸免于难。①于是便向朝廷建议团结山水寨,并修建堡坞（碉堡）作为安定两淮的政策。他在《安集两淮申省状》中曰:

> 长淮之险,与虏共之。惟有因民之欲,令其依山阻水,自相保聚,用其豪杰,借其声势,縻以小职,济其急难。春夏散耕,秋冬入保,大将凭城郭,诸使总号令。虏虽大入,而吾之人民安堵如故,扣城则不下,攻壁则不入,然后设伏以诱其进,纵兵以扰其归……所以安其内也……使淮人不遁,则虏又安敢萌窥江之谋乎！故堡坞之作,山水寨之聚……与汉、唐之屯田,六朝、三国、春秋之垒壁,彼各有以施之,不相谋而相得故也。②

也有将帅认为,山水寨在防御中起到的实际作用,已经超过了筑城。黄度在嘉定三年（金大安二年,1210）正月到嘉定五年（金崇庆元年,1212）十月任江淮制置使。③在他任内,朝廷想要建造滁阳城（今安徽肥东县东北九十里古城集）,请他审核订正。他认为,没有必要建造滁阳

---

①② 叶适:《安集两淮申省状》,《叶适集》,第10—11页。

③ 参钱大昕:《十驾斋养新录（附余录）》,凤凰出版社2016年版,第227页。

城，理由之一就是因为滁阳古罗城西南与山寨相连，协同山寨的力量，足够防御敌人。他指出，假如敌人攻城，"吾引山寨之兵，表里夹射，贼安得至。其或安坐不攻，吾居山上，视贼动息，日攻而夜扰之，彼亦吾虞，岂能暂安乎？"①

嘉定七年（1214），崔菊坡被任命为扬州知州，兼淮南东路制置使，上任以前，宁宗召见他，菊坡上奏曰："边衅已开，相持六年，凡所措置，大抵虚文从事"②，"选守将、集民兵为边防第一事"③。这说明他继承了建炎初年以来，通过创建或团结山水寨来抵御外侮的传统，非常重视山水寨的作用。他到扬州上任后，看到滁州和盱眙军（治所即今江苏盱眙县）的山林比较多，适合建山寨，于是采用官府修建的方式，建成了五山寨。《言行录》曰：

> 公募民筑五山寨，累石为城。料简丁壮，选材力服众者，假以官资统之。月差一百二十五人，分布守望，官支镪四百一十贯，米七十五石。有警，边民悉家于中并力捍御。又虑奸民乘时剽掠，以路铃刘谌老

---

① 袁燮：《龙图阁学士通奉大夫尚书黄公行状》，《全宋文》第二百八十一册，第314页。
② 李昂英：《文溪存稿》，第114页。
③ 脱脱等：《宋史》，第12258页。

成忠义，用为五寨都总辖镇压之。①

崔菊坡从身强力壮的淮民中拣选出才能出众的人，授予他们军职和俸禄。每个月派一百二十五人，分散在各处看守瞭望。有外敌来侵犯时，寨子里有军职和俸禄的民兵带领其他居民一起抵抗。菊坡又担心有乱法犯禁的人乘机抢劫掠夺，于是派为人忠义、做事稳重的路钤刘谌为总提辖，镇守五山寨。五山寨后来在宋金嘉定战争中起到了"断金人右臂"②的作用，菊坡因此立了大功。

"在屯驻大兵之外，另设新军，最早始于宋高宗时。"③高宗绍兴末年，朝廷在两淮地区创立了新军——"淮南万弩手"。④菊坡到扬州上任以后，鉴于"淮民多畜马善射"⑤，"追袭邀击，骑射为优"⑥，因此向朝廷申请：参照淮南万弩手的创立方式，招募淮民创建新军——万

---

①⑥ 李肖龙：《言行录》，《宋丞相崔清献公全录》，第7页。

② 嘉定十一年，金军在泗州大败刘琸以后，乘机侵入两淮地区，最终被宋军打退。金军退兵后，时任江、淮制置使的李珏去扬州视察部队，幕僚黄榦建议他论功行赏，向朝廷推荐崔与之，"崔惟扬（按：扬州的别称）能于清平山豫立义寨，断金人右臂……当荐之。"脱脱等：《宋史》，第12780页。

③ 王曾瑜：《宋朝军制初探（增订本）》，第237页。

④ 参李心传：《建炎以来朝野杂记》，第412页。

⑤ 脱脱等：《宋史》，第12259页。

马社。具体的创建方法是,每个县一百个名额,响应招募的淮民,在通过审查考核后,官府资助每人鞍辔钱二十缗,同时免除三百亩土地的租税。万马社的成员平时在家务农,遇到军情则听候调用,仍然选拔才智出众的人统领他们。① 可惜,因为宰相史弥远反对,万马社最终没有建起来。②

五、团结由归正人组成的民间武装力量

崔菊坡守卫淮东时期,与金朝作战的民间武装力量大致可以分为两类:一类是由南宋人组成的民间武装力量——以两淮地区民间自发形成的山水寨为主要代表;另一类是由归正人组成的民间武装力量——以李全、季先等人所领导的武装力量为主要代表。

对于两淮地区民间自发形成的山水寨,南宋朝廷会根据实际情况"加以团结,予以厚赏、优待,乃至组织训练,纳入国防体系中"③。团结两淮地区民间自发形成的山水寨的政策,虽然会因南宋与金之间的和战关系而出现"松紧有别"的变化,但是从长时段来看,却是一项具有连续性和稳定性的长期政策。④

对于归正人,南宋则一直存在歧视和偏见。对于由归

---

① 李肖龙:《言行录》,《宋丞相崔清献公全录》,第7页。
② 脱脱等:《宋史》,第12259页。
③④ 参黄宽重:《南宋地方武力——地方军与民间自卫武力的探讨》,第203—228页。引文见第228页。

正人组成的民间武装力量,南宋更是充满了猜忌和戒备。只有李纲、宗泽、岳飞、崔菊坡等少数卓越的将帅,真诚地想要将归正人组成的民间武装力量纳入国防体系之中,其他人如史弥远、贾涉、许国等实际上是苟且无策。

宋高宗即位之初,召用李纲做宰相。李纲就曾经有意把各地反抗金军侵略的民间武装力量整合起来,协同正规军一起抗金。他奏用张所为河北招抚使,王璪为河东经制使、傅亮为河东经制副使,宗泽为东京留守,派他们到各区域去执行他的计划。[1]其中,招抚使的职责是:"招抚不愿臣服金国统治之军民、及聚众为盗之民为军;总军旅,节制本路军马以事抗金、收复失地,或抚平群盗;有便宜行事、辟置官属之权"[2]。经制使的职责是"统兵或北渡黄河经营措置、节制忠义民兵,抗金军;或征讨叛兵"[3]。东京留守的职责是,在皇帝亲征或出巡时负责"留守掌管京都宫钥、京城守卫、修葺、弹压,及畿内钱谷、兵民之政皆得过问"[4]。

在四人当中,宗泽最有成绩,他在建炎初年"渡河约诸将共议事宜,以图收复,而于京城四壁,各置使以领招集之兵。又据形势立坚壁二十四所于城外,沿河鳞次为连珠砦,连结河东、河北山水砦忠义民兵,于是陕西、京东西诸路人

---

[1] 邓广铭:《辽宋夏金史讲义》,《邓广铭全集》第六卷,第289页。

[2][3][4] 龚延明:《宋代官制辞典(增补本)》,第509、510、582页。

马咸愿听泽节制"①。当时，宗泽在北方忠义民兵心中极有威望，"群盗降附者百余万"，都称他为"宗爷爷"。②

在被宗泽赏识以前，岳飞曾经参加过太行山区的游击战争，在王彦领导的"八字军"（因脸上刺有"赤心报国，誓杀金贼"八字而得名）中做过头目，所以知道忠义民兵力量的伟大。在李纲去职、宗泽逝世以后，南宋的统治阶层几乎不再考虑如何利用黄河以北地区的忠义民兵的问题，只有岳飞把团结黄河以北的"忠义民兵作为他的抗金战略的重要环节之一，并经常派人去做联系工作"③。

嘉定以来，经过蒙古铁骑的蹂躏，山东地区已经是"赤地千里，人烟断绝"④，"岁遇饥馑，盗贼蜂起"⑤。这些金朝眼中蜂拥而起的山东"盗贼"，在南宋眼中则是反抗金朝统治的忠义民兵。他们中名气比较大的首领有刘二祖、彭义斌、石珪、夏全、时青、杨安儿、杨妙真、李全、李福、季先等。⑥

嘉定七年，金朝迁都汴京，统治中心南移；李全等人割据山东，不时向南侵扰，使得"两淮腹背受敌"。在此

---

①⑥ 脱脱等：《宋史》，第11280—11281、13817—13819页。

② 陆游：《老学庵笔记》，第11页。此中的"爷爷"是儿女对父亲的称谓。参梁章钜：《称谓录》，中华书局1996年版，第11页。

③ 邓广铭：《辽宋夏金史讲义》，《邓广铭全集》第六卷，第294、304页。

④ 李心传：《建炎以来朝野杂记》，第852页。

⑤ 脱脱等：《金史》，第2568页。

背景下,崔菊坡被任命为淮东制置使,向皇帝辞行时,他"首疏以选择守将、招集民兵为第一事"。[①]可以推知,当时他就已经在思考,如何团结以李全为代表的山东民间武装力量从事抗金活动。

嘉定十年(1217),以李全为代表的各大民间武装势力,虽然手里有堆积如山的金银财宝,却粮荒严重,相继出现了人吃人的现象,"宝货山积而不得食,相率食人"。[②]于是各大势力不约而同地将目光投向南宋,想要获得南宋在粮食方面的支持。最先行动的是杨安儿手下的头目季先。季先在杨安儿死后,通过沈铎见到了时任楚州(治所在山阳县,即今江苏淮安市淮安区)知州的应纯之,表达了"山东豪杰愿归正之意"。[③]在时任江、淮制置使李珏和淮东制置使崔菊坡的支持下,应纯之为山东豪杰提供粮食,利用他们在淮河以北攻打金军。见山东豪杰接连取得胜利,应纯之便秘密向朝廷报告,认为可以凭借他们恢复中原。此时,恰巧赶上南宋粮食连年丰收,朝野无事,只是丞相史弥远鉴于开禧年间的教训,不愿公开招纳,就密令应纯之妥善接纳山东豪杰,将他们组建成"忠义军",由应纯之领导。同时提供一万五千人的口粮,称为"忠义粮"。因此东海县(治所即今江苏连云港市东南

---

① 李肖龙:《言行录》,《宋丞相崔清献公全录》,第4—5页。
②③ 毕沅:《续资治通鉴》,第4363—4364页。

南城镇）的马良、高林、宋德珍等大约一万人，都来到位于山东东路的涟水县（治所在今江苏涟水县）投奔沈铎，李全等"俱起羡心"。①

因为李全、季先等率先归顺南宋，并且用武力收复了东海、涟水等处，所以宋宁宗嘉定十一年（金兴定二年，1218）正月十日，朝廷下诏任命李全特补武翼大夫、京东路副总管；任命季先为修武郎、京东路钤辖。②当年五月，李全率领自己的势力来到涟水，正式归顺南宋，冬天的时候，又将驻军地点转移到楚州淮阴的龟山（在今江苏盱眙县东北三十里）。③崔菊坡对于将忠义军安放在两淮，感到非常担忧，在山东李全率众来归以后，他专门致书宰相史弥远曰："自昔召外兵以集事者，必有后忧。"④

嘉定十二年（金兴定三年，1219），石珪在涟水使用计谋杀死了忠义军副帅沈铎，后来又抢夺运粮船，渡过淮水大肆掠夺，"至楚州南渡门，焚毁几尽"⑤。朝廷为了平息此事，任命贾涉为"淮东提点刑狱兼楚州节制本路京东忠义人兵"⑥。贾涉履新后，"即遣傅翼谕石珪、杨德广以逆顺祸福，珪等乃谢罪"⑦。

---

①③④⑥ 参脱脱等：《宋史》，第13819、12259、12207页。

② 刘克庄、王瑞来：《玉牒初草集证》，中华书局2018年版，第3页。

⑤⑦ 参陈邦瞻：《宋史纪事本末》，第971页。

以这个事件为契机，崔菊坡向宁宗上奏，比较全面地阐述了他关于如何招抚山东豪杰的主张。他在奏章中曰：

> 山东新附，置之内地，如抱虎枕蛟，急须处置。自古召外兵以集事，事成与否，皆有后忧。当来若欲招纳，合计为兵若干，钱谷若何，而倚辨为农若干，田牛若何而措画。今既来之，无以安之，使饥饿于我土地。及其陵犯，又无控御之术，几至稔祸。①

菊坡以为，朝廷将山东忠义军安放在南宋境内，犹如怀里抱着老虎，头下枕着蛟龙，必须马上处理，否则会威胁到江山社稷。当时朝廷主张招抚山东豪杰，菊坡也支持招抚，此前南宋与山东豪杰首领的接触，就是在他的支持下，通过楚州知州应纯之进行的。只是他认为，朝廷现在对由山东豪杰组建而成的忠义军的管理存在问题，缺少长远、全面的规划。

菊坡主张，对待山东忠义军有上下两策。上策是将忠义军放在恢复中原的大局中，作出长远、全面的规划。其中的关键环节是打到外线去，具体做法是将山东忠义军部署到淮河以北。下策是将山东忠义军放在防御金军入侵的大局中，作出长远、全面的规划。其中的关键环节是，妥

---

① 李肖龙：《言行录》，《宋丞相崔清献公全录》，第5页。

善安置,具体做法是保留精锐,同时分流一部分人员去做农民。同上策相比,下策的问题是,存在后患。因为从古到今,征召外部的军队来内部做事,无论事成与否,都一定会在日后产生祸患。

被崔菊坡评为"闽之三隽"①的刘克庄、方信孺、陈耆,也都表达了希望朝廷改变现有政策,将忠义军部署到淮河以北,打到外线去的主张。

刘克庄对朝廷将忠义军安放在两淮,感到非常不满。他说:"今日招纳山东,是担钱担米出去做事,其法当有限止。本欲用此曹取邳、海,邳、海不可取,遂纳五万人于两淮,把自家地盘先作践一遍。此曹名为忠义,实以饥驱。先杀忠义副帅沈铎,继称兵向南渡门,自羊家寨至盐城(按:治所即今江苏盐城市)、宝应(按:治所即今江苏宝应县),境内焚掠一空,通(按:治所在今江苏南通市)、泰(按:治所在今江苏泰州市)震动。主议者遏绝掩护而不敢诘,慢书至制司,极可恶。"②

方信孺特别提到了需要选派有威望的大臣到山东去统帅忠义军,"豪杰不可以虚名驾驭,武夫不可以弱势弹压,宜选威望重臣,将精兵数万,开幕山东,以主制客,以重驭轻,则可以包山东,固江北,而两河在吾目中

---

① 刘克庄:《古意二十韵》,《刘克庄集笺校》,第2384页。
② 刘克庄:《庚辰与方子默金判》,《刘克庄集笺校》,第5204页。

矣"[1]。

陈耕进一步主张，把山东、河北的忠义军部署在淮河以北，建立第一道防线，招募淮民当兵，在淮河流域构筑第二道防线。

他的具体设想是："山东河北遗民归我，宜使归耕其土，给以耕牛农具，分配以内郡之贷死者，此晁错实塞、赵充国留屯之策也。然后三分齐地，张林、李全各处其一，又其一以待有功者，以分其权。河南首领以三两州归附者，与节度，一州者，守其土。忠义人尽还北，然后括淮甸闲田，仿韩魏公河北义勇法，募民为兵，给田而薄征之，择土豪统率。通、泰盐贩，又别廪为一军，此第二重藩篱也。"[2]

关于下策，菊坡的具体设想是，要考虑好，想要招纳多少名士兵，粮饷怎么办，可以吸纳多少人从事农业劳动，田地和耕牛如何谋划等一系列问题。要让忠义军"既来之，则安之"。

引发石珪之乱的一个重要原因，就是因为忠义军粮饷不足，吃不饱肚子，又没有能够镇得住局面的大将统领他们。

崔菊坡的上策与史弥远的主张不合，因而没有被采

---

[1] 脱脱等：《宋史》，第12061页。
[2] 刘克庄：《忠肃陈观文》，《刘克庄集笺校》，第5762页。

纳。史弥远也不想将山东忠义军"置之腹里"①，然而忠义军的势力太大，因此他才不得不将其安放在两淮地区②。当时，南宋边吏对待从金朝过来，投奔归附南宋的手无寸铁的流民的态度尚且是，"临淮水射之"③，对待来到两淮地区的忠义军的态度，当然是更加警惕。"宰相史弥远透过执行政策的淮东制置使贾涉、许国等人，从中制造矛盾，挑拨分化，并以正规军加以排挤。"④但是先后出任淮东制置使的贾涉、许国等人都不是李全的对手。李全施展权谋，先借贾涉之手，诱杀了威望在自己之上的涟水忠义军副都统季先，接着又逼走石珪等人，吞并了他们的部队。李全坐大以后，先逼走贾涉，致使贾涉死于回临安府的途中，接着又两次在楚州发动兵变，致使许国自缢、姚翀病死在逃回明州的路上。此后，朝廷因为"淮乱相仍，遣帅必毙"，开始计划将防御重点由淮水后撤到长江，楚

---

① 嘉定十二年五月二十五日，秘书监柴中行奏曰："山东人虽受节制，就招刺，然亦不可置之腹里。况阴诱靼人，是再添一山东也。"刘克庄、王瑞来：《玉牒初草集证》，第172页。

② 魏了翁指出，史弥远取代韩侂胄的地位以后，山东、河北、关陕地区投归南宋的流民每天都有。"其在襄阳、蜀口者，号曰约回而实杀之。惟山东之民蜂屯蚁聚，势不可却，于是不得已而纳之。"魏了翁：《应诏封事》，《全宋文》第三百〇九册，第130页。

③ 《宋史》曰："金人大饥，来归者日以数千、万计，边吏临淮水射之。"脱脱等：《宋史》，第12291页。

④ 黄宽重：《南宋地方武力——地方军与民间自卫武力的探讨》，第286页。

州不再建立淮东制置司，改楚州为淮安军，"视之若羁縻州然"。①

后来，蒙古与金朝也对山东豪杰采取招抚政策，李全便游走在三国之间，寻求自身利益的最大化。绍定元年（1228）时，他一方面在蒙古的支持下，"承制授山东、淮南行省，得专制山东"；另一方面又"外恭顺于宋以就钱粮"；同时还"与金合纵，约以盱眙与之"。最终，李全在绍定三年（1230）十二月，攻打扬州，公开发动叛乱。第二年，赵范、赵葵兄弟偷袭李全成功，李全身亡，杨妙真逃回山东，余党或战死或投降，李全叛乱才被平息。②

六、通过协同联防塑造有利战略态势

崔菊坡不只重视选拔将领、团结民兵，而且在驻守扬州时，就已经开始重视城镇与城镇联防，城镇与山水寨联防，以及淮东军区和淮西军区联防，其目的是通过协同联防塑造有利战略态势，把握战场主动权。

对于如何建立防御工事，菊坡认为：

设险如弈棋，置子虽疏，取势欲广。扬为根本要地，控海沂而引汴泗，取势为独多……凭高而望，中

---

①② 脱脱等：《宋史》，第13821—13837、13835—13851页。

原故壤，一目千里，强本折冲，顾不在兹乎？①

崔菊坡认为，利用险要的地形修筑防御工事，就像下棋一样，设置的防御工事如同安放的棋子，虽然分散，但是想要争取的却是更有利的态势。扬州是战略要地，背靠长江，面向淮水，处于京杭大运河的航线上，控制着通往海边和汴水（隋开"通济渠"连通黄河与淮河，唐、宋人称通济渠为汴水或汴河）、泗水（亦称清泗，别名清水，源出山东泗水县东五十里陪尾山，后注入淮河）的航道，无论是在国防大局，还是在恢复中原的战略全局中都极其重要。登临扬州城高处，远眺中原故土，可以一目千里。因此强化根本，克敌制胜，关键就看扬州城了。

崔菊坡非常重视扬州城的防御，到扬州上任后的第一件事，就是登上城墙，眺望四方，并向熟悉当地情况的老年人询问情况。在得知护城河由于泥沙沉积，堵塞得非常厉害，河水已经变得越来越浅，如果雨水稍微少一点儿，那么就可以步行穿过，"守御非宜"之后，他便下定决心重修扬州城。②

根据《扬州重修城壕记》和《嘉靖惟扬志》卷首的《宋三城图》记载，崔菊坡任扬州知州时，扬州有三城，

---

①② 洪咨夔：《扬州重修城壕记》，《洪咨夔集》，第229—230页。

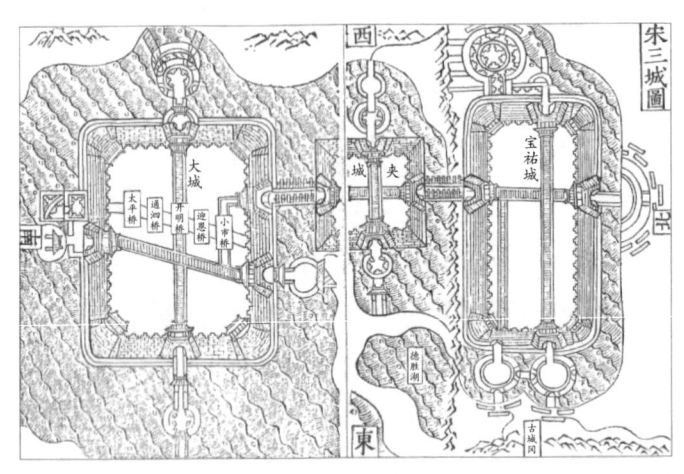

《宋三城图》（《嘉靖惟扬志》）

从北到南依次为堡寨城、夹城和大城，其中堡寨城也称堡城，后来贾似道"兴复"①堡城，竣工后改名为宝祐城②；大城也称州城。

宋孝宗淳熙二年（金大定十五年，1175），扬州知州郭棣鉴于蜀冈（在今江苏扬州市邗江区）"凭高临下，四面险固"，适合建造防御金人入侵的军事要塞，于是就在

---

① 《宋史全文》曰：宝祐三年（蒙古宪宗五年，1255）二月，"两淮制置大使贾似道兴复广陵堡城，以图来上"。汪圣铎：《宋史全文》，第2840页。对于贾似道究竟是恢复堡城，还是扩建堡城，学术界存在争议，笔者倾向于支持前者。参朱超龙：《"长围"与羊马城、一字城、护门墙——南宋时期扬州蜀冈城池的攻防体系》，《中国历史地理论》2019年第34卷第2期。

② 《老学丛谈》记载贾似道申省状曰："此城高深广袤，无异一郡。旧名堡城，不当用既废之名，今名宝祐城。"阿克当阿、姚文田等：《（嘉庆）重修扬州府志》，广陵书社2014年版，第901页。

蜀冈故城（唐代子城）城址上修筑了堡寨城。①堡寨城和大城之间相距约一公里，为了连接两城，郭棣又"在两城之间筑甬道，即夹城"，但是宋三城之间并不是彼此紧密地联系在一起，"夹城在南北护城河上用长桥，将三城连串在一起"。②

为了加强扬州城的防御功能，崔菊坡在原有的三城格局的基础上，主要做了五个方面的工作。

首先，扩建大城和夹城的护城河。将大城护城河的河面拓宽到"十有六丈，底杀其半，深五分广之一，环缭三千五百四十一丈。壕外余三丈，护以旱沟。又外三丈，封积土以限淋淤"③。又向外拓展七丈宽的地方，专门用来

---

① "淳熙二年七月二十一日，诏殿前司选差统制官一员、军兵一千人，修扬州城壁，依古城旧基帮筑堡寨。从知扬州郭棣请也。"徐松：《宋会要辑稿》，第9668页。

② 中国社会科学院考古研究所等：《扬州城：1987—1998年考古发掘报告》，文物出版社2010年版，第42—51页。

③ 关于扩建后的护城河的宽度和深度的数据，《扬州重修城壕记》和《宋史·崔与之》的记载不同，因为《扬州重修城壕记》的作者是洪咨夔，洪咨夔既是崔菊坡的弟子，也是重修扬州城壕的参与者，而且《扬州重修城壕记》产生的年代又早于《宋史》，所以这里的数据使用《扬州重修城壕记》的记载。再，《宋史·崔与之》曰："既至，浚濠广十有二丈，深二丈。"笔者推测这里是崔菊坡重修护城河时，加宽的宽度和加深的深度；《扬州重修城壕记》里的数据是加宽"后"的宽度和加深"后"的深度。参洪咨夔：《扬州重修城壕记》，《洪咨夔集》，第229页；脱脱等：《宋史》，第12258页。

堆放积施工过程中挖出的泥土,这样挖出的泥土在被平整后,就不会成为敌人攻击城墙时的掩体。夹城的护城河长约七百三十一丈,本来"左右尤浅隘",扩建后,其宽度和深度都与大城护城河的规格差不多。①

其次,北门外开掘月河"总百十七丈",南门外开掘里河"八十七丈"。②同时"置钓桥"③。

再次,加固夹城,将"夹城夯土墙包砌城砖"④。

从次,将陈公塘和句城塘里的水灌入州城壕,从"支

---

① 洪咨夔:《扬州重修城壕记》,《洪咨夔集》,第230页。
② 《言行录》《宋史·崔与之》都没有提及崔菊坡建造瓮城。只有《(嘉庆)重修扬州府志》转引《扬州重修城壕记》的记载"使与危堞不相陵。复作瓮城、五门,为月河,总百十七丈。而南为里河,又八十七丈",认为崔菊坡既开掘了月河和里河,又复建瓮城。查阅藏于日本内阁文库的宋刻本《平斋文集》和收录于《四部丛刊续编》的《平斋文集》却发现,它们的记载与浙江古籍出版社出版的《洪咨夔集》里收录的《扬州重修城壕记》完全一致。三者皆曰:"使与危堞不相陵。民地眠岁入庚其直。事已,俾复作业,城五门为月河,总百十七丈,而南为里河,又八十七丈。"并未提到复建瓮城的事。所以笔者推断菊坡没有"复作瓮城",只是开凿或修缮了月河和里河。阿克当阿、姚文田等:《(嘉庆)重修扬州府志》,第415页;洪咨夔:《平斋文集》卷第九,日本内阁文库藏宋刻本;《平斋文集》卷第九,《四部丛刊续编》第六十七册,上海书店1985年版;洪咨夔:《扬州重修城壕记》,《洪咨夔集》,第229—230页。
③ 脱脱等:《宋史》,第12258页。
④ 中国社会科学院考古研究所等:《扬州城:1987—1998年考古发掘报告》,第6页。

河引水入九曲池,合雷塘水灌西城壕",增加护城河的蓄水量,限制金军的快速机动能力。①

此外,在羊马墙与主城墙之间,种植六万一千五百多株柳树,做成绊马桩。羊马墙(也称羊马城),是位于护城河与主城墙之间,并且与主城墙平行的矮墙,其主要功能是防御,因此有的羊马墙上部设有箭孔,形似女墙。"中国传统城制,城以卫君,郭以保民。唐代的城池普遍增修外郭,也就是罗城。遇到战乱时期,城市因防御设施完备,城市周围的人民都会赶着自己最主要的财富牲畜进入城市躲避",因此羊马墙这个名称,来自它的另外一个功能,"容纳逃入城内避难平民所携带的羊马猪牛等牲畜,保持城内的卫生以防疫病的流行"。②崔菊坡选取有成人手臂那么粗的柳树,在羊马墙与主城墙之间环绕种植,两三年后,砍掉树干,只保留四尺高的树根,树根之间如犬牙交错,成为限制金军行动能力的有效工具。③

不难发现,崔菊坡掌握了守城的精髓,已经构建出一个立体防御网。关于守城时的立体防御网,陈规在《守城机要》曰:

---

① 洪咨夔:《扬州重修城壕记》,《洪咨夔集》,第230页。
② 孙华:《羊马城与一字城》,《考古与文物》第2011年第1期,第73—75页。
③ 李肖龙:《言行录》,《宋丞相崔清献公全录》,第6页。

> 大凡攻城须填平壕（按：护城河），方可到羊马墙下，使其攻破羊马墙，亦难为入，入亦不能驻足。攻者止能于所填壕上一路直进，守者可于羊马墙内两下夹击。又大城上砖石如雨下击，则是一面攻城，三面受敌……①

崔菊坡通过重修护城河，"疏塘水以限戎马"②，极大地限制了金军抢渡护城河的速度。当金军抢渡时，南宋军队既可以从羊马墙左右两侧放箭，又可以从大城墙上投掷砖石，形成了一个三面包围，高低交织的立体火力网。即使金军越过了护城河和羊马墙，又有绊马桩可以延缓他们的前进速度，为南宋军队争取时间，以便将金军击杀。因此经过菊坡的用心经营，"扬州城坚势壮，足以坐制全淮"③，在后来抵御金朝和蒙古的入侵中发挥了重要作用。

对于用兵，崔菊坡认为：

> 用兵如弈棋，置子虽疏，取势欲接，旁角失势，复心胜之。④

用兵也像下棋一样，安放的兵力如同棋子，虽然分散，但

---

① 陈规：《守城录》，大象出版社2019年版，第18页。
②③ 脱脱等：《宋史》，第12258、12492页。
④ 李肖龙：《言行录》，《宋丞相崔清献公全录》，第10页。

是想要所有的兵力能够彼此呼应，共同组成一个有力量的整体，当旁边和角落失去有利形势时，可以通过一个强有力的中心反败为胜，转危为安。

在崔菊坡打造的淮东防御体系中，扬州是一个超级中心，楚州（治所在今江苏淮安市）和天长（治所在今安徽天长市）既是扬州的前沿屏障，也是两个一级中心，与扬州形成一个三角防御阵地。楚州作为中心城镇，山阳（治所在今江苏淮安市）和淮阴（治所即今江苏淮安市淮阴区西南码头镇）是它的前沿屏障，三者一起又组成一个三角防御阵地。菊坡"申请乞置副都统于楚州，以总内外之兵"[①]，于是山阳、淮阴像一条首尾互相救应的常山蛇。天长作为中心城镇，与滁州和盱眙的距离都是一百三十里，三者一起也构成一个三角防御阵地，"大将驻天长，虎视四郊，则临机随势策应，出入变化，不为敌所窥，而淮东备御之势全矣"[②]。上述城镇合在一起就是三个三角形防御阵地。

崔菊坡在重修扬州城壕之外，几乎对每一个中心城镇和支点城镇也都有用心经营。比如在楚州青河口"筑城置戍"，"守把淮口，以为控扼，轮日教阅，激作士气，常时戒严，以守为战，非惟缓急不致误事，亦可集事"[③]。让大将驻守天长。在宝应、淮阴、滁州"筑城浚壕，措置守

[①②③] 李肖龙：《言行录》，《宋丞相崔清献公全录》，第10—11页。

御，官军劳苦，公委官相视，激赏费交子（按：宋代发行的一种纸币）六万贯"，费用全部来自平时节约和挪移通融，没有向朝廷申请减少征税。①

在加强城镇之间协同联防的同时，崔菊坡也特别重视城镇和山水寨之间的联防。菊坡到扬州上任后：

> 因滁有山林之阻，创五砦，结忠义民兵，金人犯淮西，沿边之民得附山自固，金人亦疑设伏，自是不敢深入。②

可惜，由于种种原因，在菊坡到临安就任秘书少监以前，他构想的防御体系并没有完全实现。菊坡刚离任不久，仆散安贞（本名阿海，是仆散揆之子）就在嘉定十二年（金兴定三年，1219）春天统帅金军再次侵入两淮。当时南宋在"盱眙屯二三万……维扬戍兵不满五千"③。不合理的布防，让金军长驱直入，担任巡逻突击的骑兵逼近到采石（今安徽马鞍山市）、杨林渡（又作杨林口、杨林河口，在今安徽和县东长江边），"建康（治所在今江苏南

---

① 李肖龙：《言行录》，《宋丞相崔清献公全录》，第10页。
② 脱脱等：《宋史》，第12258页。
③ 刘克庄：《庚辰与方子默佥判》，《刘克庄集笺校》，第5204页。

京市）大震"①。

贾涉时任淮东提刑、楚州知州、节制京东忠义，他紧急派遣"陈孝忠向滁州，石珪、夏全、时青向濠州（治所在今安徽凤阳县东北临淮关东），季先、葛平、杨德广趋滁、濠，李全、李福要其归路"。最终，李全在化湖陂打败了仆散安贞，"杀金将数人，得其金牌，金人乃解诸州之围而去"。李全继续追击，又在曹家庄打败了金军，"金人自是不敢窥淮东"。②

此外，崔菊坡还特别重视两淮战区联防。

宰相史弥远认为，时任江、淮制置使的李珏要为嘉定十二年春天，宋军防御不力，致使仆散安贞统帅的金军长驱直入负责，因此想要削弱李珏的权力，不再让他主管淮东制置使和淮西制置使，而是让淮东制置使和淮西制置使直接向朝廷负责。崔菊坡此时正在临安任秘书少监，他认为"两淮分置制帅"会破坏两淮战区联防的大局，为此他上奏朝廷曰：

> 两淮分任其责，而无制阃（按：kǔn，制置使别称）总其权，则东淮有警，西帅果能疾驰往救乎？东帅亦果能疾驰往救西淮乎？制阃俯瞰两淮，特一水之隔，文移往来，朝发夕至，无制阃则事事禀命朝廷，

---

①② 毕沅：《续资治通鉴》，第4376—4377页。

必稽缓误事矣。①

菊坡的观点与史弥远不合，让史弥远非常生气。菊坡在给弟弟的家书中曾提到此事："又因两淮分置制帅，复入文字力争，以为非便，相忤益深。"②可惜菊坡的正确意见，最终并没有被朝廷采纳。嘉定十二年四月，李珏因为遭逢母亲丧事而辞去江、淮制置使的职务③，朝廷在同年九月，"罢江、淮制置司，置沿江、淮东、西制置司。以宝文阁待制李大东为沿江制置使，淮南转运判官赵善湘为主管淮西制置司公事，淮东提刑贾涉为主管淮东制置司公事兼节制京东、河北路军马"④。

进一步思考崔菊坡的政治思想和军事思想，我们会发现他虽然提倡将"国是"定为守，但是他主张的守却是"积极防守"——防守的目的是为了将来能够抓住时机，一举恢复中原。别人多是把两淮战区和川陕战区看作边防前线，认为"长江千里，守御为难，若止于两淮防托，则力省功倍"⑤，"扬州者，国之北门，一以统淮，一以蔽

---

①④ 脱脱等：《宋史》，第12259、773页。
② 李肖龙：《言行录》，《宋丞相崔清献公全录》，第21页。
③ 钱大昕：《十驾斋养新录》，第227页。
⑤ 李光：《乞差文臣屯兵庐州状》，《全宋文》第一百五十四册，第108页。

江,一以守运河,岂可无备哉"①。崔菊坡则既把他驻守过的这两个战区看作国防前线,同时也看作恢复中原的前进基地。他在修扬州城时说:"凭高而望,中原故壤,一目千里,强本折冲,顾不在兹乎?"②当他在四川驻守时,更是写词明志,《水调歌头·题剑阁》曰:

> 万里云间戍,立马剑门关。乱山极目无际,直北是长安(按:唐以后诗文中常用作都城的通称)。人苦百年涂炭,鬼哭三边锋镝,天道久应还。手写留屯奏,炯炯寸心丹……③

毛泽东手书崔与之《水调歌头·题剑阁》

---

① 脱脱等:《宋史》,第12508页。
② 洪咨夔:《扬州重修城壕记》,《洪咨夔集》,第230页。
③ 李肖龙:《言行录》,《宋丞相崔清献公全录》,第15页。

在万里白云间戍守祖国边疆,骑着马站立在剑门关上,远眺中原故土,虽然用尽目力远望,视线也无法穿越连绵不断的群山,但是菊坡知道自己的正北方向就是故都开封。长期以来人民处于极端困苦的境地,边境战争让他们的生活变得悲惨凄凉,天道循环,这么多年过去了,南宋也应该要由弱变强,走向复兴了。亲手书写驻军屯田的奏疏,用心光明磊落,一片赤诚。

在菊坡眼中,政治、民生、经济和军事是四位一体,相互联系的有机整体。首先在政治领域减免赋税,才能改善民生水平,让百姓生活富裕,财力宽裕,继而安定民心。民心安定以后,百姓会投入更多的精力到经济活动中,进而提升国家的经济实力。国家的经济实力提升以后,才能拿出更多的资源投入到军事领域,进而提升军事实力,使边境安宁。正所谓"实边而后可以安边,富国而后可以强国"[①],只有减免赋税,让边民在边疆恢复生产活动,过上富裕的生活,边民抵抗侵略的意志才会增强,边境才有可能真正的安宁;只有国家富裕以后,才会成为一个能够打赢战争的强国。

崔菊坡的军事思想的核心要义是,选拔将领、团结民兵,通过协同联防塑造有利战略态势。他重视朝廷与地方合作、军民联防、城镇与城镇联防、城镇与山水寨联防,

---

① 李肖龙:《言行录》,《宋丞相崔清献公全录》,第15页。

以及淮东地区和淮西地区联防、关外四州和四川关内地区联防①、陕西五路沦陷区百姓和四川地区联防②，主张将整个防区，甚至整个南宋的防御体系视作一个整体进行战略谋划。

崔菊坡的军事思想在实践中取得了巨大成就。他创建的五山寨，在金军入侵时，起到了"断金人右臂"的作用。经过他的用心经营，"扬州城坚势壮，足以坐制全淮"，在后来抵御金朝和蒙古的入侵中发挥了重要作用。③他"尽护四蜀之师，开诚布公，兼用吴、蜀之士，拊循将士，人心悦服。先是，军政不立，戎帅多不协和……与之戒以同心体国之大义，于是戎帅协和，而军政始立"④，让南宋"无西顾之虑"⑤。他也因此被宋理宗评价为"才高经济"，"允文允武，善断善谋"。⑥

---

① 李肖龙：《言行录》，《宋丞相崔清献公全录》，第17页。
② 李昂英：《崔清献公行状》，《文溪存稿》，第114页。
③④ 脱脱等：《宋史》，第12780、12792、12260页。
⑤ 崔与之：《四川制置乞祠不允诏》，《宋丞相崔清献公全录》，第110页。
⑥ 宋理宗：《理宗御札》（其四、其五），《宋丞相崔清献公全录》，第113页。

第七节　出处最光明

　　出处问题，是中国读书人面临的两大人生课题之一。[1]"出"指的是出仕，即出来做官；"处"指的是退隐，即归隐田园。积极出仕，兼济天下，一直是读书人追求的政治理想。"然而，在中国古代官场上，这种理想是不能直接表现出来的，积极为自己谋求官职，以实现自己之政治抱负"，并非是读书人提倡之事。[2]在读书人看来，官职意味着富贵，谋求官职就意味着追逐富贵，而富贵又往往与道义相冲突。《论语》中的"不义而富且贵，

---

　　[1] 王水照指出："出处和生死问题，是中国文人面临的两大人生课题。"王水照：《王水照自选集》，上海教育出版社2000年版，第301页。

　　[2] 游彪：《宋代官员辞免官职初探——兼论崔与之辞免》，《崔与之与岭南文化研究》，第442页。

于我如浮云"①,《孟子》中的"进以礼,退以义"②和《礼记》中的"难进易退"③才是他们公开倡导的官场行为准则。

崔菊坡自步入仕途以来,先后"舍内除而贰远郡""弃秘省而赴阃参""舍礼书而返故庐""弃相印如弃敝

---

① 刘宝楠曰:"'不义而富且贵'者,谓不以其道得富贵也……孟子谓'行一不义,杀一不辜,而得天下,孔子不为'。故孔子自言不义之富贵,视之如浮云然,明无所动于心也。"刘宝楠:《论语正义》,中华书局1990年版,第267页。杨伯峻先生将"不义而富且贵,于我如浮云"翻译为"干不正当的事而得来的富贵,我看来好像浮云"。杨伯峻:《论语译注》,中华书局2015年版,第82页。

② 《孟子·万章》曰:"孔子进以礼,退以义,得之、不得曰'有命'。"杨伯峻先生翻译为:"孔子依礼法而进,依道义而退,所以他说得着官位和得不着官位'由命运决定'。"杨伯峻:《孟子译注》,中华书局2010年版,第210页。

③ 《礼记·儒行》曰:"儒有衣冠中,动作慎;其大让如慢,小让如伪;大则如威,小则如愧;其难进而易退也,粥粥若无能也。其容貌有如此者。"孙希旦在《礼记集解》中,引用吕大临的解释曰:"非义不就,所以难进;色斯举矣,所以易退。"孙希旦:《礼记集解》,中华书局1989年版,第1400页。王文锦先生将此翻译为"儒者的衣冠适中,动作谨慎,临大利而辞让有如傲慢,临小利而谦让有如虚伪;做大事审慎,如同有所畏惧,做小事恭谨,如同心怀惭愧;他们难于躁进而易于谦退,柔弱谦卑的样子好像是无能。儒者的容貌就是这样的。"王文锦:《礼记译解》,中华书局2016年版,第916页。

咫",每一次选择都谨守"难进易退之礼"。①因此他能够出仕"四十七年未尝一玷弹墨,晚节尤光明俊伟",被誉为:"始终无玷缺,出处最光明"。②

一、舍内除而贰远郡

由于在江南西路建昌军新城县任知县(1204—1206)时政绩卓著,当时的宰相想让崔菊坡留在朝中任职,菊坡没有接受任命,而是选择去邕州(今广西南宁市)任通判③(也称"贰守事""贰车""倅贰")。当时的官员多畏惧艰苦,不愿意外任,况且邕州在唐代隶属于岭南道,在宋代是边境州,距离临安非常遥远,气候和饮食也都极其恶劣,是南宋流放官员的地方。如绍兴二十四年(金贞元二年,1154),曾任左从政郎的杨炬,因为弟弟杨炜"两上书讥谤朝政"而受到连累,"特送邕州编管","行至宾州(按:辖境相当今广西宾阳县地),感瘴死"。④因此推荐菊坡的官员对于他的选择都感到非常惊讶,力劝他留在朝中任职,结果都被他婉拒了。推荐他的官员不死心,又上奏宁宗皇帝,请求让菊坡留在朝中任职。皇帝有特旨,奖赏菊坡升补京

---

① ② 李肖龙:《言行录》,《宋丞相崔清献公全录》,第26页。

③ "南宋通判,名义上入则贰政、出则按县,其实际地位下降,主要分掌常平、经总制钱等财赋之属。并以避嫌不敢与知州争事"。龚延明:《宋代官制辞典(增补本)》,第589—590页。

④ 李心传:《建炎以来系年要录》,第2710页。

城内的差遣（职事官）。菊坡向皇帝上奏章说，对于京朝官，"乞俟满而后受"。①最终宁宗选择尊重菊坡的个人意见，让他去邕州任通判。有见识的人赞美菊坡"有难进之风"。②

二、弃秘省而赴阃参

由于崔菊坡在任扬州知州，兼淮东制置使期间，在对金和战问题上与当权的宰相史弥远存在意见分歧，因此在嘉定十二年（1219）正月，被免去原官职，除为秘书少监。③菊坡时年六十二岁，"病且衰矣，自知不堪世用"④，于是决定"取道江西，度岭而归"⑤。他一边向岭南走，一边上疏请求辞官归家。当船走到豫章（今江西省别称）时，第三次辞免秘书少监的奏札也被朝廷驳回，因而他"只得遵禀"朝

---

① 李昂英：《崔清献公行状》，《文溪存稿》，第113页。
② 李肖龙：《言行录》，《宋丞相崔清献公全录》，第3页。
③ 何忠礼：《崔与之事迹系年》，《文史（第四十一辑）》，第132—133页。
④ 崔与之：《嘉定甲戌正月，以金部郎分阃东淮，正当金虏弃巢南奔之时，人不愿往，以君命不敢辞。首尾五年而不得代。戊寅腊月，以少蓬召而病且衰矣，自知不堪世用，决意南归。舟次豫章，三疏丐闲而不得请，幡然东下，舣棹南康重湖阁，夜梦人告之曰："死于庐山之下。"觉而识其事，并以小诗谢山神》，《宋丞相崔清献公全录》，第96页。
⑤ 崔与之：《第三次辞免秘书少监》，《宋丞相崔清献公全录》，第41页。

廷的任命，迅速改变方向，往临安走。①

当船停靠在江南东路的南康（治所在今江西庐山市）重湖阁时，菊坡晚上做了一个梦，梦见有人告诉他"死于庐山之下"②。醒来以后，菊坡做了一首小诗，委婉地拒绝了山神的"殷勤招隐"。其中有一句诗是这样说的："要把封疆安社稷，谁教轩冕换山林？"③大意是，如果有机会掌管边疆使国家安定，那么什么人会用官位爵禄换取隐居生活呢？

菊坡沿着长江一路向东，走到池口时，突然看到进奏院下发到池州（治所在今安徽池州市）的进奏官报状（邸报）。④邸报上说，凶残的金军正在侵犯两淮地区，江淮宣

---

① 崔与之：《辞免秘书少监乞赴宣幕》，《宋丞相崔清献公全录》，第42页。

②③ 崔与之：《嘉定甲戌正月，以金部郎分阃东淮，正当金虏弃巢南奔之时，人不愿往，以君命不敢辞。首尾五年而不得代。戊寅腊月，以少蓬召而病且衰矣，自知不堪世用，决意南归。舟次豫章，三疏丐闲而不得请，幡然东下，舣棹南康重湖阁，夜梦人告之曰："死于庐山之下。"觉而识其事，并以小诗谢山神》，《宋丞相崔清献公全录》，第96页。

④ 所谓"进奏官报状"，也称"邸报""报状""进奏官报"，是指进奏院下发到各地的"文字"，主要功能是"将中央的有关方针政策、朝廷内外人事任免以及其它各种文件和指示传达到地方。"参游彪：《宋代朝廷与地方之间的"文字"传递——围绕邸报及其相关问题而展开》，《河北大学学报（哲学社会科学版）》2003年第3期，第11页。

抚使上奏朝廷，表示想要调崔菊坡担任幕府的参谋官（阃参）。虽然朝廷还没有最终批复，但是现在已经在走审批流程了。在菊坡看来，此时如果像多数人那样，选择去临安接受秘书少监、兼国史院编修官、兼实录院检讨官的任命，那么就是"辞劳而就逸，避烦使而觊清游，于心实不惶安"[①]。因为"除命在前，辞命在后"，所以他就上奏朝廷，请求辞去秘书少监，直接去江淮宣抚使的幕府报到。[②]考虑到留在原地等消息，会贻误军机。菊坡决定以国家利益为重，不顾风雨交加，起身顺流向东走，直接去京口（今江苏镇江市）报到。不久之后，菊坡收到宁宗的圣旨，命令他"入奏"，他才乘船返回临安去做秘书少监。[③]

三、舍礼书而返故庐

嘉定十七年（金正大元年，1224），朝廷召菊坡为礼部尚书，他没有接受任命，而是选择出三峡，渡洞庭，溯潇湘，取道桂林而回广州。[④]

崔菊坡在辞免礼部尚书的奏章中说，嘉定五年（1212），他在广南西路任提点刑狱时，用半年时间实地考察了辖下

[①②] 崔与之：《辞免秘书少监乞赴宣幕》，《宋丞相崔清献公全录》，第42页。

[③] 李肖龙：《言行录》，《宋丞相崔清献公全录》，第12页。

[④] 崔与之：《第四次辞免除礼部尚书》，《宋丞相崔清献公全录》，第55页。

所有部门，有的部门所在地有瘴气，因此感染上了"风眩"，"病根日深"，已成顽疾。①嘉定十六年（1223）夏天，他又在四川得了一场大病，虽然死而复生，但是"残息仅存"。②精力强盛的时候，他"南航海表，东涉淮壖，西北戍于蜀口，苟可勉强，未尝辄辞"③，然而如今精力已经衰弱，因此他恳请朝廷允许他休养病体，"如或稍可支持，誓当縻捐图报，不敢辞也"④。

四、弃相印如弃敝屣

宋理宗端平二年（蒙古太宗七年，1235）二月，一部分广东摧锋军在曾忠带领下发动叛乱。他们火烧惠阳郡，杀死博罗县令，接着马不停蹄的向广州城赶来，"声言欲得连帅（按：安抚使的别称）洎幕属甘心焉"。⑤这部分摧锋军的统领熊乔找机会脱身，"星驰前来告变"⑥。时任广州知州，兼广东安抚使的曾治凤听到消息后，马上连夜逃

---

① 崔与之：《第三次辞免除礼部尚书》，《宋丞相崔清献公全录》，第54页。

②③ 崔与之：《再辞免礼部尚书》，《宋丞相崔清献公全录》，第53页。

④ 崔与之：《第四次辞免除礼部尚书》，《宋丞相崔清献公全录》，第55页。

⑤ 脱脱等：《宋史》，第12262页。

⑥ 崔与之：《申石运判、李运判、黄提举之功》，《宋丞相崔清献公全录》，第70页。

崔府街（位于广州越秀区，相传菊坡辞官后曾在此居住）

走。①提举常平黄崟等"以一郡生灵系命于公"②，到菊坡家里来请他出山平叛。菊坡此时因病辞官在家，正过着隐居生活，已经十二年不过问朝廷政事了，但是为了一郡百姓，他还是同意出来主持大局。

崔菊坡一面与提举常平黄崟商议"开府库，大犒诸军"③，并且让统领熊乔到北门内的摧锋军本寨镇压，"潜销内应"④；一面登上城头安抚城外的叛军，并且询问他们

---

① 李昂英在《崔清献公行状》曰"郡守曾治凤宵遁"；陆心源在《李昂英传》中指出，当摧锋军叛乱时，曾治凤仍然任"帅守"（安抚使的别称），因此曾治凤当时的官职应该是广州知州，兼广东安抚使，正是叛军想要捉拿的目标人物之一。李昂英：《文溪存稿》，第114页；陆心源：《宋史翼》，第337页。

②③ 李肖龙：《言行录》，《宋丞相崔清献公全录》，第18页。

④ 崔与之：《申石运判、李运判、黄提举之功》，《宋丞相崔清献公全录》，第70页。

叛乱的原因。叛军称："摧锋军远戍建康，留四年，比撤戍归，未逾岭，就留戍江西，又四年，转战所向皆捷，而上功幕府，不报，求撤戍，又不报，遂相率倡乱。"①菊坡计划派遣幕僚到叛军的大寨去谈判，可是与会的众人彼此相看，皆大腿发抖，只有李昂英和杨汪中"毅然请行"。②于是李昂英和杨汪中让人用绳子把他们从城头送到城下，去叛军大寨劝导叛军改过自新。当时绝大多数参与叛乱的士兵都愿意脱下战甲去自首，但是主谋曾忠等少数带头的人担心会遭到报复，于是就带着部分叛乱的士兵退走了。③

不久之后，朝廷有旨，让崔菊坡出任广东经略安抚使，兼广州知州。此时菊坡已经是七十八岁高龄，体弱多病，精力也跟不上，他便请提举常平黄崈帮助他处理广州政务；调"才识俱高，刚正有守"的提举广南市舶管瀛兼任经略司参谋官，帮助参与制定平叛的作战计划。经略司调遣"韶州驻扎摧锋军统制毗富道、湖南飞虎军统制苏洪飞、沿江制司统制陈万，各领所部官军"前往指定地点把守堵截；又派遣"广州水军、潋浦、定

---

① 参李肖龙：《言行录》，《宋丞相崔清献公全录》，第18页；脱脱等：《宋史》，第12262页。
② 李春叟：《重刻李忠简公文溪集序》，《文溪存稿》，第1页。
③ 李昂英：《崔清献公行状》，《文溪存稿》，第114页。

海水军，控厄肇庆一带江面"，防止叛军从水路逃逸。①在各路军马"渐次齐集"后，他又命令提点刑狱彭铉统一指挥，督责搜捕。②最终，叛军战败，请求投降，崔与之处死了少数凶悍狡黠、不思悔改的叛贼，将剩下的绝大多数叛军分散纳入各州的军队中。③

崔菊坡奉圣旨，出任广东经略安抚使，兼广州知州时，就上奏理宗曰："臣仰体陛下一时权宜委用之意，不敢控辞，暂此守印，以俟朝命……欲望圣慈亟选素有威望之人，或长材敏识稍知方略者，当此重寄"。④在平定摧锋军叛乱之后，他便竭尽全力辞去"暂领"的官职，并且将"所得广帅月廪钱一万一千余缗，米二千八百余石，悉归于官，一无所受"⑤。

理宗皇帝"于是注想弥切"⑥，从端平二年（1235）六月⑦开始，先后七次任命崔菊坡为参知政事（副丞相）。为了让崔菊坡能够出任参知政事，理宗非常恳切地对他说：

---

① 崔与之：《申石运判、李运判、黄提举之功》，《宋丞相崔清献公全录》，第69页。

② 崔与之：《申彭提刑、管提舶之功》，《宋丞相崔清献公全录》，第68页。

③ 脱脱等：《宋史》，第12262页。

④ 崔与之：《奏暂领经略安抚使知广州印乞除官代》，《宋丞相崔清献公全录》，第66页。

⑤ 李肖龙：《言行录》，《宋丞相崔清献公全录》，第19页。

⑥⑦ 脱脱等：《宋史》，第12262、808页。

"夫有德者进，则朝廷尊严。强暴消靡，便可驱车造朝，秉德辅时，不责卿以事"①。在菊坡七次辞免参知政事以后，理宗又从端平三年（1236）九月②开始，接连十三次任命他为右丞相兼枢密使。为了让菊坡来临安就任右丞相兼枢密使，理宗"尝虚位待之"，多次赏赐御札，从宫中陆续派出关彬、邹成、王渊等使者"衔命趣行"，并且特意赏赐路费三百两，表示对菊坡的优待和尊崇；随后又命令广帅彭铉"以礼劝勉"菊坡动身上任；接着又派菊坡器重的弟子李昴英从临安到菊坡家里"专往谕志"。③菊坡仍然以"绵力不足以胜重寄，孱躯不足以涉远途"④为由，拒绝接受朝廷的委任。

在李昴英回朝复命后，理宗更是问道："右相有来期否？朕自更化之初，简在朕心，仪图共治，渴欲一见。"⑤当听到李昴英说，菊坡"高年久病，而又道远，恐未能上

---

① 崔与之：《第六次辞免参知政事》，《宋丞相崔清献公全录》，第79页。

② 何忠礼先生指出，《言行录》卷二误以为是在十一月，正确的时间是九月。氏著：《崔与之事迹系年》，《文史（第四十一辑）》，第138页。

③ 陈斑：《崔清献公祠堂记》，《宋丞相崔清献公全录》，第135页；李肖龙：《言行录》，《宋丞相崔清献公全录》，第19—20页。

④ 崔与之：《辞免除资政殿学士宫观》，《宋丞相崔清献公全录》，第81页。

⑤ 李昴英：《嘉熙戊戌奏札》，《文溪存稿》，第72页。

副陛下延伫之意"后，理宗仍然不死心地说："闻其年事虽高，体力尚强，可勉为朕一出"，"可作书道朕切望之意，勉其亟就道，以共图康济之功"。①

也许是因为最后证实菊坡确实已经病入膏肓，理宗在嘉熙三年（1239）六月，下诏同意他"致仕"，但是仍"与宰臣恩例"：

> 崔与之力辞相位，必欲挂冠，特授观文殿大学士致仕，恩数视宰臣例。②

宰相的职责是："佐天子，总百官，平庶政，事无不统。"③对世间绝大多数人来说，所谓贵，莫如宰相，而菊坡却能"弃相印如弃敝屣"，前后累计上疏十三次请求辞免，最终得偿所愿。对于菊坡的辞官，古今皆赞誉其为清风高节的行为。家大酉（1176—？）评价道："白麻不能起南海，千载一人非公谁？"④刘克庄（1187—1269）曰："公于相印，闭目不视。如公所立，百世犹兴。谁其

---

① 李昂英：《嘉熙戊戌奏札》，《文溪存稿》，第72页。
② 汪圣铎：《宋史全文》，第2736页。
③ 脱脱等：《宋史》，第3773页。
④ 家大酉：《书公文集端》，《宋丞相崔清献公全录》，第116页。

侣之？严光管宁。"①李肖龙（1235—1292）赞美他："晚节尤光明俊伟。"②文天祥（1236—1282）称他："盛德清风，跨映一代。"③陈白沙（1428—1500）赞美他："泽与流风远，名因避相尊"④，"高风千古镇浮华"⑤。湛若水（1466—1560）赞美他："在天下为天下师，在后世为百世师，在一乡为乡党师。"⑥王阳明（1472—1528）颂扬

崔太师祠（位于广州增城中新镇坑贝村）

---

① 刘克庄：《菊坡崔丞相》，《刘克庄集笺校》，第5497页。
② 李肖龙：《言行录》，《宋丞相崔清献公全录》，第26页。
③ 文天祥：《跋崔丞相二帖》，《宋丞相崔清献公全录》，第119页。
④ 陈献章：《崔清献公裔孙潜示遗芳卷，复许示遗像，予既书纪梦之作，于其还也赠之诗》，《陈献章全集》，第490页。
⑤ 陈献章：《崔潜送菊坡先生遗像至，适乡人送紫菊一株，遂以答之》，《陈献章全集》，第843页。
⑥ 湛若水：《新置崔清献菊坡先生祠田记》，《宋丞相崔清献公全录》，第227页。

他："寒花晚节！……霜天一碧！"①增城后学何文（清康乾时人）赞美他："清风高节昭千古。"②

对于菊坡十三次辞免宰相的原因，也自然引起人们极大的兴趣。其中影响比较大的观点有三种。

第一种观点是，崔菊坡被任命为丞相时，年高久病、广州与临安之间的路途又极其遥远，他为了保全晚节，所以拒绝接受任命。

早在嘉定五年（1212），菊坡就因为"遍历瘴乡"而感染"风眩"。"风眩"久病不愈，一直侵蚀着他的身体，让他失眠、健忘、心悸、自汗，后来更是让他整夜失眠，"或睡而觉神不附体，恍然久之而后定"，在他看来，这些都是垂死前的症状。③

嘉定十六年（1223）夏天，他又在四川得了一场大病，虽然死而复生，但是"残息仅存"。④他辞免礼部尚书，从四川直接回到广州，主要就是为了养病，然而病情却越来越重。到了绍定三年（1230），菊坡七十三岁的时

---

① 崔棪：《崔清献从祀·庙庭议》，《宋丞相崔清献公全录》，第202页。
② 何文：《登菊坡亭怀崔右丞》，《宋丞相崔清献公全录》，第268页。
③ 崔与之：《第三次辞免除礼部尚书》，《宋丞相崔清献公全录》，第54页。
④ 崔与之：《再辞免礼部尚书》，《宋丞相崔清献公全录》，第53页。

候，他的"头风"①已经"发作无虚日，自早晨为其所苦，食后方少定。若遇风寒，则终日奄奄，无复生意，甚至攻注面目，牵引口齿，呻吟不已，继以叫号"②。

端平二年（1235），为了平定摧锋军叛乱，菊坡是"肩舆登城"③，"居家治事"④，种种迹象说明菊坡当时已经行动不便。平叛期间，因为要处理的"事日益繁"，所以菊坡的"病日益深"，于当年春天"又为风邪所中"，导致"半身不遂，余息奄奄"。⑤秋天，半身不遂再

---

① 头风是指"经久难愈之头痛。《医林绳墨·头痛》：'浅而近者，名曰头痛；深而远者，名曰头风。头痛卒然而至，易于解散也；头风作止不常，愈后触感复发也。'因素有痰火，风寒袭入则热郁而头痛经久难愈。其症自颈以上，耳目口鼻眉棱之间，有麻痹不仁之处，或头重，或头晕，或头皮顽厚，不自觉知，或口舌不仁，不知食味，或耳聋，或目痛，或眉棱上下掣痛，或鼻闻香极香，闻臭极臭，或只呵欠而作眩冒之状（见《杂病源流犀烛·头痛源流》）"。李经纬等：《中医名词术语精华辞典》，天津科学技术出版社1996年版，第285页。

② 崔与之：《再辞免知隆兴府江西安抚使》，《宋丞相崔清献公全录》，第63页。

③ 脱脱等：《宋史》，第12262页。

④ 崔与之：《奏暂领经略安抚使知广州印乞除官代》，《宋丞相崔清献公全录》，第66页。

⑤ 崔与之：《奏乞谋帅为代》，《宋丞相崔清献公全录》，第66页。

次复发,菊坡"须人扶掖而行,十目所共见也"。①

崔菊坡第一次被委任为右丞相兼枢密使,是在端平三年(1236)九月。同年十月,菊坡在《辞免特授正议大夫右丞相兼枢密使第一诏奏状》中,描述了自己身体的近况:

> 臣行年八十矣,一身孤立,百病交攻。心气日深,头风时作。视听昏聩,步履蹒跚。元气渐微,生意垂绝。②

在菊坡看来,他已经快要八十岁了,如今的身体既无法担当重任,也无法长途跋涉,"养病一室中,犹且惴惴然,朝不保夕"③,如果不顾及身体情况,拖着病体出岭南,死在从广州到临安的路上,那么他必定会"晚节扫地"④。

最迟在嘉定十三年(1220),菊坡就已经开始重视自己的晚节,他在《辞免除焕章阁待制知成都府本路安抚

---

①④ 崔与之:《第四次辞免参知政事》,《宋丞相崔清献公全录》,第77页。

② 崔与之:《辞免特授正议大夫右丞相兼枢密使第一诏奏状》,《宋丞相崔清献公全录》,第82页。

③ 崔与之:《第六次辞免参知政事》,《宋丞相崔清献公全录》,第79页。

使》中说自己年老体弱,"加以多病,日就衰残",请求辞官家居,"欲全晚节"。①次年,菊坡六十四岁,因为喜欢韩琦的诗句"不羞老圃秋容淡,且看寒花晚节香"②,他就在四川益昌(治所在今四川广元市)"筑菊坡以自适"③。辞职回广州以后,他也为自己宅院的西偏房挂上"菊坡"匾额,同时写上韩琦的名言"保初节易,保晚节难"④。又在门塾刻写"不羞老圃秋容淡,且看寒花晚节香",表达自己平素的意愿。正如菊坡所言:"人臣出处大节,当自省循。"⑤如果"精力未衰,老而益壮"⑥,那么为了守护边疆、安定社稷而死,正是他的夙愿;如果不顾年高久病,心怀侥幸,为了荣华富贵而去出任宰相,那么不只"上误国事"⑦,而且让他晚节不保。

第二种观点是,菊坡具有"远见卓识",见"时不可

---

① 崔与之:《辞免除焕章阁待制知成都府本路安抚使》,《宋丞相崔清献公全录》,第46页。
② 强至:《韩忠献公遗事》,浙江古籍出版社2019年版,第8页。
③ 李肖龙:《言行录》,《宋丞相崔清献公全录》,第26页。
④ 马愉:《记菊坡大字》,《宋丞相崔清献公全录》,第133页。
⑤⑦ 崔与之:《第六次辞免参知政事》,《宋丞相崔清献公全录》,第79页。
⑥ 崔与之:《第七次辞免参知政事》,《宋丞相崔清献公全录》,第80页。

为"，于是依据"陈力就列，不能者止"①的原则，选择辞官。

具体理由主要有两条。其一是，"天下安危系于边阃，或乃视为货赂交私之地。公帅淮、帅蜀，尝独尽心焉，而不得行，天下事已可知矣。及金灭鞑兴，正国家当忧危之日，反挑强敌以开厉阶（按：指端平入洛），天下事又可知矣，尚何相为？"②其二是，"嘉定间，史弥远专权，所谓鄙夫不可与事君者也。绍定六年，史弥远卒。明年，改元端平，即以贾贵妃之弟似道为藉田令，渐用事。公素辨君子小人消长之机，而二人皆非可共事之人，势必多方掣肘，不能致功，故不窃位，以俟后贤也。"③

第三种观点是，理宗得位不正，破坏了伦纪（三纲五常），菊坡为了"扶植伦纪"，所以拒绝出任宰相。

主张此种观点的人认为，菊坡的事迹是，从四川安抚制置使、兼知成都府的位置上退下来以后，辞免朝廷的所有任命。只是在摧锋军叛乱时，不忍心见家乡生灵涂炭，才"暂领"朝廷委任的广东经略安抚使，兼广州知州的职

---

① 语出周任，记载于《论语》，钱穆先生将其翻译为："先量你的能力来就你的职位，若力不胜任，便该辞去。"氏著：《论语新解》，三联书店2018年版，第386页。

② 黄震：《黄震全集》第十册，浙江大学出版社2013年版，第3301页。

③ 崔桪：《崔清献从祀·庙庭议》，《宋丞相崔清献公全录》，第203页。

务。平定叛乱以后，菊坡归还了暂时担任的职务和任职期间所得的六个月俸禄，之后又七次辞免参知政事，十三次辞免宰相。即使连宋代士大夫几乎无人不领的"祠禄"①，他自四川辞官以后，也"悉辞不受"。他内心的真实想法是："昔鲁宣公为弑君者所立，公弟叔肹非焉，终其身不食兄禄。与之财，则曰：'我足矣。'……自古岂有伦纪晦蚀之人而可与共成正大光明之业者哉？"②

持第一种观点的人，看到的是"清风高节"的菊坡；持第二种观点的人，看到的是"远见卓识"的菊坡；持第三种观点的人，看到的是"扶植伦纪"的菊坡。每一种观点都言之成理，然而解释力最强的应该是第一种观点。因为第一种观点关注到了菊坡的身体情况和心中志趣。

菊坡"常以天下为己任"，从小的志趣就是收复中原，平定天下。③因此当他"筋力未衰之时，东淮、西蜀，万里奔驰"，只要身体允许，"未始辞难"④。嘉

---

① 按照宋朝制度，大臣辞去官职以后，朝廷会让其出任管理道教宫观的祠禄官，以示优礼。祠禄官居家中，并无职事，但未致仕，优享俸禄。祠禄官所享受的俸禄，称为祠禄。参龚延明：《宋代官制辞典（增补本）》，第669—671页。
② 宋端仪：《宋端仪序》，《宋丞相崔清献公全录》，第169页。
③ 温若春：《崔清献公墓志铭》，《宋丞相崔清献公全录》，第189页。
④ 崔与之：《第五次辞免参知政事》，《宋丞相崔清献公全录》，第78页。

定十六年（1223）夏天，"宿恙日深"的菊坡在四川得了一场大病，虽然最终"死而复生"，但却是"残息仅存"。①等到第二年和继任者交接完在四川的工作以后，菊坡才因为"年高久病"，辞官不出。如果只看到"远见卓识"的菊坡，那么很难解释他此前为什么要"东淮西蜀，万里奔驰"；如果只看到"扶植伦纪"的菊坡，那么无法解释当理宗还没有即位的时候，他为什么先后两次辞免礼部尚书。②因此我们可以说，崔菊坡十三次辞免丞相的主要原因是"年高久病"，他身上最重要的特质是"清风高节"。

---

① 崔与之：《再辞免礼部尚书》，《宋丞相崔清献公全录》，第53页。

② 菊坡是在嘉定十七年"六月初至岳州，再具辞免"。理宗是同年闰八月即位。参崔与之：《宋丞相崔清献公全录》，第54页；脱脱等：《宋史》，第784页。

第八节　宗旨犹可窥

宋代的士大夫是一种集官员、诗人、学者于一身的新型士人。菊坡正是这种新型士人的典型代表之一，他不仅守淮、护蜀、平叛，政绩斐然；而且"开创了以'雅健'为宗的岭南词风"，被誉为"粤词之祖"[①]；同时他还潜心向学，开创了岭南历史上第一个学术流派——菊坡学派。对于他身上学问和政事之间的关系，菊坡门人、菊坡学派的传承者，南宋名臣洪咨夔概括为"公以正大学问，发为政事"[②]，即菊坡把雅正宏大的、关于礼乐教化和典章制度的系统知识表现在政治事务上。

根据菊坡门人，菊坡学派的光大者，南宋名臣李昂英在《崔清献公行状》中的描述：菊坡家藏"御札七

[①] 陈永正：《沚斋丛稿》，中山大学出版社2011年版，第118页。
[②] 洪咨夔：《扬州重修城壕记》，《洪咨夔集》，第230页。

通""文集若干卷"。①此外，《两宋名贤小集》也记载，宋代有《菊坡集》流传。遗憾的是，由于战火等原因造成的散佚，《菊坡集》在元代已经失传。元代时，菊坡的续传（时间相隔较远、传承先后不明的传承）弟子李肖龙（1235—1292）所能收集到的菊坡遗著，仅仅相当于原著的十分之一二。现在比较常见的菊坡著作有《崔清献公言行录》《崔清献公集》《宋丞相崔清献公集》《崔清献公全录》《宋丞相崔清献公全录》等数种。这些传世的著作已经无法再现菊坡著作的全貌。

幸运的是，在这些传世著作中仍然保存着菊坡的座右铭，修身格言，关于《汉书》的原创观点，《遗表》（古代大臣临终前所写的表文，死后由其家属上奏），绝笔（死前最后所写的文字、作品）等重要内容。我们仍然可以从中窥见菊坡的学术宗旨。

学界一般认为，儒家思想主要是一种政治伦理思想，围绕着格物、致知、诚意、正心、修身、齐家、治国、平天下等八个条目展开。前五个条目属于内圣（高尚的人格）的层面，后三个条目属于外王（理想的社会）的层面，其中修身被视作根本。菊坡的座右铭是："无以嗜欲杀身，无以货财杀子孙，无以政事杀民，无以学术杀天下

---

① 李昂英：《崔清献公行状》，《文溪存稿》，第115页。

后世。"①实际上涉及了修身、齐家、治国、平天下等四个层面的思想。

一、修身：无以嗜欲杀身

"无以嗜欲杀身"，即不因贪图感官方面享乐的欲望而损害身体，谈的是如何修养身心。

菊坡特别重视修身，时时以前代贤哲的嘉言懿行来约束言行、反省身心、提撕精神。曾经被菊坡举荐，后来官至右丞相兼枢密使的游似（？—1251）在《跋公斋房大书》中记载，菊坡斋戒的居室环绕排列着用大字书写的精妙格言。②

其中有《论语·季氏篇》中关于修心的"九思"："孔子曰：'君子有九思：视思明，听思聪，色思温，貌思恭，言思忠，事思敬，疑思问，忿思难，见得思义。'"大意是，君子在为人处世方面有九点需要思虑：看的时候，思虑如何看清楚；听的时候，思虑如何听明白；脸色方面，思虑如何做到温和；容貌方面，思虑如何做到端庄；言语方面，思虑如何做到忠实；做事的时候，思虑如何做到认真；有疑问的地方，思虑如何向他人请

---

① 李肖龙：《言行录》，《宋丞相崔清献公全录》，第20页。
② 游似：《跋公斋房大书》，《宋丞相崔清献公全录》，第117—118页。

教；生气的时候，思虑随之而来的灾祸；见到利益的时候，思虑如何正当地获得。①

也有《礼记·玉藻》中关于修身的"九容"："足容重，手容恭，目容端，口容止，声容静，头容直，气容肃，立容德，色容庄，坐如尸。"大意是："君子足的仪态要稳重，不要懈怠；手的仪态要恭慎，不要妄加比划；目光的仪态要端正，不要斜视；嘴角的仪态要静止，不要乱动；语调的仪态要平静，不要随便咳嗽发怪声；头的仪态要直向前方，不要歪脖回顾；气度的仪态要严肃，不要轻浮；站立的仪态要身形微俯，如恭候对方授物的样子；面色的仪态要庄重，不要松懈轻佻；坐的姿态要如同象征受祭神灵的尸那样敬慎庄严。"②

还有司马光（别名司马温公、司马文正、涑水先生，1019—1086）的名言"所为事未尝不可对人言"③，以及赵抃（别名赵清献，1008—1084）的名言："所为事夜必焚香告天，不可告者不敢为"④。

菊坡经常对着这些格言涵养身心，提醒自己遵守奉

---

① 参杨伯峻：《论语译注》，第205页。
② 王文锦：《礼记译解》，第448页。
③ 司马光的原话是："吾无过人者，但平生所为，未尝有不可对人言者耳。"脱脱等：《宋史》，第10769页。
④ 《宋史》称赵抃"日所为事，入夜必衣冠露香以告于天，不可告，则不敢为也"。脱脱等：《宋史》，第10325页。

行，不敢有失。游似认为菊坡与司马光相似，可谓："清如水，而澄之不已；直如矢，而端之不止"[①]。像水一样清，但仍然不停地澄清自己，像箭一样直，但仍然不断地端正自己。

进一步分析，我们会发现菊坡遵奉的修身格言，深深地烙印着两个重要的儒家观念——诚和敬。诚就是真实无妄，表里如一。菊坡重视诚，所以他欣赏司马光和赵抃的行事风格——所作所为都可以坦然地告诉他人，即使是在人们看不到听不到的地方，也能够严格要求自己，自觉遵守道德规范。敬就是内心专一，慎重地对待，不怠慢不苟且。敬的观念多用礼来表达。礼可以激发爱的潜能，释放对他人的善意和尊敬。菊坡重视敬，所以他特别关注作为修心方法的九思和作为修身方法的九容，想要让自己在言语动静、行住坐卧等方面合乎儒家的礼仪规范。

从诚和敬的角度出发解读《汉书》，菊坡形成了自己原创性的观点。比如《汉书·周亚夫传》曰：

> 文帝后六年，匈奴大入边。以宗正刘礼为将军军霸上，祝兹侯徐厉为将军军棘门，以河内守亚夫为将军军细柳，以备胡。上自劳军，至霸上及棘门军，直驰入，将以下骑出入送迎。已而之细柳军，军士吏被

---

① 游似：《跋公斋房大书》，《宋丞相崔清献公全录》，第117页。

甲，锐兵刃，彀弓弩，持满。天子先驱至，不得入。先驱曰："天子且至！"军门都尉曰："军中闻将军之令，不闻天子之诏。"有顷，上至，又不得入。于是上使使持节诏将军曰："吾欲劳军。"亚夫乃传言开壁门。壁门士请车骑曰："将军约，军中不得驱驰。"于是天子乃按辔徐行。至中营，将军亚夫揖，曰："介胄之士不拜，请以军礼见。"天子为动，改容式车。使人称谢："皇帝敬劳将军。"成礼而去。既出军门，群臣皆惊。文帝曰："嗟乎，此真将军矣！向者霸上、棘门如儿戏耳，其将固可袭而虏也。至于亚夫，可得而犯邪！"称善者久之。月余，三军皆罢。乃拜亚夫为中尉。[1]

汉文帝后元六年（前158），匈奴大规模入侵汉朝边境。于是文帝就任命掌管王室亲族事务的刘礼为将军，屯驻霸上（今陕西西安市东郊）；祝兹侯徐厉为将军，驻守棘门（今陕西咸阳市东北）；河内郡（治所在今河南武陟县西南）郡守周亚夫为将军，驻扎细柳（今陕西咸阳市西南渭河北岸），共同防备匈奴入侵。文帝亲自去慰劳军队，到达霸上和棘门军营时，全是直接策马奔驰而入，营垒内的将军都带领部下骑着马恭敬地迎送皇帝出入。随后到达

---

[1] 班固、颜师古：《汉书》，第2057—2058页。

细柳军营,只见将士们都身穿坚硬的盔甲,手执锋利的兵器,张开弓弩,拉满弓弦,严守军营。文帝先驱导驾的队伍抵达,却不准进入军营。先驱的队伍说:"皇帝马上就要到了!"负责营门守卫的都尉说:"军中只听将军的军令,不听天子的诏令。"过了一会儿,文帝的车驾到了,还是不准进入。于是文帝便派遣使者手持符节向将军下诏令:"我想要进军营慰劳部队。"周亚夫这才传令说:"打开军营大门。"守卫大门的军官对文帝的随从车骑说:"将军有规定,军营里不准纵马奔跑。"于是文帝一行人只好按着缰绳,缓慢前进。来到周亚夫所在的将军大营,周亚夫手执兵器向文帝拱手作揖道:"穿着盔甲的武士不能跪拜,请允许我用军礼参见皇上。"文帝被打动了,他神情变得庄严肃穆,俯身以手抚车前横木,向军营将士致敬。文帝派人向周亚夫宣告:"皇帝诚敬地向将军问好!"文帝完成慰劳军队的仪式之后才离去。走出细柳营大门,众多大臣仍然很惊惧。文帝赞叹道:"唉呀,这才是真正的将军啊!像刚才去过的霸上和棘门的军队,简直就像儿童嬉戏一样,那些将军实在是很容易受到袭击而成为俘虏。至于周亚夫,谁能够侵犯他吗!"文帝对周亚夫称赞了很长时间。一个多月以后,三支军队都撤了回来。文帝提拔周亚夫为掌管京师治安的中尉。

对于"亚夫军细柳"的故事,前人多是赞扬周亚夫忠于职守,治军有方,细柳营军容严整,军纪严明;汉文帝深明大义，心胸宽广，知人善任。菊坡则主张忠于职守固然可贵，但是不能因此而疏忽对皇帝的礼敬，否则很容易招来杀身之祸。他在给太子讲《汉书》时指出，细柳营就在西汉首都长安附近，没有亚夫的军令，不准皇帝进入军营，可以称之为防备意外发生的举措，但是尊敬皇帝的礼仪却没有做到位。汉文帝去世后，景帝即位。景帝为人忌妒刻薄，当然容不下周亚夫。孔子论为臣之道时说"其行己也恭，其事上也敬"，即待人处世要谦恭，侍奉国君要恭敬。周亚夫秉性刚直，有不肯低头屈服的气质，可惜他缺少儒家知识，不懂得"其行己也恭，其事上也敬"的道理，难怪没有听说过关于他的恭敬的事迹。①

诚和敬也随处体现在菊坡的言行当中。嘉定十一年（1218），时任江淮制置使的李珏巡视边境，他在大队人马的护卫下进入扬州，入住维扬（扬州的别名）馆。菊坡时年六十一岁，任直宝谟阁、扬州知州、兼淮南东路制置使，已经是封疆大吏了。可是菊坡去迎接李珏时，只带了几十人随行，其后每次去禀告公务，都一定会减少前驱和随从，去掉呼喝开道的仪仗队，先到幕府见刘克庄等幕僚，再去拜见李珏。有人问，菊坡公是国家倚重的、有崇高声望的大臣，为什么对待李珏时，礼节如此谦恭，居然像个小官呢？菊坡说："我以前任金部员外郎时，李公曾

---

① 李肖龙：《言行录》，《宋丞相崔清献公全录》，第14页。

荐举我接替他的职务,按照现在的规矩,本该如此,更何况李公对我有恩情呢?"多年以后,刘克庄在《跋崔菊坡与刘制置书》中回忆起这段往事,同时指出菊坡在嘉定七年(1214)写给时任江淮制置使的刘榘(谥号是"文肃")的书信,能够让我们看到当时路帅侍奉阃帅的礼节。刘克庄感叹道:"前辈于知己礼敬,终身不衰,今人不复能然矣。"①

二、齐家:无以货财杀子孙

"无以货财杀子孙",即不因贪恋财物而伤害子孙后代,主要讲的是如何治理家族。

菊坡为官清廉。在任广南西路提点刑狱的时候,他巡视了辖下的所有地区。巡视过程中,他"秋毫无扰州县"②,拒绝接受有关部门提供的宴会等招待活动,用到兵吏时,也不使用随着增发,正在不断贬值的口券("计口发放,领取钱粮之类补助的凭证")作为报酬,而是用随身携带的缗钱,按天结算工资。③

将要从四川离任时,他将赋税盈余(羡余)三十万

---

① 参刘克庄:《菊城与刘制置书》,《刘克庄集笺校》,第4475—4476页。
② 脱脱等:《宋史》,第12258页。
③ 李昴英:《崔清献公行状》,《文溪存稿》,第114页;王曾瑜:《宋朝军制初探(增订本)》,第306页。

缗，"归之有司，以佐边用，一无私焉"。此前他刚到四川任职时，很多人争着拿"奇玉美锦"来馈送，都被他拒绝了。离开四川那天，走到蜀口时，四川各路的将佐，带着曾经被拒收的奇玉美锦，又添加一些礼物，按照当地的风俗"大送"，被菊坡更加坚决地拒绝了。①

辞官回广州以后，连宋代士大夫几乎无人不领的"祠禄"，他也"悉辞不受"。有宾客问他，为什么不接受朝廷的祠禄？他回答说："仕而食禄，犹惧素餐。今既佚我以老，而贪君之赐，可乎？"听闻此事的人都赞叹他的操守，佩服他的清廉。②

宋代士大夫喜欢奢华生活，"宗戚贵臣之家，第宅园囿，服食器用，往往穷天下之珍怪，极一时之鲜明，惟意所欲，无复分限。以豪华相尚，以俭陋相訾，厌常而好新，月异而岁殊"③。菊坡却天性"恬淡无欲"，生活简朴。他虽然出于居住需要买了一所宅院，但是既没有增补修饰带池塘的园林和亭台楼榭，也没有增添田地、房屋等私人财产。厢房内只有书籍，没有供赏玩的奇珍异宝。书房里仅仅豢养了一双白鹇鸡而已。④也许是考虑到在丧葬中做佛事，虽然很流行，但是既不符合儒家的礼仪规范，也浪

---

① ② ④ 李肖龙：《言行录》，《宋丞相崔清献公全录》，第17—20页。

③ 司马光：《论财利疏》"笺注"，《司马温公集编年笺注》，第186页。

费钱财，在临终前，他还特地叮嘱子孙"不得作佛事"。[①]

宋代士大夫喜欢流连于歌姬酒宴，"蓄姬纳妾，在宋代士大夫那里属于寻常小事，与道德大节无干"[②]。可是菊坡虽然官至高位，显扬于世，却不蓄养歌姬舞女。他自中年丧偶之后，也不再娶妻，只娶了妾，后来妾生了女儿，嫁给了李昴英的儿子李守道。

菊坡处处教育子孙不要贪财。宋朝流行"厚嫁"，娶妻的人，常常"不顾门户，直求资财"[③]；嫁女的人，往往"务厚资装，以悦其舅姑"[④]。菊坡的儿子崔叔似娶妻时，亲家也以"苗田六百石"作为嫁妆，菊坡却命令儿子归还。

菊坡治家的礼法以清白无私、正直严肃著称，"亲故倚势妄作，必见斥绝，终身不齿，乡间德之"[⑤]。在秘书监任职期间，他曾经写信告诫弟弟："须是闭门守常，不得干预外事。"[⑥]理宗赐予菊坡"宰相恩例"[⑦]，本可享

[①] 脱脱等：《宋史》，第12264页；关于宋人在丧葬中做佛事的风俗的论述，参徐吉军：《南宋全史》第八册，第409—420页。

[②] 王瑞来：《立心立命——宋代士大夫政治文化随笔》，中华书局2019年版，第283页。

[③] 吕祖谦：《福州五戒》，氏著《宋文鉴》，中华书局1992年版，第1503页。

[④] 参孟元老、邓之诚：《东京梦华录注》，"娶妇·下彩礼"，中华书局1982年版，第149页。

[⑤][⑥] 李肖龙：《言行录》，《宋丞相崔清献公全录》，第21页。

[⑦] 参汪圣铎：《宋史全文》，第2736页。

受荫补自己的子弟、亲属及门客为官的特权,但菊坡对于使用此项权利却采取非常慎重的态度。菊坡的姐姐曾经为自己的儿子求荫补为官,菊坡说:"官员的贤能与否,与百姓的喜乐和忧虑息息相关,官位作为公器,不能私下赐予。"[①]最终不肯给予。

三、治国:无以政事杀民

"无以政事杀民",即不用政治事务去侵害百姓的权益,主要讲的是如何治理国家。

菊坡主张:"立国之道,在谨边备,以为藩篱,安人心,以为根本,根本固,则藩篱壮。"[②]为了安定人心,菊坡特别关注"狱刑钱谷"等方面的政治事务。

从"狱刑钱谷"的角度出发解读《史记》,菊坡形成了自己原创性的观点。比如《史记·陈丞相世家》记载了一段汉文帝和右丞相周勃、左丞相陈平在朝堂上讨论狱刑钱谷的对话:

> (文帝)朝而问右丞相勃曰:"天下一岁决狱几何?"勃谢曰:"不知。"问:"天下一岁钱谷出入几何?"勃又谢不知,汗出沾背,愧不能对。于是

---

①② 李肖龙:《言行录》,《宋丞相崔清献公全录》,第21、13页。

上亦问左丞相平。平曰："有主者。"上曰："主者谓谁？"平曰："陛下即问决狱，责廷尉；问钱谷，责治粟内史。"上曰："苟各有主者，而君所主者何事也？"平谢曰："……宰相者，上佐天子理阴阳，顺四时，下育万物之宜，外镇抚四夷诸侯，内亲附百姓，使卿大夫各得任其职焉。"……文帝乃称善。右丞相大惭……自知其能不如平远矣。居顷之，绛侯谢病请免相，陈平专为一丞相。①

这段史料表面上是讲汉文帝即位之初，向周勃和陈平询问关于"狱刑钱谷"的问题。周勃表示不知道；陈平也不熟悉，但是凭借口才蒙混过关。陈平得到了汉文帝的赏识，在周勃辞免丞相后，陈平成为独相。但是菊坡却依据周朝的典章制度指出，"汉文帝君臣不学……惜乎文帝不学，不能举周事以诘平。周以冢宰通三年而制国用，以八法而平邦国，非留意狱刑钱谷乎？"②

"周以冢宰通三（按：疑"三"应当为"三十"）年而制国用"，语出《礼记·王制》："冢宰制国用，必于岁之杪。五谷皆入，然后制国用。用地小大，视年之丰耗，以三十年之通制国用，量入以为出。"大意是，冢宰

---

① 司马迁、裴骃、司马贞、张守节：《史记》，第2061—2062页。
② 李肖龙：《言行录》，《宋丞相崔清献公全录》，第14页。

要根据近三十年粮食作物收入的平均数来制定国家的开支费用。①

"以八法而平邦国",语出《周礼》:"(大宰)以八则治都鄙。一曰祭祀,以驭其神。二曰法则,以驭其官。三曰废置,以驭其吏。四曰禄位,以驭其士。五曰赋贡,以驭其用。六曰礼俗,以驭其民。七曰刑赏,以驭其威。八曰田役,以驭其众。"大意是,大宰善于使用能够调节财用的赋贡制度;能够约束民众的礼仪风俗;能够树立威信的刑赏制度等八种制度治理国家。②

冢宰和大宰,都相当于后世的丞相。菊坡认为汉文帝不知道《周礼》和《礼记》中记载的典章制度,所以不能进一步反问陈平,为什么周朝的丞相"留意狱刑钱谷",而你作为汉朝的丞相却不留意狱刑钱谷呢?这样就会让陈平找不到借口来掩饰自己的不学无术。菊坡实际上是想通过"汉文帝君臣不学"来告诫太子,一定要留意狱刑钱谷,将来任命的丞相也要留意狱刑钱谷,如此才能增进民生福祉。

菊坡处理政务一向特别关注民生,他在临终前几个月更是写下绝笔:"东南民力竭矣,诸贤宽得一分,民受一

---

① 参王文锦:《礼记译解》,第181页。
② 参杨天宇:《周礼译注》,上海古籍出版社2016年版,第28—29页。

分之赐。"①

"东南民力竭矣"。语出王旦（957—1017）。《宋史·王旦传》曰：

> 薛奎为江、淮发运使，辞旦，旦无他语，但云："东南民力竭矣。"奎退而曰："真宰相之言也。"②

薛奎（967—1034）任江、淮发运使，主管江淮六路（江南东路、江南西路、淮南路、两浙路、荆湖南路、荆湖北路）七十二州上供物资的督征，其职能包括向首都运输每年进献的粮食，以议价交易为名向民间强制征购粮食，同时监管盐茶、财货等方面的业务，以及监察官吏的活动等。③当他去和时任宰相的王旦告别时，王旦只是告诫他一句话："东南的民力已经用尽了。"薛奎离开时，赞叹道："这真是心怀天下的宰相才能说出的话。"

"诸贤宽得一分，民受一分之赐。"语出邵雍（1011—1077）。《邵氏闻见录》曰：

> 熙宁三年四月，朝廷初行新法，所遣使者皆新进

---

① 游似：《跋公斋房大书》，《宋丞相崔清献公全录》，第117页。
② 脱脱等：《宋史》，第9550页。
③ 参龚延明：《宋代官制辞典（增补本）》，第528页。

少年，遇事风生，天下骚然，州县始不可为矣。康节先公闲居林下，门生故旧仕宦四方者皆欲投劾而归，以书问康节先公。康节先公答曰："正贤者所当尽力之时，新法固严，能宽一分则民受一分之赐矣。投劾而去何益？"①

宋神宗熙宁三年（1070）四月，王安石在神宗皇帝支持下开始实行变法，派遣使用的人都是"不顾后果的投机分子"②。这些投机分子借机兴风作浪，举国动荡，州县的官吏开始发现新法推动的变革过于急躁冒进，难以实行。当时邵雍正在洛阳闲居，全国各地做官的学生和旧友都打算呈递弹劾自己的状文，辞官而去，写信向邵雍询问建议。邵雍回复道："现在正是德行完备的人应当竭尽全力的时候，新法原本严苛，施行时如果能宽大一分，那么百姓就能获得一分的好处。呈递弹劾自己的状文，离开现在的岗位，又能对国家和百姓有什么好处呢？"

据李心传在《建炎以来朝野杂记》记载，宋朝的赋税

---

① 邵伯温：《邵氏闻见录》，中华书局1983年版，第220页。
② "新进少年"本来是一个中性词，但是在熙宁年间则变成了"一个贬义的标签，几乎完全被用来指代王安石的追随者"，邵伯温多次批评这些追随者是"不顾后果的投机分子"。参杨晓山、文韬：《私人领域的变形：唐宋诗歌中的园林与玩好》，江苏人民出版社2009年版，第175—176页。

收入，在北宋初年，是每年一千六百多万缗，在宋真宗天禧（1017—1021）末年，达到每年两千六百五十多万缗；在宋神宗熙宁（1068—1077）、元丰（1078—1085）年间，增加到每年六千多万缗；在南宋初年，"东南岁入不满千万，逮淳熙末，遂增六千五百三十余万焉……宜民力之困矣"[①]。南宋的国土面积还不足北宋全盛时期的一半，提取的赋税总量却达到甚至超过了北宋的水平。民众的负担可想而知。菊坡去世时是宋理宗嘉熙三年（1239），据宋孝宗淳熙（1174—1189）末年，大约又过去了五十年。此时民众的生活水平不但比不上宋真宗天禧年间，而且连王安石变法的熙丰年间也比不上。菊坡在临终前，仍对民生福祉念念不忘，将王文正和邵康节的名言合写在一起作为绝笔，不只寄托着他对士大夫群体的期待，也可视作他的"无以政事杀民"的治国思想的集中体现。

四、平天下：无以学术杀天下后世

"无以学术杀天下后世"，即不因自己的学术主张而做伤害当代人和后世子孙的事情，主要讲的是如何平定天下。

对于"无以学术杀天下后世"的理解，历史上至少有三种观点。

---

① 李心传：《建炎以来朝野杂记》，第289页。

第一种观点主张，崔菊坡生于绍兴二十八年（1158），距离王安石领导的熙丰变法（1069—1085）时期不远，因此他透彻地了解以王安石（1021—1086）为代表的王学"坏人心术，流为靖康之祸，痛惩切戒惟恐不及，故著铭示志如此"①。

第二种观点主张，在南宋中期，尤其是在宋理宗继承皇位以后，理学已经完全排斥宋学中的其他学术流派，"取得了独尊的地位，被奉为官方哲学"。因此当时能够"杀天下后世"的学术，"实指理学无疑"。菊坡这句座右铭，"充分反映出他对理学垄断学术，摧残人才，祸害后世的愤愤不平的心情"。②

第三种观点主张，周敦颐（1017—1073）、程颢（1032—1085）、程颐（1033—1107）、朱熹（1130—1200）、张载（1133—1180）等理学家已经将儒家经典中记载的"圣人之道"诠释得非常完美，不需要后人再乱做解释、发挥，所以"无以学术杀天下后世"的用意是，提醒菊坡自己"不佻语精微，不虚谈高远"。③

进一步分析，我们会发现，第一种观点把"王学"视

---

① 李肖龙：《言行录》，《宋丞相崔清献公全录》，第21页。
② 何忠礼：《南宋名臣崔与之述论》，《广东社会科学》1994年第6期，第76页。
③ 崔棪：《崔清献从祀·庙庭议》，《宋丞相崔清献公全录》，第200页。

作北宋靖康之耻的原因，明显有失公允，而且也很难解释贬斥王学的菊坡为什么会主张在海外四州实行免役法（王安石创造的新法之一）。第二种观点因为菊坡的一句座右铭，推论出他"对理学垄断学术、摧残人才、祸害后世"有愤愤不平的心情，也和菊坡的人生经历相矛盾。从菊坡的人生经历来看，他至少是不排斥理学，甚至是尊重理学的。菊坡在绍熙四年（1193）考中进士乙科，当年知贡举的是赵汝愚，赵汝愚本人非常推崇理学，理学家朱熹和张栻都是其欣赏的老师和朋友。[1]高中进士乙科后，菊坡被派往浔州（辖境相当今广西桂平市北部地）任司法参军，他在那里得到了知州张勋的赏识，而张勋的叔叔正是南宋著名理学家张栻。[2]张栻有一位弟子叫简克己，在1207年到1213年，菊坡"往来谒见"简克己的时候，"皆执弟子礼"。[3]至于"不佻语精微，不虚谈高远"，那是菊坡思想的特点，却很难说是因为他主张"圣人之道，得周程朱张而大明，无庸后人妄作"[4]的结果。因为如果菊坡真的如此推崇周程朱张等理学家，为什么在他的斋房里有司马光和

---

[1] 脱脱等：《宋史》，第11983、11989页。
[2] 崔与之：《重建东岳行宫记》，《宋丞相崔清献公全录》，第90页。
[3] 黄佐：《广州人物传》，第133页。
[4] 崔棪：《崔清献从祀·庙庭议》，《宋丞相崔清献公全录》，第200页。

赵抃等人的语录，却没有周敦颐、程颢、程颐、朱熹、张载等理学家的语录呢？①

在菊坡看来，"杀天下后世"的学术，既不是王学，也不是理学，而是独尊"某一种学术"。他主张兼容并包，既吸收王安石学派和浙东事功学派重视"外王"的特点，"留意狱刑钱谷"②等方面的制度；也吸收理学派重视"内圣"的特点，强调诚和敬在修身中的作用③。因此他的一生既有镇守淮东、守卫四川、平定摧锋军叛乱等方面的功勋，也留下了"始终无玷缺，出处最光明"④的名节，更开创了岭南历史上第一个学术流派——菊坡学派。

---

① 参游似：《跋公斋房大书》，《宋丞相崔清献公全录》，第117—118页。

②③④ 李肖龙：《言行录》，《宋丞相崔清献公全录》，第14、25、26页。

第四章
发展学派：全节高风洪咨夔

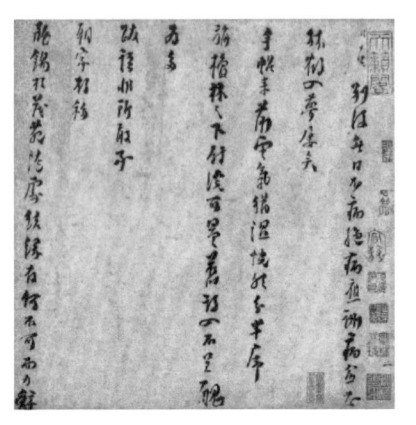

洪咨夔《抱病帖》（选）

洪咨夔（1176—1236），字舜俞，号平斋，谥忠文，南宋临安府于潜（今浙江临安区）人。宋宁宗嘉泰二年（1202）进士，早年做过如皋（治所在今江苏如皋市）主簿，饶州教授，南外宗学教授。嘉定七年（1214）冬天[①]，入淮南东路制置使幕府，从此拜入崔菊坡门下，追随菊坡守卫淮东和四川。嘉定十三年（1220），在崔菊坡的荐举下，出任成都府通判，其后历任龙州（辖境相当于今四川平武县、青川县和江油市部分地）知州，秘书郎，金部员外郎，考功员外郎，礼部郎官，监察御史，殿中侍御史，中书舍人，吏部侍郎，给事中，刑部尚书，翰林学士、知

[①] 洪咨夔曰："嘉定甲戌冬，扫门古扬州。一见握手叹……"由此可以推知，他是在嘉定甲戌（1214）冬天，进入崔菊坡幕府。洪咨夔：《送崔先生东归》，《洪咨夔集》，第92页。

制诰，兼侍读兼修国史等官职。①

在为官方面，洪咨夔以"直谅风议"②闻名于世。直谅风议是指，遵循正直诚信的内心，自由广泛地发表议论。洪咨夔议论事情时，不只能够切中事理，而且敢于直言进谏，真德秀在读过他上奏给皇帝的密封的奏章后表示，"殊有愧色"③。宋理宗认为他正直、忠诚，对推行新的政治纲领很有帮助，因此称赞他"鲠亮忠愨（què），有助新政"④。

在为学方面，洪咨夔"研穷经史，驰骛艺文，蔚为近世词宗"⑤。他的经学和史学著作主要有《春秋说》三十卷，《两汉诏令》三十卷，《两汉诏令揽（按：同"揽"）抄》一百卷；文学著作主要有《平斋文集》三十二卷、《平斋词》一卷等。⑥

《两汉诏令》《两汉诏令揽抄》已经失传。《春秋说》原本散见于《永乐大典》中，后来由四库馆臣重新整理，"以还旧观"。四库馆臣对《春秋说》的评价是：

---

① 脱脱等：《宋史》，第12264—12267页；傅璇琮、程章灿：《新编宋才子传笺证》第四册，第2319—2335页。

②⑤ 侯体健：《附录二：洪咨夔资料辑录》，《洪咨夔集》，第1073、1075页。

③ 毕沅：《续资治通鉴》，第4442页。

④ 脱脱等：《宋史》，第12267页。

⑥ 傅璇琮、程章灿：《新编宋才子传笺证》第四册，第2333—2334页。

"其书议论明鬯（按：同畅），而考据事势、推勘情伪，尤多前人所未发……弃短取长，其卓然可传者，不能没也。"①

洪咨夔认为《周易》的地位极其重要，"《易》者，文之太极也。《诗》《书》《礼》《乐》《春秋》《论语》，文之两仪也。诸子之有见于道，有补于世教者，文之四时、五行、三辰也。"②他非常喜欢研读《周易》，曾在宋理宗绍定五年（1232）写给友人的信中说："某一斥七年，床头惟有《易》在。"③虽然没有留下关于《周易》的专著，但是有《讲义》，收录在《平斋文集》里。④

《平斋文集》以"经筵进讲及制诰之文居多、诗歌杂著仅十之三"⑤。其传世版本主要有两个系统：一个系统是宋刻本、清影宋钞本和四部丛刊续编本；另一个系统是文渊阁四库全书本（简称"四库本"）和清洪汝奎晦木斋丛书本（简称"清刻本"）。其中现存于世的唯一一部完整的宋刻本藏于日本内阁文库，清影宋钞本现藏于中国国家图书馆，四部丛刊续编本由张元济先生根据清影宋钞本配此宋刻本整理而成，现收录于《四部丛刊续编》。四库本和清刻本都是残本，因为洪汝奎在编辑清刻本时，做了

---

①⑤ 永瑢等：《四库全书总目》，第224、1393页。
② 洪咨夔：《著图书所记》，《洪咨夔集》，第236页。
③ 洪咨夔：《答吴叔永寺丞书》，《洪咨夔集》，第319页。
④ 洪咨夔：《讲义》，《洪咨夔集》，第646—687页。

大量补遗、校勘的工作，所以清刻本的价值远在四库本之上。今人侯体健先生以日本内阁文库所藏宋刻本为底本，核对四部丛刊续编本、四库本和清刻本，整理出了《平斋文集》点校本。①

关于《平斋词》，四库馆臣的观点是："咨夔以才艺自负，新第后上书卫王，自宰相至州县，无不捃摭（按：zhí，意思是拾取、摘取）其短。遂为时相所忌，十年不调。故其词淋漓激壮，多抑塞磊落之感，颇有似稼轩（按：辛弃疾，号稼轩）、龙洲（按：刘过，号龙洲道人）者。"②其传世版本有明毛晋汲古阁《宋六十家词》本、明紫芝漫抄《宋元名家词》本、毛晋之子毛斧季校本、《四库全书》本等多种。"《全宋词》用校汲古阁本增补，录其词四十四首。"③侯体健先生以汲古阁《宋六十名家词》本为底本，吸收毛斧季等人的校勘成果，对《平斋词》进行了整理，并将整理后的《平斋词》与《平斋文集》《洪咨夔诗文辑佚》《洪平斋四六笺注》《洪咨夔资料辑录》《洪咨夔文集序跋辑录》等文献合并在一起，收入《洪咨夔集》中。

---

① 侯体健：《前言》，《洪咨夔集》，第7—8页。
② 永瑢等：《四库全书总目》，第1818页。
③ 傅璇琮、程章灿：《新编宋才子传笺证》第四册，第2335页。

第一节　振翼长追随

洪咨夔在《于潜洪氏谱系图序》中，自述其宗族是共工的后代，唐代中叶由四明（治所在今浙江宁波市）迁徙到于潜天目山（一名浮玉山，即今浙江西北部天目山）下的东洪村。到洪咨夔这一代，于潜洪氏已经传承了四五百年，虽然没有出过声名显贵的人物，但也是耕读传家，传承着重视培养美德和善行的良好家风。[1]

洪咨夔的祖父是洪载，字彦积，自号耐翁，隐居在天目山脚下，以务农为生，收入仅够维持基本生活。[2]他的父亲洪钺，号谷隐，因善于诗歌创作而小有名气。[3]洪咨夔

---

[1] 洪咨夔：《于潜洪氏谱系图序》，《洪咨夔集》，第255—256页。

[2] 俞烈：《洪氏可庵记》，《全宋文》第二百八十三册，第5页。

[3] 侯体健：《附录二：洪咨夔资料辑录》，《洪咨夔集》，第1073页。

在嘉泰二年（1202）考中进士，初授官是如皋主簿。[1]他在入仕之初，曾上书史弥远抨击时弊，对上自宰相，下至州县官的天下官员都进行了批评，大略曰："昔之宰相端委庙堂，进退百官；今之宰相招权纳贿，倚势作威而已。"[2]每谈到一个官职，都用古今对比的方式批评南宋官场的污浊，同时结尾都用"而已"二字。当朝宰相大怒，洪咨夔因此十年没有获得升迁。他自己对此事的评价是："未得之乎一字力，只因而已十年闲。"[3]

嘉定七年（1214）冬，洪咨夔进入崔菊坡的淮南东路制置使幕府，从此拜入菊坡门下，追随菊坡镇守淮东和四川。洪咨夔非常感激崔菊坡的赏识，专门创作七首《古意谢崔扬州辟》表达感恩之心。其中有一首诗是这样写的：

> 山深阒无人，夜半迷黑月。
> 魑魅乘其昏，光怪互出没。
> 独行欲何之，十步八九兀。
> 隔林炬火明，命向虎口脱。[4]

回顾"十年不调"的经历，洪咨夔在诗中将自己比作一个在黑夜中迷路的旅人，独自行走在寂静无人的深山中。害

---

[1] 脱脱等：《宋史》，第12264页。
[2][3] 仇远、金少华：《山村遗集·稗史》，浙江古籍出版社2019年版，第81页。
[4] 洪咨夔：《古意谢崔扬州辟》，《洪咨夔集》，第25页。

人的鬼怪想要借着昏黑伤害他，许多神奇怪异的现象交替出现、隐没。正当他对于向哪里走感到茫然无知的时候，恰巧看到树林外，有点燃的火把，发出明亮的光芒。正是在火把光芒的指引下，他才有幸虎口脱险。

在另一首诗中，他将崔菊坡比作传说中的百鸟之王——"凤"，并表示自己一定会珍惜机会，"振翼长追随"[1]。为了报答知遇之恩，他竭尽全力协助崔菊坡处理边防事务。《宋史》称他"边事纤悉为尽力"[2]。

洪咨夔非常敬佩崔菊坡在学问和事功等方面所取得的成就。他认为崔菊坡既是礼乐教化和典章制度方面的宗师，"天为斯文开瑞应，海南海北一宗工"[3]；也是能够把雅正宏大的、关于礼乐教化和典章制度的系统知识表现在政治事务上的贤臣，"公以正大学问，发为政事"[4]。孟子说："五百年必有王者兴，其间必有名世者。"大意是，每隔五百年，一定会有一位圣明的君王兴起，同时还会有著名于当世的贤臣随之出现。[5]在洪咨夔眼中，崔菊坡就是五百年才出现一次的、著名于当世的贤臣。他在《寿崔帅

---

[1] 洪咨夔：《古意谢崔扬州辟》，《洪咨夔集》，第25页。
[2] 脱脱等：《宋史》，第12264页。
[3] 洪咨夔：《寿崔帅卿》，《洪咨夔集》，第29页。
[4] 洪咨夔：《扬州重修城壕记》，《洪咨夔集》，第230页。
[5] 杨逢彬：《孟子新注新译》，北京大学出版社2017年版，第138—139页。

卿》曰："岭右山川间出贤，开元宰相最居先。中间不数余安道，恰到于今五百年。"[1]在这首诗中，他还从施行仁政、平定叛乱、镇守淮东等三个方面归纳总结了崔菊坡守卫淮东期间，在事功方面的成就，这说明他对崔菊坡的评价，不是恭维，而是实事求是的。

嘉定十二年（1219）初，崔菊坡去临安赴任秘书少监，兼国史院编修官，兼实录院检讨官。[2]送走崔菊坡以后，洪咨夔就开始给新上任的淮南东路制置使丘寿隽（字真长，是丘崈的儿子）做幕僚，其间帮助丘寿隽"智退金军"。"智退金军"的事情发生在嘉定十二年春天，崔菊坡刚离开扬州不久，当时仆散安贞（本名阿海，是仆散揆的儿子）统帅的金军侵犯六合县（治所即今江苏南京市六合区雄州镇），丘寿隽正在采取坚壁不出、严加防守的策略守卫扬州城。洪咨夔认为，金军本来对攻打扬州城心存忌惮，实行闭门防守策略是向敌人示弱，不只会令人心浮动，而且会让金军变得高傲自满，下定决心来攻打扬州城。于是他紧急求见丘寿隽，对寿隽说，更好的守城策略应当是，向远方派出斥候，精选密探，清点兵马，增强遥作支援外郡的声势，并且大开城门，像平时一样平静、安定。如果金军敢来进犯扬州城，那么由他承担责任。听了

---

[1] 洪咨夔：《寿崔帅卿》，《洪咨夔集》，第29页。
[2] 何忠礼：《崔与之事迹系年》，《文史（第四十一辑）》，第132—133页。

他的分析后，寿隽感到惭愧，并向他表示感谢。不久以后，金军果然退走了。①

嘉定十三年（1220），在崔菊坡和丘寿隽的荐举下，洪咨夔改官成功，成为京朝官。②也是在这一年，崔菊坡被任命为焕章阁待制、知成都府、本路安抚使。菊坡就向皇帝荐举洪咨夔任籍田令、成都府通判，洪咨夔先是向菊坡表达了感激之情，然后对菊坡说："现在正是应当推诚相待，坦白无私，联合蜀地的人才共同开创一番事业的时候，可是还没有做出成绩就先提拔自己的学生和旧日部属，会让人误认为您有私心。"最终他没有接受籍田令的职务，只是"以通判职事往来效忠"，蜀人因此非常敬重他。③

嘉定十七年（1224），崔菊坡辞官回广州养病，从此洪咨夔和他的老师崔菊坡长期天各一方。于是洪咨夔便通过书信与菊坡联系。比如二人在利州路阆州（治所在今四川阆中市）城南分别十年以后，洪咨夔曾写信请菊坡为他的作品赐序。他在《通崔菊坡书》曰："某伏自阆州城

---

① 脱脱等：《宋史》，第12264页。
② 改官成功后，洪咨夔为了表达对崔菊坡和丘寿隽的感激，写了《谢崔安抚举改官启》和《谢丘安抚举改官启》。崔菊坡被任命为安抚使，最早是在嘉定十三年四月，因此洪咨夔改官成功的时间一定是在嘉定十三年四月以后。洪咨夔：《洪咨夔集》，第604—606页；何忠礼：《崔与之事迹系年》，《文史（第四十一辑）》，第133页。
③ 脱脱等：《宋史》，第12264页。

南，下违离之拜，整整十年……暇时更告赐一序引以黼黻之，使得托之不朽，死生荣幸。"①绍定六年（1233），史弥远去世，理宗开始亲政，洪咨夔被召为礼部员外郎。理宗问他应该起用哪些"在外人物"。洪咨夔认为，当时天下人所共尊的人才，正是自己的老师崔菊坡，便向理宗进言说：崔菊坡"护蜀而归，闲居十年，终始全德之老臣，若趣其来，可为朝廷重"②。

---

① 洪咨夔：《通崔菊坡书》，《洪咨夔集》，第321—322页。
② 脱脱等：《宋史》，第12265页。

第二节　气节凌霄汉

嘉定十七年，宋理宗即位，洪咨夔被召回朝廷，出任秘书郎。第二年，宝庆元年（1225）五月，洪咨夔升任金部郎中。①恰巧遇到理宗下诏征求正直的言论，他兴奋地说："我终于有机会可以痛痛快快地说出心里想说的话，让皇帝醒悟了。"父亲看到他写的奏疏谈及"济王之死"，就对他说："我能吃茄子饭，你不用为我担心。"②

济王是指赵竑（初名均，后改名为贵和）。宋宁宗自己晚年无子，有意让入嗣沂靖惠王的贵和继承皇位，于是便在嘉定十四年（1221）六月十三日下诏立贵和为皇子。诏书曰："国嗣未建，非所以严社稷、奉宗庙，朕深念焉！皇侄福州观察使贵和，沂靖惠王之子，犹朕之子

---

① 参陈骙等：《南宋馆阁录·续录》，中华书局1998年版，第299页。

② 参脱脱等：《宋史》，第12265页。

也……夫计安天下，强本为先，亲亲贤贤，厥有古始，非朕所得私也。其立以为皇子，改赐名竑。"①

赵竑喜欢弹琴，丞相史弥远便投其所好，在他身边安插了一位擅长琴艺的美人，窥视他的一举一动。美人既有文化，又机智灵巧，很快便得到了赵竑的宠幸。赵竑不懂得韬晦，有一次，他指着墙壁上的地图对这位美人说："等到我登基以后，就把史弥远流放到海南岛。"赵竑曾经还当着这位美人的面，称呼弥远为"新恩"，打算将来把弥远流放到新州（治所在今广东新兴县）或恩州（治所在今广东阳江市）。史弥远得到密报以后，为了确认赵竑对他的态度，就在农历七月七日给赵竑进献了一批供乞巧节玩赏的珍品。赵竑却趁着醉酒，将弥远送的奇玩全部摔在地上。弥远听说此事以后，感到非常恐惧，日夜思考对付赵竑的策略。赵竑对此却一无所知。②

最终经过多年筹划，史弥远在宁宗去世以后，联合杨皇后、夏震、郑清之等人一起发动政变，将赵昀（初名贵诚）扶上皇位，是为宋理宗。③

宋理宗即位以后，为了回报弥远的拥立之功，让他一

---

① 宋宁宗：《立贵和为皇子诏》，《全宋文》第三〇二册，第358—359页。
② 脱脱等：《宋史》，第8735页。
③ 虞云国：《南宋行暮：宋光宗宋宁宗时代》，第343—353页。

个人担任丞相，独揽大权，直到去世。①理宗改封赵竑为济王，赏赐的宅第位于湖州（治所在今浙江湖州市城区）。九月中旬，赵竑以醴泉观使的身份前往湖州，实际上是被监管了起来。第二年正月，史弥远派门客秦天锡逼死赵竑。不久之后，理宗下诏，贬赵竑为巴陵郡公。②

洪咨夔此次奏疏的全文虽然没有流传下来，但是我们可以根据"济王之死，非陛下本心"③这句话推测，他认为，史弥远应当为济王之死承担主要责任。

济王无疑是宋理宗和当朝丞相史弥远的逆鳞，而洪咨夔敢于上书为济王鸣冤，说明洪咨夔具有大无畏的气节。他的奏疏让史弥远极其愤怒，以至于无法控制情绪，直接将奏疏丢到地上。其后不久，洪咨夔又在轮对时，对理宗说："李全必为国患。"招抚李全的政策也是史弥远制定的，他因此再次触怒史弥远。最终史弥远手下的爪牙李知孝、梁成大同时弹劾他。④他被罢官后，回到于潜，在天目山下宝福僧寺读书。⑤

直到绍定六年（1233），理宗开始亲政，洪咨夔才被召回朝廷，担任礼部郎官。洪咨夔认为朝廷的当务之急是

---

①②③④ 脱脱等：《宋史》，第12418、785、12265页。

⑤ 魏了翁：《洪氏天目山房记》，氏著《渠阳集》，岳麓书社2012年版，第92页。

"进君子而退小人，开诚心而布公道"①。但是"进君子不勇，小人无自消之理"②。因此他一方面建议理宗重用崔与之、真德秀、魏了翁等君子；另一方面弹劾枢密使薛极、提举洞霄宫袁韶、赵善湘、郑损、陈晐等"得罪清议者"，使"朝纲大振"。③

端平元年（1234），南宋名将孟珙和蒙古将领倴盏率领军队攻破蔡州（治所在今河南汝南县）。金哀宗完颜守绪知道大势已去，便自缢殉国。当孟珙和倴盏赶到现场时，守绪的遗体还没有被彻底火化成灰烬，于是孟珙和倴盏各取了一部分守绪的遗骨，用于仪仗、祭祀的器物和金银印牌作为战利品。④后来，京湖制置使史嵩之派遣使者将完颜守绪的遗骨进献给朝廷，当朝宰相想要为此举行盛大的献俘礼。⑤

洪咨夔在《论完颜守绪骨函状》中，明确表达了反对意见。他的观点是，现在朝廷得到的遗骨，是完颜守绪火化数日之后才获得的，已经没有办法通过遗骨本身来辨认死者生前的本来面目，也没有任何确凿证据可以证明此遗骨就是完颜守绪的遗骨。即使此遗骨真的是完颜守绪的遗

---

①④ 脱脱等：《宋史》，第12265、12374页。
② 洪咨夔：《答真福帅书》，《洪咨夔集》，第329页。
③ 傅璇琮、程章灿：《新编宋才子传笺证》第四册，第2328—2329页。
⑤ 参毕沅：《续资治通鉴》，第4558页。

骨,那么金朝给宋朝带来的巨大伤害,也不是一份遗骨所能抵消的,为此举行盛大的献俘礼恰巧足以让后世嗤笑。他希望皇帝能够根据《春秋》"阙疑"(碰到疑问或不懂的,就暂时空缺在那里,不要不懂装懂)的原则,下诏将所谓的守绪骨用盒子装好,放在大理寺,以备将来检验。①

至于将金亡的消息报告给祖先的时候,皇帝也不能夸大自己的功劳,而是应当在祝辞中把功劳归于祖宗。正是祖宗深厚的恩德,才让皇室世系广远绵长。

洪咨夔特别告诫理宗,"不可以虚名博实祸",即不能因为爱慕虚名而为自己带来实际的祸害。随着金朝的灭亡,更加强大的蒙古成为南宋的邻国。南宋就像抱着老虎,枕着蛟龙一样,随时可能会遭遇不可预测的重大政治或军事灾难。如今朝廷因为随时有灭亡的危险而感到惊恐畏惧,严密防守,尚且害怕来不及。现在又怎么能因为在蒙古军队的帮助下才取得的战绩而自大,让驻守边疆的大臣评定功劳的大小,让朝廷的大臣歌功颂德,以至于使斗志瓦解,人心离散,将来的祸患增大呢?陛下难道不打算以徽宗崇宁年间的历史为鉴戒了吗?

理宗对于他的观点,虽然点头称是,但是最终却没有完全采纳。②

大约在这一年的八月,一方面,因为"口疡"恶化;

---

① 洪咨夔:《论完颜守绪骨函狀》,《洪咨夔集》,第792—793页。

② 毕沅:《续资治通鉴》,第4559页。

另一方面，由于没能阻止端平入洛，致使南宋遭受重大损失而感到自责，洪咨夔决定引咎辞职。理宗认为有洪咨夔在朝廷担任官职，对国家很有益处，因此不想让他离开京城，便努力挽留他。最终，洪咨夔在端平三年（1236）六月十四日去世。理宗赐下圣旨曰"洪咨夔鲠亮忠愨，有助新政"[①]，即洪咨夔正直、忠诚，对推行新的政治纲领很有帮助。

回顾洪咨夔的一生，在入仕之初，他就已经表现出直言敢谏的特点，然而直言的后果却是让他品尝了十年没有获得升迁的苦果。不幸并没有让他丧失气节，宝庆元年（1225），他再次以无畏的气概，上书为济王鸣冤，结果又因此被罢官九年。九年以后，他再次回到京城任职，仍然勇于荐举君子，弹劾小人，使"朝纲大振"，并且不怕再次得罪当朝宰相，勇于就完颜守绪的遗骨发表公正的议论。理宗赞美他，"谔谔有遡凌霄汉之气节"[②]，即在直言劝谏方面，表现出直冲云天的气节，可以说是非常公允的评价。

---

① 脱脱等：《宋史》，第12267页。
② 吴泳：《赐洪咨夔以恙加乞予祠不允诏》，《全宋文》第三百一十六册，第39页。

第三节　补《续书》之亡

早年任饶州教授时，洪咨夔就已经开始关注汉代制度。他曾经在饶州堂试时出过这样一个题目："有哪些汉代的典章制度可以在今天实施？"①

嘉定十六年（1223）左右，洪咨夔任龙州知州，当地民风淳朴，政务相对清闲，因此他有机会纵览《史记》《汉书》《后汉书》，编辑其中成篇的诏、制、书、策、令、敕、谕、报、誓约等政府文书，简略撰写其中所涉及的若干交际往来的事件，并在每位皇帝下面都附上个人主观看法，分成若干卷，合在一起命名为《两汉诏令》（现在已经失传）。他明确指出，编撰《两汉诏令》的目的

---

① 洪咨夔在《饶州堂试》曰："不识汉制有可施于今日者乎？"氏著：《洪咨夔集》，第714页。

是："补《续书》之亡。欲观汉治者，当有考于斯文。"①即弥补《续书》的亡佚，同时为那些想要观察汉代治理的人提供参考。

《续书》的作者是隋代大儒王通。王通，字仲淹，生于隋开皇四年（584，一说生于北周大象二年，即580），卒于隋大业十三年（617），门人私谥曰"文中子"，隋河东龙门（今山西河津市西北万荣县通化镇）人。因为所献《太平策》（亦名《十二策》）不被隋文帝采纳，所以回到河汾居住，以著书讲学为业。在此期间，王通用九年时间作《赞易》《礼论》《乐论》《续诗》《续书》《元经》等六种著作，号称《王氏六经》。②此外，门人将其与弟子和时人的对话结集为《中说》。

北宋时期，包括《续书》在内的《王氏六经》已经全部失传，仅有《中说》存世。③因此洪咨夔对《续书》的认识，主要来源于《中说》。④《续书》之所以会出现，或者

---

① 参洪咨夔：《两汉诏令总论》，《洪咨夔集》，第284—285页。

② 关于《王氏六经》这一名称的记载，较早见于《王氏家书杂录》。张沛：《中说校注》，中华书局2013年版，第281页。

③ 司马光在《文中子补传》曰："今其六经皆亡，而《中说》犹存。"氏著：《文中子补传》，《全宋文》第五十六册，第257页。

④ 朱熹认为，《王氏六经》虽然已经全部亡佚，但是可以通过《中说》来了解王通的主要思想，"今其遗编虽不可见，然考之《中说》而得其规模之大略"。氏著：《王氏续经说》，《朱子全书（修订本）》第二十三册，第3282页。

说续写《尚书》这个行为之所以会发生，是因为王通主张"三经同出于史而不可杂也"。《中说·王道篇》记载：

> 昔圣人述史三焉：其述《书》也，帝王之制备矣，故索焉而皆获；其述《诗》也，兴衰之由显，故究焉而皆得；其述《春秋》也，邪正之迹明，故考焉而皆当。此三者，同出于史而不可杂也，故圣人分焉。①

王通认为，圣人记述历史，形成了《尚书》《诗经》《春秋》。《尚书》记载帝王的制度，《诗经》记载兴衰的原因，《春秋》记载对正邪的褒贬。《尚书》《诗经》《春秋》虽然都被尊称为"经"（被奉为典范的著作），但是它们实际上都产生于历史（过去的事实和对过去的事实的记载），而且内容各有侧重，不能混杂在一起。

王通认为，随着人类历史不断向前演进，有必要效法孔子，参考文集和史书等新生产出来的关于过去的事实的记载，把历史"点化"成经，或者说"续写"经，使之作为政府施政的根据。王通的具体构想是，"续《书》以存汉、晋之实，续《诗》以辩六代之俗，修《元经》以断南

---

① 张沛：《中说校注》，第8—9页。

北之疑"①。就是用《续书》保存汉晋之间的政府文书，用《续诗》来考察六代的风俗，用《元经》来裁断分裂时代的正统归属。

王通之所以"续经"，是因为他想要施行王道。关于王通的王道思想，他在《中说》里多有论述，兹举三例以概其余：

> 贾琼问："太平可致乎？"子曰："五常之典，三王之诰，两汉之制，粲然可见矣。"②（《问易篇》）

> 文中子曰："四民不分，五等不建，六官不职，九服不序，《皇坟》《帝典》不得而识矣。不以三代之法统天下，终危邦也。如不得已，其两汉之制乎？不以两汉之制辅天下者，诚乱也已。"③（《关朗篇》）

> 文中子曰："二帝、三王，吾不得而见也，舍两汉将安之乎？……终之以礼乐，则三王之举也。"④（《天地篇》）

王通的意思是《三坟》《五典》《六经》等古代典

---

①②③④ 张沛：《中说校注》，第165、146、255—256、56页。

籍已经向我们展示了把社会建设成为理想的太平盛世的途径，但是在不区分士、农、工、商等四民，不建立公、侯、伯、子、男等五种爵位，不设置天官、地官、春官、夏官、秋官、冬官等六类官职，不再划分京畿以外的九等地区，《三坟》《五典》已经失传的现实处境下，已不再具有直接按照经典中的规划实现王道的社会基础和制度基础。在新的历史形势下，若想实现王道理想必须分两步走：第一步，推行两汉之制以富民；第二步，"以三代之法统天下"，在社会上全面推广实施《六经》中所记载的礼乐政教。

文中子所谓的"两汉之制"，不只是历史上真实发生的两汉之制，而且还包含对汉晋之间历史的"点化"，其中寄托着他的创意和精妙构思。《王道篇》曰：

> 子谓董常曰："吾欲修《元经》，稽诸史论，不足征也，吾得《皇极谠义》焉。吾欲续《诗》，考诸集记，不足征也，吾得《时变论》焉。吾欲续《书》，按诸载录，不足征也，吾得《政大论》焉。"董常曰："夫子之得，盖其志焉？"子曰："然。"①

---

① 张沛：《中说校注》，第7页。

"史论""集记""载录",大致相当于文中子所面对的历史评论、文集和史书(史料),文中子得自先人的"志",则是创意和精妙构思。可以推知,王通认为自己续写《尚书》《诗经》和《春秋》就是效法孔子"点化"唐、虞、三代的历史来点化汉唐之间的历史。如果将《六经》中所载的道视为王道,那么《续书》《续诗》《元经》中所载的道就是霸道或权道,霸道是王道的先行阶段,它和王道之间是阶段性的渐进关系,而非对立关系。《续书》《续诗》《元经》并不是为了取代《六经》而作,而是为了接引《六经》中的王道规划而作。

洪咨夔多次提到王通的事迹、著作和思想。他在《楼昉赠直龙图阁制》里提到了王通及其"弟子"房玄龄和杜如晦的事迹,"王通氏抱太平之策以殁,房、杜诸贤卒用之,以昌贞观之治,道安有终屈而不伸耶"[1]。他在《谢黄留守科目启》中提及王通续写《春秋经》,"续《春秋经》,或讥失僭。要得宗工之印可,始成后进之声名"[2]。又在《辞免兼同修国史实录院同修撰奏》中提及:"六经不作,三史相承。"[3]可知他了解文中子王通的事迹,接受了王通的观点,也主张经可以续写;两汉的制度也有可取

---

[1] 洪咨夔:《楼昉赠直龙图阁制》,《洪咨夔集》,第513页。
[2] 洪咨夔:《谢黄留守科目启》,《洪咨夔集》,第599页。
[3] 洪咨夔:《辞免兼同修国史实录院同修撰奏》,《洪咨夔集》,第295页。

之处，是实现"三代之治"的重要参考。因此他才在《两汉诏令总论》中明确指出，编撰《两汉诏令》的目的是，弥补《续书》的亡佚，同时为那些想要观察汉代治理的人提供参考。

《平斋文集》三十二卷（选），洪咨夔撰，日本内阁文库藏南宋刻本

第四节 发展菊坡学

从身份认同来说,洪咨夔一直称呼崔菊坡为老师,说自己"捧研从游,久缀门人之列"[①]。他认为自己的思想主要来源于菊坡,所以当他听说菊坡近来头风没有发作,有时可以喝点儿酒,饭量每天都有增加的时候,就高兴地说"这是上天想让我们的学说长久传承"[②]。

从学术背景来说,洪咨夔深受理学影响,他基本接受了理学家的道统观,而且将理学中的一些概念和观点纳入菊坡学派,在工夫论和本体论两个方面发展了菊坡学派的思想。

据《韩非子·显学》篇记载,孔子去世以后,"儒分为八"。大家齐头并进,并没有确定哪一个道统(学术思

[①] 洪咨夔:《通崔安抚启》,《洪咨夔集》,第603页。
[②] 洪咨夔:《通崔菊坡书》,《洪咨夔集》,第321页。

想传授的系统）可以代表儒家思想的本质。①洪咨夔完全接受了朱熹在《中庸章句序》中确立的道统观，他主张儒家的道统是"夫子传之曾子，曾子传之子思，子思传之孟子"，孟子之后，"道学"失传，最终由程颢、程颐的理学（伊洛之学）继承。②同时，他也同意理学家将儒家思想称为"正心诚意之学"③或"义理之学"④。

洪咨夔也接受了理学家对"人心惟危，道心惟微，惟精惟一，允执厥中"⑤的解释，将道心和人心这对概念纳入菊坡学派。他说："同是心也，而有人心、道心之别。道心，性之存也；人心，情之动也。情动而百欲生，故危之，危而难安，未至于亡也"⑥。"尊莫尊于德性，微莫微于道心。"⑦他还指出，"择精而守一"⑧，明显是从《中庸章句序》中的"'择善固执'，则精一之谓也"⑨ "一则

---

① 牟宗三：《心体与性体》，上海古籍出版社1999年版，第10—12页。
② 洪咨夔：《饶州堂试》《故通直郎游九言特赠直龙图阁制》，《洪咨夔集》，第725、505页。
③ 洪咨夔：《饶州堂试》，《洪咨夔集》，第722页。
④ 洪咨夔：《临安诸友招讲东山》，《洪咨夔集》，第1009页。
⑤⑨ 朱熹：《四书章句集注》，中华书局1983年版，第14、15页。
⑥ 洪咨夔：《清约堂记》，《洪咨夔集》，第232页。
⑦ 洪咨夔：《缉熙箴》，《洪咨夔集》，第273页。
⑧ 洪咨夔：《奚疑堂记》，《洪咨夔集》，第235页。

守其本心之正而不离也"①化用而来。

洪咨夔认同理学家提出的"气禀之性"②，主张"人具阴阳刚柔之体，而性太极者也，气禀则有不齐。得阳刚之粹者，为正直，为平易，为静定，为勇决；得阴柔之偏者，为便曲，为险躁，为多爱，为不果"③。又，"人孰无灵明虚彻之性，有物蔽之则灵者冥"④。

洪咨夔认同理学家关于"人欲肆而天理灭"⑤的观点，接受了"存天理，灭人欲"⑥的修养方法。他指出，"人欲穷而天理灭"⑦，"天理人欲，彼进此退"⑧，"人欲为天理之间，人欲尽去，天理流行"⑨。

同时，洪咨夔受周敦颐影响，将"主静"的方法纳入菊坡学派的工夫论。他在《送何龚父序》曰："圣人定之以中正仁义而主静，学圣人者，必以静养。夫中正仁义之

---

① 朱熹：《四书章句集注》，第14页。
② 参张栻：《南轩先生孟子说》，中华书局2015年版，第539页；叶采：《近思录集解》，中华书局2017年版，第332—333页。
③ 洪咨夔：《奚疑堂记》，《洪咨夔集》，第235页。
④⑨ 洪咨夔：《讲义》，《洪咨夔集》，第650、679页。
⑤ 程颐：《明道先生墓表》，程颢、程颐《二程集》，中华书局2004年版，第640页。
⑥ 朱熹曰："圣人千言万语，只是教人存天理，灭人欲。人性本明，如宝珠沉溷水中，明不可见，去了溷水，则宝珠依旧自明。"黄宗羲、全祖望、陈金生等：《宋元学案》，第1544页。
⑦ 洪咨夔：《春秋说序》，《洪咨夔集》，第258页。
⑧ 洪咨夔：《阮逢时澹庵铭》，《洪咨夔集》，第277页。

所自出，盖人生本静，物交物引之，则静者动，动而无以制之。爱恶情伪，互相感触，则横流而忘返，静所以制夫动也。而静之功，非可以骤进。朝省夕察，日磨月炼，用力于惟危之地，如驭骅骝，如防溃隄，如治百万之师，使志足以帅气，而气不为非义馁，在我者立，在物者靡，欲心平而躁心释，静之功进矣……道未有不自静入者也。参之鲁艮，颜子之如愚，复圣门之正传以此。"①又，《答程宗武书》曰："主之以静，外静其形，内静其心，危坐沉思，始能会古人之意于糟粕之外，不惟进于文，且进于道矣。世有形虽静而心实驰者，亦有心欲静而牵于物交物不能静者。大约息形而后能收心，形且不息，心岂能收？心不能收，学于何有？"②

理学家主要关心两个问题：一个是道德实践的下手问题，即工夫问题；另一个是"道德实践所以可能之先验根据（或超越的根据），此即心性问题"，也是本体问题。③在理学家的影响下，洪咨夔把诚和性理解为无形无相的本体。比如周敦颐在《太极图说》曰：

圣人定之以中正仁义（周敦颐自注：圣人之道，仁义中正而已矣）而主静（周敦颐自注：无欲故静），立人极

---

① 洪咨夔：《送何龚父序》，《洪咨夔集》，第254页。
② 洪咨夔：《答程宗武书》，《洪咨夔集》，第320页。
③ 牟宗三：《心体与性体》，第7页。

焉。故"圣人与天地合其德，日月合其明，四时合其序，鬼神合其吉凶"。[1]

朱熹对此的解释是："静者，诚之复而性之贞也。苟非此心寂然无欲而静，则又何以酬酢事物之变，而一天下之动哉？……盖必体立，而后用有以行。"[2]实际上是把诚和性视作"寂然不动"的本体，认为人通过"主静"的工夫，可以体认本体，本体确立以后，就可以发挥"感而遂通"的作用，即对于天下万事，能够做到有感必应，应而必通。[3]

洪咨夔照搬朱熹的解释，认为："静者，诚之复、性之贞也。"[4]"诚存乎中，不动而敬，不言而信，不容以形迹窥也。"[5]同样把诚和性视作"无声无臭"[6]，无形无相、"寂然不动"的本体，认为人通过"主静"的工夫，可以体认本体，本体确立以后，就可以发挥"感而遂通"的作用，让人做到《中庸》里所说的"不动而敬，不言而信"[7]。

---

[1] 参周敦颐：《太极图说》，氏著《周敦颐集》，中华书局1990年版，第6页。
[2] 茅星来：《近思录集注》，华东师范大学出版社2015年版，第8页。
[3] 参朱熹：《周易本义》，中华书局2009年版，第238页。
[4] 洪咨夔：《送何龚父序》，《洪咨夔集》，第254页。
[5][6] 洪咨夔：《讲义》，《洪咨夔集》，第673—674页。
[7] 朱熹：《四书章句集注》，第39页。

第五章

光大学派：羊城巨儒李昴英

夫何若目之瑩然憂世志也，若冠之巍然撐天墜也，若笏之奮然擊佞史也，若綬之縈然縋賊墨也，悼之藹然顁民惠也若視之睽然徙師義也若神之淵然文思致也嗚呼此非文溪先生之行義文藝流光非百世也乎

甘泉湛若水贊

文溪先生立朝像贊（《李忠簡公集》乾隆本）

第五章 光大学派：羊城巨儒李昴英

李昴英（1201—1257），字俊明，别号文溪，谥忠简，南宋番禺（今广东广州市）人。宋理宗宝庆二年（1226）进士，初授官是汀州（治所在今福建长汀县）推官，其后历任太学博士，秘书郎，宗正丞，著作郎，江西提刑兼赣州（治所在今江西赣州市）知州，大宗正卿、兼国史编修、实录院检讨，左史、兼权吏部右侍郎，龙图阁待制、尚书吏部左侍郎、兼翰林学士监修国史等官职。[①]他在立德、立功、立言等方面都取得了卓越成就，因而被誉为"菊坡样人"[②]（文天祥语），"羊城一巨儒"[③]（方大琮语），"可谓完人矣"[④]（黄衷语）。

遗憾的是，李昴英的很多著作都流散遗失了。至元三十一年（1294），门人李春叟共搜集到他的遗著有"奏稿杂文一百二十二篇、诗词一百二十五篇，编次成集，命之曰《文溪存稿》"[⑤]。今天我们可以通过《文溪存稿》来研究他的思想。

[①] 李殿苞：《忠简先公行状》，《文溪存稿》，第250—256页；黄佐：《广州人物传》，第179—194页；陆心源：《宋史翼》，第336—344页；傅璇琮、王兆鹏：《新编宋才子传笺证》第五册，第3381—3383页。
[②] 文天祥：《跋曾子美万言书稿》，《全宋文》第三百五十九册，第106页。
[③] 方大琮：《送俊明李提举》，《文溪存稿》，第260页。
[④] 黄衷：《文溪李公文集序》，《文溪存稿》，第7页。
[⑤] 李春叟：《重刻李忠简公文溪集序》，《文溪存稿》，第2页。

第一节　长从菊坡游

李昂英的远祖可以追溯到唐代的西平王、忠武王李晟（727—793）。他的始祖是宋仁宗嘉祐三年（1058）进士李邵胜。从李邵胜开始算起，到李昂英出生以前为止，李氏家族已经六代为官，虽然算不上豪门望族，但也是世代做官的家族。①

李昂英生于宋宁宗嘉泰元年（1201），之所以取名"昂英"，是因为母亲黎氏在生他以前，梦见天上有一颗又大又亮的星宿降临在院子里。

李昂英小时候就才智出众，经史类书籍看一遍就能背诵。他学识渊博，擅长写文章，写作水平远超常人。

在十几岁的时候，他开始跟随海内大儒许巨川学习。

---

① 杨芷华：《李昂英》，广东人民出版社2006年版，第20—31页。

许巨川，字东甫，号钝斋，温陵（福建泉州市的别称）人，嘉定七年（1214）进士，起初负责监督管理广州的教育事务。①许巨川被誉为得"得伊洛、紫阳之心传"②，即得到了程颢、程颐和朱熹的真传。他的思想特色是以诚为本源，教学特点是规矩严格、教戒详尽、诲人不倦。许巨川非常欣赏李昴英，称赞他"文章有经世之宏模，道义得尊王之大体"③，即所写的文章中，有治理国事的宏伟规划；阐明的义理中，具备崇尚王道的总纲要领。许巨川像父兄一样关爱李昴英，对后者抱有特别大的期待。④李昴英也非常争气，嘉定十五年（1222），他首次参加乡试（解试），就凭借在《春秋》经义方面的造诣，取得第一名，获得了去临安参加省试的名额。他也因此进入崔菊坡的视野，菊坡非常器重他。⑤

两年以后，嘉定十七年（1224），崔菊坡辞官回广州养病。从此李昴英开始跟随崔菊坡学习，整天陪伴在

---

① 参陈伯陶等：《（宣统辛亥重修）东莞县志》，卷四十九宦职略；龚延明、祖慧：《宋代登科总录（9）》，第4748页。

② 李昴英：《东莞县学经史阁记》，《文溪存稿》，第16页。

③ 崔与之：《复李俊明札》，《宋丞相崔清献公全录》，第152页。

④ 李昴英：《东莞县学经史阁记》《祭许象州文》，《文溪存稿》，第17、116页。

⑤ 黄佐：《广州人物传》，第179页。

菊坡身边，杖履相从，"起居言动，必见必闻"。①在崔菊坡的悉心指导下，李昴英的学业突飞猛进。宝庆二年（1226），他再次去临安参加省试，主考官邹应龙看到他的文章后，有意让他做状元。可是当时正巧赶上理宗为宁宗守孝，有人建议说，理宗刚即位，应当推崇"帝王之学"，于是最终选择精通《尚书》经义的台州（今浙江临海市）王会龙做状元，李昴英屈居第三名。

虽然与状元头衔失之交臂，但是李昴英终究成为广州历史上的第一位探花。考虑到广州与临安之间相距四千里，一个"远方人，忽在前列"②，这在京城引起了巨大轰动。在文化界享有盛誉的洪咨夔和徐梅野（一说为徐梅楚）都推崇他的才华，认为他是上应星象，具有岭南特殊之气、很长时间才出一位的贤人。③

高中探花以后，李昴英首先给崔菊坡写信报告喜讯，表达感激之情。菊坡在收到捷音后，非常高兴，鼓励他说："有幸能够得到皇帝赏识的读书人不多，名声是造物者非常珍惜的东西，不轻易给人，著名的大山大河中的清和之气，蕴蓄几百年，才能偶尔出现一位像你这样的奇

---

① 李昴英：《送判县杨侯汪中入京序》，《文溪存稿》，第44页。
② 李昴英：《家书·第三书》，《文溪存稿》，第218页。
③ 参李殿苞：《忠简先公行状》，《文溪存稿》，第250页；陆心源：《宋史翼》，第336页。

才。何况你还很年轻，坚持自己的操守志向，从现在就开始扩充心中的浩然之气，将来的前途又怎么能够限量呢？"菊坡还提醒他："盛名之下，谦以将之"。在名声迅速提高的时候，要更加谦虚。如果修养更加深厚，那么将来承担的责任一定会更大。同时，菊坡还告诫他："初入仕途，没有必要择官、择地。能否在仕途上荣升高位，早就预先确定好了，现在只是起步阶段，没有必要强求。"①

① 崔与之：《复李俊明札》，《宋丞相崔清献公全录》，第152页。

第二节　吾道岂空谈

崔菊坡曾经在《送范漕赴召》中表达自己对时政的看法，"棋于观局易，药到处方难"[1]，即"空谈"国事很容易，但是能够提出策略或方法，解决现实问题却很难。多年以后，他的传人李昴英在《送荆门王广文之官》中曰"吾道岂空谈，取胜在一筹"[2]，明确指出他的学术思想不是脱离实际的空谈，而是关于如何取得胜利的、一个更好的策略或方法。因此我们可以说李昴英既是一位思想家，也是一位实践家。

进一步说，他首先是一位关注如何发挥思想在现实中的功用的实践家。四库馆臣对他的评价是"具干济之才，

---

[1] 崔与之：《送范漕赴召》，《宋丞相崔清献公全录》，第102页。

[2] 李昴英：《送荆门王广文之官》，《文溪存稿》，第129页。

而又能介然自守"①,即才能优异,办事干练而有成效,又能够专一于自己的操守志向。

这样一位"具干济之才,而又能介然自守"的实践家,在文治(治理国家)和武功(用兵打仗)方面都取得了不凡的功绩。

首先,文治方面。

淳祐十二年(1252),李昂英在江南西路任提点刑狱、兼赣州知州,他奋发昂扬地把昭雪冤屈、施行仁政作为自己的责任。他弹劾贪赃枉法的官吏,判决滞留未申的冤案,使整个江南西路都变得安定平静,秩序良好。他设置平籴仓,帮助荒年无食的游民解决吃饭问题,取缔官府专卖的酒,让百姓自己酿造,并且只收很少的赋税,老百姓觉得非常便利。赣州人感恩他的功业与德行,自发地祭祠他的画像。②

当地不仅少数民族众多,而且这些少数民族都凭借险固的地形盘结据守,如果安抚控驭的策略失当,那么就会相继发生叛乱。李昂英下令严格执行"民人五家为伍,又立保相统摄"的保伍法,让他们相互督察、检举、揭发。同时让各个少数民族的首领,率领年轻后辈到官府集中学习。他选取《论语》首篇中的"其为人也孝弟"一章,进

---

① 永瑢等:《四库全书总目》,第1402页。
② 黄佐:《广州人物传》,第182页。

行教导训诫：

> 有子曰："其为人也孝悌，而好犯上者，鲜矣；不好犯上，而好作乱者，未之有也。"善事父母为孝，善事兄长为悌，犯上是干犯在上之人，作乱是为争斗悖逆之事。盖人能孝其父母，敬其兄长，便识道理，知名分，少有犯其上者。既不犯上，必不肯作乱。大凡世间作犯上作乱底事，即是不孝顺父兄底人；若是孝顺父兄底人，便不肯做犯上作乱底事。有子之言，最为亲切……其有暴狠不率者，则是孟子所谓"禽兽"，而非有子所谓"人"也。国有常刑，后悔无及。[1]

各首领将他的讲学内容抄录下来，带回自己的部落，私下里相互分享。从此这些部落都改正错误思想，归服官府，不再叛乱。徐清叟将他的事迹上报朝廷，皇帝下诏，把昂英的方法作为安抚控驭少数民族的示范策略进行宣传。任期考核时，他的政绩在同侪中是最好的，因此由直宝谟阁升任直宝文阁。[2]

其次，军事方面。李昂英先后参与平定了汀州兵变和

---

[1] 李昂英：《谕峒长文》，《文溪存稿》，第126—127页。
[2] 黄佐：《广州人物传》，第182页。

广州摧锋军叛乱。

李昂英高中探花，经过两年多的待阙，他在绍定二年（1229）四月二十九日到达汀州就任汀州推官。①汀州山多田少，土地贫瘠，是福建较贫穷偏僻的地方，而且当时福建正发生晏梦彪领导的农民起义，汀州六县（长汀、宁化、上杭、武平、清流、莲城）恰巧是起义军活动的中心地区。②

晏梦彪起义初期，参与者主要是宁化县私盐贩或盐民，规模并不大。专门负责招降收捕的王居安认为，农民起义也是被生活所迫，因此打算实行招安政策，并且已经派军校刘华和丘锐去起义军中商议具体事宜。③然而时任汀州知州的陈孝严却好大喜功，认为自己通晓军事，主张采取强硬政策，诱杀起义军。④起义军知道陈孝严的意图后，就撕毁接受招安的协议，从此福建建宁府、南剑州等州郡和江西等地的农民起义越演越烈，如群蜂飞舞，纷然并起。⑤

晏梦彪的起义军和江西的起义军相互勾结，逐渐发展壮大，汀州州城却没有坚固的防御工事，因此李昂英竭力向知州陈孝严请求增修女墙，疏浚护城河，以防备随时可

---

① 马蓉等：《永乐大典方志辑佚·福建省》，第1370页。
②④ 朱瑞熙：《南宋福建晏梦彪起义》，氏著《朱瑞熙文集》第五册，上海古籍出版社2020年版，第151—159页。
③⑤ 脱脱等：《宋史》，第12255页。

能来攻城的起义军。陈孝严却并未将此事放在心上。

　　陈孝严在得到由江西进入汀州宁化县的朱积宝兄弟率领的起义军的支持以后，对驻守在汀州的官兵越来越严苛。他先是虐杀了十多个兵校，接着又计划私造本州纸币，强迫戍兵充当口券①。李昴英认为这样的举措可能会引发兵变，就提出了反对意见。可是陈孝严并没有采纳李昴英的正确意见，没过多久，更是派没有品级的小吏拿着私造的纸币去逼李昴英签字画押。李昴英对此非常愤怒，严厉地呵斥了小吏以后，就直接辞官而去。

　　李昴英刚刚走出城郊，就被通判王杆带着数百军民追上，王杆挽留他说："周围都是起义军，您忍心抛弃我们辖区内的居民吗？何不回去拯救满城百姓的生命！"②李昴英被说动，就和他们一起往州城走。当抵达城下的时候，李昴英得知一个新消息：悍兵王宝因为对陈孝严"引外寇朱积宝兄弟为腹心，仇视禁卒"③感到不满，已经发动兵变，正在捕杀陈孝严和他手下为虎作伥的官吏。

　　当时绝大多数官吏都像老鼠一样惊慌逃走，李昴英却

---

　　① 王曾瑜先生指出，"自北宋初年开始，口券就是一种出戍时计口发放，领取钱粮之类补助的凭证"。氏著：《宋朝军制初探（增订本）》，第306页。
　　② 参李殿苞：《忠简先公行状》，《文溪存稿》，第250页。
　　③ 马蓉等：《永乐大典方志辑佚·福建省》，第1418页。

奋不顾身地径直向前。①他冲进包围圈，用身体牢牢遮护住陈孝严，劝谕叛乱的士兵离开，并表示自己愿意用家中的全部财产来安抚他们。②叛乱的士兵说，一定要杀了陈孝严才甘心。李昴英大声呵斥道："如果想要杀知州，那么就先从我的尸体上跨过去吧。"说完，自己就一下子仆伏在地上。叛乱的士兵一向尊重李昴英，不忍心伤害他，此时又被他的勇气所感动，就一起将他扶起，同时放弃了杀死陈孝严的目标。陈孝严因此才捡回一条命。

不久之后，朱积宝兄弟联合晏梦彪的起义军一起攻打州城，李昴英调遣左翼军和地方武装防守。他当面传授策略，亲自督战，双方相持五天，大小战斗二十多个回合，起义军最终败退。

绍定五年（1232）十月十二日，李昴英凭借多年积累的政绩升任太学正。③可是还没有去赴任，就收到继母潘氏去世的消息，于是他急忙赶回番禺，为其守丧。

端平二年（1235）二月，一部分广东摧锋军在曾忠的带领下发动叛乱，即将兵临广州城下。危急时刻，多数

---

① 李春叟：《重刻李忠简公文溪集序》，《文溪存稿》，第1页。
② 参张端义：《贵耳集》，第203页。
③ 马蓉等：《永乐大典方志辑佚·福建省》，第1370页。

"肉食者争藏深遁远"[1]，他的老师崔菊坡受邀指挥平叛。崔菊坡计划派遣幕僚到叛军的大寨去谈判，可是众人彼此相视，皆大腿发抖，只有李昴英和杨汪中"毅然请行"。[2]

李昴英让人用绳子把他从城头送到城下，来到叛军大寨后，劝导叛军改过自新的话还没有说完，就有参与叛乱的士兵拿刀架在他的脖子上，打算杀死他。[3]然而李昴英却"毅然不为动，从容谕祸福"[4]。绝大多数士兵听了李昴英的劝导后，都愿意脱下战甲去自首，但是主谋曾忠等少数带头的人担心会遭到报复，于是就带着部分叛乱的士兵逃走了。

此后，李昴英继续帮助崔菊坡出谋划策，直到同年六月摧锋军叛乱被彻底平息为止。论功行赏的时候，他是一等功[5]，被朝廷任命为太学博士，从此正式开启京官生涯。

---

[1] 李昴英：《书赵经干彦捍〈自鸣录〉》，《文溪存稿》，第65页。

[2][3] 李春叟：《重刻李忠简公文溪集序》，《文溪存稿》，第1页。

[4] 黄佐：《广州人物传》，第180页。

[5] 张端义曰：李昴英"缒城入贼营，晓以祸福，五羊城郭得全。贼之肇庆就捕，朝廷录功名之首"。参张端义：《贵耳集》，第203页。

第三节　不独以书传

李昂英关于"立言"的观点很有特点。他在为自己的老师崔菊坡代写的《游忠公〈鉴虚集〉序》中曰：

> 君子立言，不独以书传也。苟于世教无关，于人国无裨，不过组篇镂句，落儒生口耳。虽或可托姓名以不朽，而萎然无复生意矣。子云邃于玄，不如更生攻外戚一疏；子厚雄于文，不敌昌黎《论佛骨》一表。盖其言用舍，系当时安危，千载下，犹使忠臣谊士闻风而兴起。尚论古人，大节为先，不专在言语文字间也。[1]

在李昂英看来，才德出众的人想要树立言论，不只有著

---

[1] 李昂英：《游忠公〈鉴虚集〉序》，《文溪存稿》，第36页。

书写文章和解释经义两种方式。如果著作与当世的正统思想、正统礼教没有关系,对国家没有帮助,那么不过是拼凑文章、雕琢文句而已,仅能在读书人的小圈子里被称道、传颂。这样的著作虽然也许可以让自己扬名,使姓名永存,但是树立的言论,实际上却已经枯萎,不再有生机。扬雄(字子云)精通天道(天理、天意),写出了《太玄》[①],但是《太玄》却比不上刘向(字子政,本名更生)攻击外戚的一份奏疏[②];柳宗元(字子厚)写出了许多有才气、有魄力的文章,但是这些文章全部加起来也比不上韩愈(字退之,世称韩昌黎)的《论佛骨》一篇奏表。因为刘向的奏疏和韩愈的奏表中的意见被采纳与否,关系到当时国家的安危。千年以后,仍然能够让无数忠臣义士在听闻他们的名节之后,为之感动奋发。向上追论古人,不只要看他们说出来的话和写出来的著作,更要首先看他们遇到危难时,不苟且偷生的节操。

李昴英长期跟随崔菊坡学习。崔菊坡特别告诫他"讲明出处,最不草草"[③],因此李昴英特别重视出(出仕)处

---

① 桓谭曰:"扬雄作《玄书》,以为玄者天也,道也,言圣贤制法作事,皆引天道以为本统,而因附续(一作属)万类、王政、人事、法度。"桓谭、朱谦之:《新辑本桓谭新论》,中华书局2009年版,第40页。

② 《汉书·刘向传》中记载着刘更生攻击外戚的奏疏的内容。参班固、颜师古:《汉书》,第1928—1966页。

③ 李昴英:《与秘书徐霖札子》,《文溪存稿》,第104页。

（退隐）问题。出处问题的核心实际上是名誉、节操与荣华富贵到底哪个更重要的问题，李昂英的观点是："名节则日月也，可千万古光明。"①

纵观李昂英的一生，他的名节不只体现在平定叛乱时"临大变不怵，死生祸福，不入胸次"②，而且体现在"遇大事敢言"③，即遇见国家大事，敢于直言进谏。他的政治生涯可以概括为"三入三出"，即三次进入中央朝廷任职，又三次离开朝廷到地方任职或隐居。

一、第一次入朝任职和亲老请外任

李昂英首次进入中央朝廷任职是在端平三年（1236）。④他因为在平定摧锋军叛乱的过程中，立了一等功，所以被任命为太学博士，并且获得了理宗召见。

理宗见到他后，赞赏道："前此五羊之寇，卿能缒城谕贼，可见胆略。"李昂英回答说："小臣来自远方，承蒙陛下还记得我，不胜感激！"接着，李昂英在奏疏中，从"谨身""用人""守法""厉俗"等四个方面指出了理宗的过失，希望理宗以史为鉴，效法中兴之主，同时以

---

① 李昂英：《送赵新班崇垓序》，《文溪存稿》，第40页。
②③ 李昂英：《游忠公〈鉴虚集〉序》，《文溪存稿》，第37页。
④ 李殿苞：《忠简先公行状》，《文溪存稿》，第251页。

中衰之主为鉴戒。①

当时理宗强烈渴望与崔菊坡共同成就安民济世的功业，所以从同年九月开始②，多次任命菊坡为右丞相兼枢密使，结果都被菊坡以年高、体弱、路远为由拒绝了。理宗想到李昴英是菊坡门下的弟子，因而就特地任命他为直秘阁、赣州知州，让他拿着自己亲笔写的诏书去劝说菊坡入朝为相。③李昴英看到自己的老师"年高久病"，已经不再适合去四千里外的临安赴任，就让菊坡安心养病。返回朝廷后，李昴英辞掉了赣州知州的任命。不久之后，他升任大宗丞，兵部郎中。④

嘉熙三年（1239），李昴英的父亲已经是六十四岁高龄，为了方便赡养老人，他向朝廷申请到地方去任职。理宗同意了他的申请，授予他直秘阁，福建宪仓提举的职务。他下定决心整顿福建路（治所在今福建福州市，辖境相当于今福建省）的吏治，贪官污吏看到形势不妙，就提前辞掉官职，逃到别的地方去了。当年，发生了严重的饥荒，李昴英采取多种方法赈济灾民，包括捐出自己的俸

---

① 李昴英：《端平丙申召除太博赐金奏札》，《文溪存稿》，第67—70页。

② 何忠礼先生指出，《言行录》卷二误以为是在十一月，正确的时间是九月。参氏著：《崔与之事迹系年》，《文史（第四十一辑）》，第138页。

③ 李殿苞：《忠简先公行状》，《文溪存稿》，第252页。

④ 黄佐：《广州人物传》，第181页。

禄，因此救活了很多人。

同年十二月，他的老师崔菊坡去世，得到消息后，他便向朝廷请求回增城为其守丧，朝廷没有批准。不久以后，御史台的官员彭方根据虚假的传闻弹劾他，他因此辞官弃职，带着父亲一同踏上返乡之路。走到江西临江城南慧力寺的时候，父亲因病去世。他将父亲的遗体带回故乡，并且安葬在增城南乡岭大面山。他在服丧期间，竭尽礼仪，同时在墓旁建筑房舍，为宗族子弟讲学，就像打算这样过一辈子似的，其间朝廷多次下诏让他出来任职，都被他拒绝了。

二、第二次入朝弹劾权贵和被免除官职

淳祐六年（1246）夏天，李昴英第二次进入朝廷，担任吏部郎官。①

在一年以前，共同举荐他入朝的侍御史刘汉弼、右丞相杜范、右史徐元杰等人相继非正常死亡。②时人都怀疑是奸相史嵩之所为，但是嵩之势力大，并且残忍，因此朝廷

---

① 参李殿苞：《忠简先公行状》，《文溪存稿》，第252页；杨芷华：《李昴英年谱》，暨南大学中国文化史籍研究所《历史文献与传统文化（四）》，广东人民出版社1994年版，第201页。

② 脱脱等：《宋史》，第832、12457—12458、12661—12662页。

里的大臣都缄默不语。①

　　李昴英谒见皇帝时，在第一份奏疏中就旗帜鲜明地公开批评史嵩之奸诈邪恶；当朝丞相范钟昏愦而又体力衰竭；理宗对于确立皇太子迟疑不决；女子（女道士吴知古）、小人（宦官）干预政事。②在第二份奏疏中，他建议理宗延长承担监察职责的官员，府、州、军、监长官和将帅的任期；放宽条件限制，让有人品、有器量、有见识、有真才实能的英才脱颖而出。③

　　同年十月，理宗亲自擢升他为右正言，兼侍讲，并且对宰相说："李昴英，南人无党，中外颇畏惮之。"④他感激理宗的知遇之恩，再次建议理宗早日确定皇位继承人。他认为时局艰难，边境不宁，国家正处于内忧外患之中，消除坏人集团，抑制众人的疑惑，全靠此招。确定皇太子之后，还要选择好的妃嫔保护养育太子，同时精选教官给太子讲学，涵养太子的德性。如此才能不负祖宗，不负百姓。⑤

---

　　①④ 李殿苞：《忠简先公行状》，《文溪存稿》，第252、253页。

　　② 参李昴英：《淳祐丙午侍右郎官赴阙奏札》，《文溪存稿》，第76—78页；刘一清、王瑞来：《钱塘遗事校笺考原》，第155页。

　　③ 李昴英：《淳祐丙午侍右郎官赴阙奏札·第二札》，《文溪存稿》，第79—81页。

　　⑤ 李昴英：《除正言上殿奏疏》，《文溪存稿》，第84—86页。

不久之后，史嵩之服丧期满，暗中策划恢复原职。李昴英于是利用为理宗讲《春秋》的机会，阐明忠与孝之间的关系，对理宗进行劝谏。《春秋》记载，鲁隐公二年（前721），"郑人伐卫"①。李昴英对此的解释是，按照礼仪制度，"礼乐征伐自天子出"，没有周天子的命令，郑庄公（名寤生，也被称为郑伯）擅自讨伐卫国，是"无主"（不忠）的表现。②追根溯源，郑庄公的不忠根源于将自己的生母姜氏安置在城颍，并且发誓"不及黄泉无相见也"③，由此可知，"世之大不忠，皆大不孝者为之"④。

第二天，李昴英又进呈奏疏，要求理宗公开惩处史嵩之的罪行。他在《论史丞相疏》中指出嵩之的主要罪行是：

> 其挟房要君如秦桧，其嫉贤妒能如李林甫，其阴害忤己者如卢杞，其借权宠、厚赀积如郑注，其与近习盘结如元载，其秽行丑声如杨国忠，其匿丧不持服如李定，其怀宰相不足为之心如宗楚客。⑤

李昴英强调，作为罪魁祸首，嵩之奸诈、贪婪、凶

---

①③ 阮元：《十三经注疏·春秋左传正义》，中华书局2009年版，第3731、3726页。
②④⑤ 李昴英：《论史丞相疏》，《文溪存稿》，第86—87页。

残，其罪大恶极的程度已经超过尧舜时代的"四凶"（四个恶名昭彰的部族首领），因此他要求理宗效法尧舜流放四凶的先例，削去嵩之的官职和爵位，把嵩之流放到边远地区。如此才能营造出风清气正的政治生态，让人心安定，使国家长治久安。①

见理宗没有批复，李昴英又和同事一起上奏，要求理宗依据法律给史嵩之定罪。结果理宗依旧没有批答。

此后，李昴英见理宗仍然一直以"保全大臣"为由，拒绝让史嵩之退休，因而又单独上奏弹劾史嵩之。他在《再论史丞相疏》中向理宗指明，按照《春秋》中的大道理，史嵩之并没有尽大臣的本分，所以不是"大臣"，而是罪行累累、包藏祸心的"凶人""罪人""卖国之贼臣""蠹国之盗臣""擅国之强臣""误国之奸臣""害国之乱臣""无君无父的禽兽"，因此理宗应该早下决断，铲除奸邪史嵩之。②看了他的奏疏后，理宗受感动而醒悟，最终让史嵩之在这一年的十二月"守金紫光禄大夫、观文殿学士致仕"③。

没过几天，李昴英又弹劾参知政事兼同知枢密院事陈韡和临安府尹赵与𥲅。在读奏疏以前，理宗问他想要弹劾谁？李昴英说，打算检举陈韡和赵与𥲅的罪行。理宗不

---

① 李昴英：《论史丞相疏》，《文溪存稿》，第87—88页。
② 李昴英：《再论史丞相疏》，《文溪存稿》，第90—91页。
③ 脱脱等：《宋史》，第12659页。

想处理此二人，就对昂英说，不用读奏疏了。可是，昂英却拉住理宗衣襟，想要再次上奏。理宗因此大怒，撩起衣襟，从御榻上站起来，直接拂袖而去。

郑寀趁此机会弹劾李昂英，并且唆使同僚诬告"昂英属某人"。①理宗因此下诏罢免昂英的言官职务。昂英创作出《兰陵王》，借写闺中春怨，抒发"信而见疑，忠而被谤"的情感：

燕穿幕，春在深深院落。单衣试，龙沫旋熏，又怕东风晓寒薄。别来情绪恶。瘦得腰围柳弱。清明近，正似海棠，怯雨芳踪任飘泊。

钗留去年约。恨易老娇莺，多误灵鹊。碧云杳渺天涯各。望不断芳草，更迷香絮，回文强写字屡错。泪欲注还阁。

孤酌。住春脚。便彩局谁忺，宝枕慵学。阶除拾取飞花嚼。是多少春恨，等闲吞却。阑干猛拍，叹命薄，悔轻诺。②

听说此事的人都赞赏昂英的名誉和节操。离开临安那一天，很多太学、武学、宗学的学生，在城门外用诗歌为

---

① 脱脱等：《宋史》，第12659页。
② 陈永正：《岭南历代词选》，广东人民出版社2017年版，第25—26页。

他饯行，其中有一句诗是"庾岭梅花清似玉，一番香要一番寒"。①

回到家乡以后，李昴英多次拒绝朝廷授予的官职，过了几年赋闲生活。其间遇到广帅邱迪哲"以残虐为能，以多杀为功"②，根据伪造的证据指控平民为盗贼。李昴英不忍心见家乡的百姓蒙难，就给邱迪哲写信，委婉地劝说道："夫治盗固贵于严，尤贵于审。"③结果邱迪哲不但不听劝，反而变本加厉。于是李昴英将自己的告敕（朝廷授官的文凭）上交到郡库，请求朝廷辨明百姓的冤屈，结果保全了几百人。然而昴英也因此被小人诬陷，最终被剥夺阁职、免去新职。昴英得到消息后，不仅没有感到后悔，反而觉得很欣慰，写诗曰："且喜一方全性命，何妨三字减头衔？"④

淳祐十二年（1252），徐清叟任参知政事（副宰相），又竭力举荐李昴英，理宗也怀念昴英的贤能，于是把他从家中征召出来，授以直宝谟阁、江西宪使、兼赣州知州的职位。他"劾赃贪，决冤滞，一道肃然；置平籴

---

① 李殿苞：《忠简先公行状》，《文溪存稿》，第253页。
② 李昴英：《跋潜守〈治狱好生方〉》，《文溪存稿》，第57页。
③ 李昴英：《与广权帅邱迪哲治盗书》，《文溪存稿》，第105页。
④ 李昴英：《闻褫阁职免新任之报（其一）》，《文溪存稿》，第173页。

仓，以惠饥氓；罢官酤，听民自酿而薄其征"；安抚控驭众多少数民族，使其"革心向化，无复为梗"。①最终在任期考核时，他的政绩在同侪中是最好的，因此由直宝谟阁升任直宝文阁。②

三、第三次入朝弹劾权贵和归隐文溪

正如刘克庄的观察，史弥远去世以后，理宗开始锐意改革，一变而为端平，"再变而为嘉熙，三变而为淳祐，皆求以愈于端平也"③。然而"端平—淳祐更化"从端平元年（1234）开始，至淳祐十二年（1252）结束，前后共历时近二十年，结果却以失败告终。④因此从宝祐时期（1253—1258）开始，灰心丧志的理宗不仅无意于政事，而且偏爱追求肉体感官上的享受。宠妃、内侍、佞臣乘虚而入，出现了"阎、马、丁当，国势将亡"⑤的局面。

宝祐二年（1254）正月，李昴英被朝廷征召为大宗正卿。入朝以后，又让他兼任国史院编修、实录院检讨。那时正是贾似道、丁大全当权，国势岌岌可危的时刻。⑥李昴

---

① ② 黄佐：《广州人物传》，第182页。
③ 刘克庄：《召对札子一》，《刘克庄集笺校》，第2576页。
④ 胡昭曦、蔡东洲：《宋理宗·宋度宗》，吉林文史出版社1996年版，第177页。
⑤ 毕沅：《续资治通鉴》，第4765页。
⑥ 李殿苞：《忠简先公行状》，《文溪存稿》，第254页。

英将当时国家的情况描述为：

> 外侮内攻之多虞，百孔千疮之毕露，如居败屋，东撑西拄于疾风苦雨之中；如驾漏船，左支右吾于汪洋惊涛之上。①

然而此时的理宗却不再像端平—淳祐年间那样小心谨慎、心怀忧患了。遥想淳祐六年（1246）夏天，李昴英在朝廷担任郎官的时候，曾建议理宗警惕女子和小人干预政事，理宗赞许并采纳了他的意见，并且表态说："固当防微杜渐。"②八年以后，昴英第三次进入朝廷担任大宗正卿，所见所闻却是宦官集团凭借理宗的宠幸，滥用权力来为别人求官、延誉，从中收取贿赂。③因为走他们的门路，

---

① 李昴英：《宝祐甲寅宗正卿上殿奏札》，《文溪存稿》，第97—98页。

② 李昴英：《淳祐丙午侍右郎官赴阙奏札第二札》，《文溪存稿》，第81页。

③ 关于理宗晚年的政迹，可以参考刘一清的记载："在位既久，嬖宠浸盛，中贵卢允升董宋臣、女冠吴知古等荐引奔竞士，骤致通显，贿赂公行。又用外戚子弟任畿辅监司郡守，赃罪狼藉……又作阎、贾二妃奉先功德寺，极土木之功。专置修内一司，以内侍管领。望青伐木，自德寿故宫、王邸、戚里、民家坟茔皆不免。又置修内司庄、御前庄，开献纳之门，没入两争田土，名曰献助，实则白取。禁中排当频数，娼妓傀儡得入供应，宫嫔廪给泛赐无节。"刘一清、王瑞来：《钱塘遗事校笺考原》，第155页。

好的官职（如品位、俸禄、地域等），不费力就可以得到，所以奸邪小人公开行贿受贿，许多品行端正而无私的人也开始效仿他们，不再顾及礼义廉耻，极大地破坏了政治生态和社会风气。昂英认为"治乱存亡之基，全在人主之心"，他希望理宗能于"此时大警省，大惩创，亟思所以转移之"，通过"正心以正朝廷百官"。① 当朝宰相和理宗的近臣都钦佩他正直敢言、刚毅不阿的气概，对他心怀敬畏，甚至不敢正视他。

同年九月，理宗下诏，准备到西太一宫，为国祈祥。② 昂英又向皇帝上书直言，现在有蒙古侵犯逼迫，国家多难，正是卧薪尝胆的时候。湖水与山峦近在眼前，白天行走游览，道路又很遥远，车驾返回的时候一定已经很晚了，许多意料之外的事情都可能发生。③ 理宗赞赏并采纳了他的建议，没有去西太一宫，同时让他兼任翰林侍讲学士。④

其后，李昂英又升任太常卿，并于同年十一月⑤，在忠王（即后来的宋度宗）的冠礼上担任司仪，负责宣唱仪节，叫人行礼。仪式结束后，他又被任命为右史，不久之

---

① 李昂英：《宝祐甲寅宗正卿上殿奏札》，《文溪存稿》，第98—100页。
②⑤ 脱脱等：《宋史》，第853—854页。
③ 李昂英：《乞罢幸西太乙札子》，《文溪存稿》，第101页。
④ 李殿苞：《忠简先公行状》，《文溪存稿》，第254页。

后升任左史、兼权吏部右侍郎。不久之后,他又升任为"龙图阁待制、尚书吏部左侍郎,兼翰林学士监修国史,封番禺开国男,食邑三百户"①。

宝祐三年(1255)六月,监察御史洪天锡弹劾宦官卢允升(一作卢允叔)和董宋臣,理宗却竭力力袒护卢、董二人,洪天锡因此辞去言官的职务,离开京城。②李昂英随后上书,请求理宗施行天锡在弹劾宦官的奏疏中所提出的建议。③见理宗没有批复,昂英又上了第二份奏疏说:"迩来北司专恣,日甚一日,他人不敢言,察臣天锡独言之。俄而解言职以去,中外莫不骇愕。始天锡登朝,臣实荐之,如不行其言,乞俱贬。"④昂英留下奏疏后,就离开了京城。时人对于他的辞官都感到非常惋惜。

回到广州以后,李昂英下定决心,不再出仕。他在白云山南坡山腰上建造文溪小隐轩和玉虹饮涧亭(现能仁寺即位于两地旧址之上),悠然闲适地在有山有水的风景中随意游玩,以著书、钓鱼为乐。当时统军治国的事务繁多,理宗多次有意重用李昂英,可是最终都被身边宠

---

① 李殿苞:《忠简先公行状》,《文溪存稿》,第254页。
② 脱脱等:《宋史》,第855、12656—12657、13675页。
③ 李昂英:《乞行御史洪天锡劾阉寺之言疏》,《文溪存稿》,第101页。
④ 李昂英:《再疏乞与洪天锡俱贬》,《文溪存稿》,第102页。

幸的小人阻止了。不久之后，理宗颁发诏令，任命他为端明殿学士、金书枢密院事，昴英请求免去任命，并没有去赴任。理宗思念昴英的贤能，于是亲笔写下三幅大字赐给他做匾额，"堂曰'久远'、里曰'文溪'、洞曰'向阳'"。①

在宝祐五年（1257）秋天的一个晚上，忽然有一颗又大又亮的星星，坠落在他的住宅的东侧。远方近处的人看到后，都感觉非常惊奇。几天以后，八月初九，李昴英去世，享年五十七岁。朝廷得知消息后，赐给他的谥号是"忠简"。②

李昴英先天具有刚强正直的性情，遇见国家大事，敢于直言进谏。他三度出入朝廷，先后弹劾权臣史嵩之、参知政事兼同知枢密院事陈铧、临安府尹赵与筹和得宠的宦官等权贵，即使多次因"敢言"而遭遇降职和免官也在所不惜，因此被誉为"直声动天下"[3]。明代著名史学家黄佐（1490—1566）在为昴英写传记时，对他的评价是："孔子称叔向曰'古之遗直'，于子产曰'古之遗爱也'，李昴英信兼有之。"[4]

---

①② 李殿苞：《忠简先公行状》，《文溪存稿》，第255页。
③ 永瑢等：《四库全书总目》，第1402页。
④ 黄佐：《广州人物传》，第184页。

第四节　可谓完人矣

鲁襄公二十四年（前549），叔孙豹（谥号为穆子，所以又被称为叔孙穆子、穆叔）提出了著名的"三不朽"："大上有立德，其次有立功，其次有立言，虽久不废，此之谓不朽。"[①]自此成就德行、建立功业、树立言论就成为无数中国人的人生理想和价值追求。从"三不朽"的角度来考察李昴英的一生，我们会发现他在立德、立功、立言等方面都取得了重大成就，是一位德行完美的人。

首先从立德的角度看。明代大儒湛若水（1466—1560）认为李昴英具有忠、孝、义、勇、惠、廉等六种美德。

具体来说，回溯历史，驳斥王安石"天变不足畏，人

[①] 参竹添光鸿：《左传会笺》，辽海出版社2008年版，第355页。

言不足恤"的错误观点；建议理宗皇帝确立皇太子，除去弄权作恶的奸臣史嵩之；拉住理宗衣襟，控诉参知政事兼同知枢密院事陈铧和临安府尹赵与𥲤的罪行；弹劾理宗宠幸的宦官卢允升和董宋臣，多次因直言敢谏而遭遇降职和罢官，却一点也不后悔，可以称为忠。

父亲在江西去世以后，将父亲的灵柩运回故乡增城安葬，并且在墓旁建筑房舍，为宗族子弟讲学，服满三年之丧，就像打算这样过一辈子似的，朝廷多次下诏让他出来任职，都被他拒绝，可以称为孝。

得知老师崔菊坡去世的消息以后，便向朝廷请求回增城为其守丧，确立师徒传授的系统，可以称为义。

任汀州推官时，遇到叛乱，便奋不顾身地保护太守陈孝严，使其幸免于难；摧锋军发动叛乱，兵临广州城下的时候，帮助崔菊坡出谋划策，冒着生命危险，主动要求进入叛军军营内劝导叛乱的士兵，最终使叛军退走，可以称为勇。

在福建任宪仓提举时，遇到灾荒，就捐出俸禄救济挨饿的人，最终救活了很多人；在江西任提点刑狱，兼赣州知州时，设置平籴仓，帮助荒年无食的游民解决吃饭问题，取缔官府专卖的酒，让百姓自己酿造，并且只收很少的赋税，申令严格执行"民人五家为伍，又立保相统摄"的保伍法，让百姓安居乐业，可以称为惠。

多次晋升，却能够多次辞官，并且提前回到广州文溪隐居，可以称为廉。①

其次，从立功的角度看。他取得了很多功绩，其中比较重要的有三个。第一个功绩是，担任汀州推官的时候，参与平定士兵叛乱，并且守卫州城，打退了朱积宝兄弟和晏梦彪领导的起义军。第二个功绩是，他帮助崔菊坡平定摧锋军叛乱，并且因此被朝廷授予一等功。第三个功绩是，做谏官时，敢于冒死进谏，"与天子争是非、辩可否，出袖中弹文，对仗斥宰相，借尚方剑斩佞臣"②。

最后，从立言的角度看。李昴英的文章特点是雄健而不同流俗，清新华美如明亮的星照耀秋季的天河。一起共事的知名人士，如江万里和文天祥对他的文章都表示赞许佩服。③具体而言，他的奏稿句句规劝告诫，可以弥补皇帝品德上的缺失，纠正皇帝心中不好的念头；他的杂文字字劝诫规谏，可以树立人与人之间相处的伦理道德准则，留传为世人的典范。④他的诗"间有粗俗之语，不离宋格，而骨力遒健，亦非靡靡之音。盖言者心声，其刚直之气有自然不掩者矣。"⑤他的词大多豪放，其中也不缺少婉约的

---

① 李殿苞：《忠简先公行状》；湛若水：《修复李忠简公海珠祠像记》，《文溪存稿》，第250—256、268页。

②④ 李春叟：《重刻李忠简公文溪集序》，《文溪存稿》，第1、2页。

③ 黄佐：《广州人物传》，第184页。

⑤ 参永瑢等：《四库全书总目》，第1402页。

佳作，《摸鱼儿》诸篇被评价为不逊于柳永的"杨柳外，晓风残月"，因此而有"词家射雕手""填词圣手"的美誉。①

文溪先生行乐像（《李忠简公集》乾隆本）

---

① 傅璇琮、王兆鹏：《新编宋才子传笺证》第五册，第3389页。

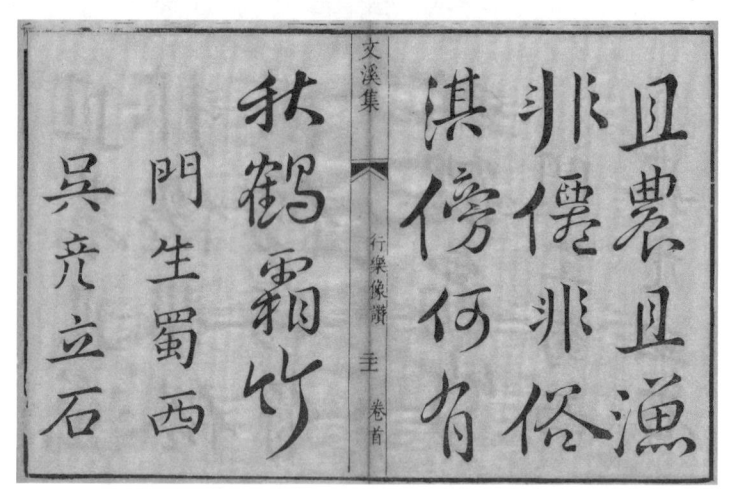

文溪自赞（《李忠简公集》乾隆本）

第六章 作始也简：菊坡学派的宗旨与影响

如果把学派比作星星，那么宋代儒学的天空中，一定有满天星斗。乍一看去，菊坡学派只是璀璨星空中一颗并不十分耀眼的星星，难以和当时的理学派和浙东事功学派等一流学派比肩。然而正如庄子所说"其作始也简，其将毕也必巨"[①]，菊坡学派作为岭南历史上第一个儒家学派，刚创立的时候，看起来似乎"微不足道"，但是它快要完成时却变得纷繁巨大。具体而言，菊坡学派不只创立了"重惜名节，务实致用"的学术宗旨，而且开创了岭南崇尚名节、重视事功的新风气，并且启发陈献章（字公甫，号石斋，晚号石翁，人称白沙先生，1428—1500）创立了足以与阳明学派分庭抗礼的江门学派。

清献崔公祠（正门上方有木匾额"清献崔公祠"，是明代大儒陈白沙先生所书。图片由清远市佛冈县水头镇新联村委会黄泽炎提供）

---

① 郭庆藩、王孝鱼：《庄子集释》，中华书局2012年版，第158—159页。

第一节　学派的宗旨

黄宗羲曰："大凡学有宗旨，是其人之得力处，亦是学者之入门处。"[1]学术宗旨既是创立此宗旨的儒家学者得到帮助、真实受益的地方，也是学习此学派思想的人入门的地方。因此对于想要了解和研究菊坡学派的人来说，菊坡学派的学术宗旨是什么，是一个绕不开的问题。

可是菊坡学派的主要成员并没有明确指出，他们学派的学术宗旨是什么，他们的著作也大多损坏、流散、遗失，因此我们只能根据崔菊坡、洪咨夔和李昂英的传世著作来确定菊坡学派的学术宗旨。

---

[1] 黄宗羲：《发凡》，《明儒学案（修订本）》，第14页。

一、致用：其用为伊周

洪咨夔曾经就儒家学派的学术宗旨发表过观点，他在《送崔先生东归》曰：

> 六经孔孟学，其用为伊周。①

《送崔先生东归》是洪咨夔写给自己的老师崔菊坡的诗，诗中的"六经"是指《易》《礼》《乐》《诗》《书》《春秋》等六部经典，"孔孟"是指孔子和孟子，"伊周"是指商代的伊尹和西周的周公。伊尹辅佐商汤，周公辅佐成王，二人都建立了伟大的功业。因此在儒家文化中，伊尹和周公都是"外王"的符号，代表着建立功业的典范。洪咨夔的观点是，六经记载的知识和孔孟讲述的学说，其功用都是成就伊尹和周公的功勋事业。

六经实际上是古代文明的遗产，凝结着华夏民族的族群记忆和华夏文明的根源性信息，孔子正是在整理、编纂、删削、加工、传接这些远古遗典的过程中，创立了儒家学派。②六经作为儒家学派的经典，实际上不只包括建立功业的知识，《汉书·儒林传》开篇曰：

---

① 洪咨夔：《送崔先生东归》，《洪咨夔集》，第92页。
② 参景海峰：《中国哲学的现代诠释》，人民出版社2004年版，第35—40页。

> 六艺（师古曰"六艺谓《易》《礼》《乐》《诗》《书》《春秋》"）者，王教之典籍，先圣所以明天道，正人伦，致至治之成法也。[①]

儒家学派的共识是，六经是关于王者的教化的图书，里面含有先世圣人用来阐明天道，端正人与人之间的关系，创建理想的政治、社会、文化秩序的既定法则。也就是说六经实际上包含天道（天意、天理）、人道（修身的规范，内圣）、治道（治国平天下的方法，外王）等三个层面。

菊坡学派当然也有关于天道和人道的思想。关于天道，菊坡曰"天道久应还"[②]；洪咨夔曰"中原离合数由天"[③]；李昴英曰"天变频仍，正当修人事以应之"[④]。关于人道，菊坡曰"无以嗜欲杀身"[⑤]；洪咨夔曰"天理须从

[①] 班固、颜师古：《汉书》，第3589页。

[②][⑤] 李肖龙：《言行录》，《宋丞相崔清献公全录》，第15、20页。

[③] 洪咨夔：《刘后溪和雁湖即事诗十绝见示次韵》，《洪咨夔集》，第64页。

[④] 李昴英：《乞行御史洪天锡劾阉寺之言疏》，《文溪存稿》，第101页。

定处求"①；李昴英曰"凡我同志，敬之毋忽"②；等等。然而菊坡学派最关注的无疑是如何建立功业的"治道"。因此"致用"，即致力于通过解决实际问题建立功业，成就理想社会，可以视作菊坡学派的宗旨和特色。

二、务实：吾道岂空谈

崔菊坡、洪咨夔和李昴英都首先是"务实"的实践家，然后才是"空谈"的思想家，同抽象的理论问题相比，他们更加重视研究、讨论和解决南宋所面临的实际问题。这在他们的诗文中表现得非常明显，如崔菊坡曰："棋于观局易，药到处方难"③"胸藏经济方，医国收全功"④；洪咨夔曰"论义理者多清谈"⑤；李昴英曰"吾道岂空谈，取胜在一筹"⑥。

菊坡学派致力于通过解决实际问题建立功业，因此在他们看来与弘扬礼教、建立功业无关的著作都是缺少生命

---

① 洪咨夔：《刘后溪和雁湖即事诗十绝见示次韵》，《洪咨夔集》，第64页。
② 李昴英：《谕乡饮酒行礼者》，《文溪存稿》，第125页。
③ 崔与之：《送范漕赴召》，《宋丞相崔清献公全录》，第102页。
④ 崔与之：《答李侍郎》，《宋丞相崔清献公全录》，第100页。
⑤ 洪咨夔：《故事》，《洪咨夔集》，第695页。
⑥ 李昴英：《送荆门王广文之官》，《文溪存稿》，第129页。

力的"空谈"。李昴英为自己的老师崔菊坡代写的《游忠公〈鉴虚集〉序》，可以视作菊坡学派主张"务实"，轻视"空谈"的宣言：

> 君子立言，不独以书传也。苟于世教无关，于人国无裨，不过组篇镂句，落儒生口耳。虽或可托姓名以不朽，而萎然无复生意矣。子云邃于玄，不如更生《攻外戚》一疏；子厚雄于文，不敌昌黎《论佛骨》一表。盖其言用舍，系当时安危，千载下，犹使忠臣谊士闻风而兴起。尚论古人，大节为先，不专在言语文字间也。①

同时，菊坡学派也批评"言政事者多细务"②，主张"要事为先"。洪咨夔在向皇帝讲解《大学》中的"物有本末，事有终始，知所先后则近道矣"时指出："先者事之所当急，后者事之所当缓。缓急先后，不舛其序，治道何患于不举？"③他认为，妥善处理事情的缓急就可以实现治道。他强调，南宋"战难于必胜，守难于必固，和难于必信，而民力国计已俱至于穷"，当下需要马上做的事情就是"丰财强兵"。④

---

① 李昴英：《游忠公〈鉴虚集〉序》，《文溪存稿》，第36页。
②③④ 洪咨夔：《故事》，《洪咨夔集》，第694—695页。

务实精神是"北宋以来宋学的精髓"[1]。菊坡学派以"务实"作为自己学派的学术宗旨,主张"无以学术杀天下后世"[2],反对将"某一种学术"奉为正统,致使其垄断学术界而伤害当代人和后世子孙。因而菊坡学派可以做到兼容并包,既吸收王安石学派和浙东事功学派重视"外王"的特点,"留意狱刑钱谷"[3]等方面的制度;也吸收理学派重视"内圣"的特点,强调诚和敬在修身中的作用[4]。

再者,崔菊坡、洪咨夔和李昂英都担任过史官。菊坡曾经为太子讲《汉书》。洪咨夔曾经为理宗讲解旧日的典章制度,为了考察汉代的治道而补写《续书》,也明确提出了他自己的经史观,"经者,道之纲也。史者,事之纪也。八书十志而下,述作纷纷,经学之不明也。深于经则必良于史。"[5]因此对于研究"古今治乱兴衰"的史学,菊坡学派也采取非常重视的态度。

---

[1] 漆侠:《宋学的发展和演变》,《漆侠全集》第九卷,第34页。

[2][3] 李肖龙:《言行录》,《宋丞相崔清献公全录》,第20、14页。

[4] 李肖龙:《言行录》,《宋丞相崔清献公全录》,第25页;洪咨夔:《讲义》,《洪咨夔集》,第674页。

[5] 洪咨夔:《朝议大夫新除兵部侍郎兼国史院编修官实录院检讨官兼崇政殿说书赵彦悈辞免升兼同修国史实录院同修撰恩命不允诏》,《洪咨夔集》,第354页。

三、重惜名节：名节万古明

菊坡曰："人臣出处大节，当自省循"①，认为"出处"可以体现臣子道德操守的主要方面，应当多次在内心反省。反省的具体内容是，自己究竟想要追求官职，以及官职所代表的富贵，还是想要追求名节（名誉与节操），以及名节所承载的道义？菊坡的回答是，"官职易得，名节难全"②，主张追求名节，以及名节所承载的道义。李昂英也认为，"私念平日受教菊坡公，讲明出处，最不草草，深惧得罪清议，为先师辱"③。"富贵如浮云，俄顷变灭；名节则日月也，可千万古光明"④。因此我们可以把菊坡学派的学术宗旨概括为"重惜名节"。

把"重惜名节"作为学术宗旨，应当是与崔菊坡、洪咨夔和李昂英等菊坡学派主要成员的言官经历有关。三人都做过言官，而宋代选拔言官的重要标准之一恰是"重惜名节"。如司马光曰："凡择言事官，当以三事为先：第一不爱富贵，次则重惜名节，次则晓知治体。"⑤

重惜名节的一个重要原因是，菊坡学派主张，名节直

---

① 崔与之：《第六次辞免参知政事》，《宋丞相崔清献公全录》，第79页。
② 李肖龙：《言行录》，《宋丞相崔清献公全录》，第21页。
③ 李昂英：《与秘书徐霖札子》，《文溪存稿》，第104页。
④ 李昂英：《送赵新班崇垓序》，《文溪存稿》，第40页。
⑤ 司马光、李之亮：《司马温公集编年笺注》，第544页。

接关系到国家安危和国运长短。如李昴英指出,"尚名节而东都之祚延,贱名检而典午之祸作"①,认为东汉政权因重惜名节而延长了国运,晋朝政权因轻视名节而缩短了国运。

综上,我们可以把菊坡学派的学术宗旨概括为"重惜名节,务实致用",即重惜名誉,提倡节操,不尚空谈,致力于通过解决实际问题建立功业,成就理想社会。

---

① 李昴英:《端平丙申召除太博赐金奏札》,《文溪存稿》,第69页。

第二节　开岭南新风

正如曾国藩所言："风俗之厚薄奚自乎？自乎一二人之心之所向而已。"[①]风俗的好坏，最初源于一两个人的心的向往。在岭南历史上，崔菊坡正是这样一位拥有移风易俗伟力的先贤，他开创了以"重惜名节，务实致用"为宗旨的菊坡学派。对转移岭南风气，改良岭南习俗起到了巨大作用。

明代以前，岭南本土诞生的大儒极其稀少，陈白沙曾经感叹道：

> 夫自开辟达唐，自唐达宋至于今，不知其几千万年。吾瞻于前，泰山北斗，曲江公一人而已耳；吾瞻

[①] 曾国藩：《原才》，曾国藩、唐浩明《曾国藩全集·诗文》，岳麓书社2012年版，第137页。

于后,泰山北斗,公(按:指余靖)与菊坡公二人而已耳。噫!士生于领表,历兹年代之久,而何其寥寥也……①

陈白沙认为,从开天辟地到他生活的明代,岭南本土产生的泰山北斗级的大儒有且仅有三位,分别是张九龄(曲江公)、余靖和崔菊坡。他们三人对后世的影响各有不同,其中对白沙影响最大,同时也是对岭南文化影响最大的实际是崔菊坡。

崔菊坡不远四千里游太学,用三年时间考取进士乙科,从此广州读书人"相励以学"②,"文风郁乎日以盛"③。可以说,菊坡把广州由一座原来出产象牙、犀角、珠宝的城市,转变为盛产学习诗书礼乐的读书人的城市。

步入仕途以后,菊坡先后在朝廷和地方的重要岗位任职,建立了举世瞩目的功勋和事业。特别是在四川工作期间,宋宁宗赞美他:"道德足以镇浮,智识足以制变。赋宽四蜀,民气顿苏。尘靖三边,军声益振。使朕无西顾

---

① 陈献章:《韶州风采楼记》,《陈献章全集》,第32页。
② 王义山:《送张士隆赴广州教授序》,李修生《全元文(1)》,凤凰出版社1998年版,第115页。
③ 李昂英:《增城新创贡士库记》,《文溪存稿》,第18页。

之虑，而风动中原之遗。"①与此同时，他还为国家推荐了非常多的杰出人才，在道德、文学、功名等方面特别出众的人才至少有"游似、洪咨夔、魏了翁、李庭芝、家大西、陈䇓、刘克庄、李鼎、程公许、黎伯登、李性传、王辰应、王溔、魏文翁、高稼、丁焴、家抑、张䄎、度正、王子申、程德隆、郭正孙、苏植、黄申、高泰叔、李觥"②等几十位，后来出任宰相一类职务的大臣就有"游似、洪咨夔、林略、魏了翁、李性传、程公许"③等六位。晚年退居广州后，菊坡又先后七次辞免参知政事，十三次辞免丞相，最终成就了"盛德清风，跨映一代"④"千载一人非公谁"⑤的美誉。

对于崔菊坡的贡献和影响，他的弟子洪咨夔和李昂英无疑最有发言权。洪咨夔对菊坡的评价是，"风节高乎一世，威名耸于四夷。"⑥李昂英对菊坡由太学考取进士乙科

---

① 宋宁宗：《四川制置乞祠不允诏》，《宋丞相崔清献公全录》，第110页。

② 李肖龙：《言行录》，《宋丞相崔清献公全录》，第16—17页。

③ 李昂英：《崔清献公行状》，《文溪存稿》，第115页。

④ 文天祥：《跋崔丞相二帖》，《全宋文》第三百五十九册，第110页。

⑤ 家大西：《书公文集端》，《宋丞相崔清献公全录》，第116页。

⑥ 洪咨夔：《端明殿学士广东经略知广州崔与之除参知政事加食邑四百户制》，《洪咨夔集》，第581页。

的评论是，"平生勋业名节实贤关基之"。①他们都认为，菊坡的贡献和影响主要在名节（风节）和功业（勋业、威名）两个方面。

进一步分析，我们会发现，菊坡对岭南文化的最大影响实际上是在名节方面。对于这一点无论是菊坡的衣钵传人李昂英，还是后来著名的思想家陈白沙和文献学家郭棐（番禺人，1529—1605）都看得非常清楚。李昂英在《同刘朔斋游蒲涧谒菊坡祠》曰："试问神仙蒲九节，何如名德菊孤芳？高山仰止堪模楷，百世闻之尚激昂。我辈此来深有意，岂专泉石癖膏肓？"②陈白沙对菊坡的评价则是，"泽与流风远，名因避相尊"③，"高风千古镇浮华"④。郭棐曰："吾粤僻在炎徼，至汉始属版图。五百余年，迄唐而有曲江张公以忠说称；又五百余年，迄宋而有菊坡崔公以风节称。文章物采班班，与中土抗衡，而圣人中正之学，未之有讲也。暨我皇明御宇，表章正学，时则有若白沙陈先生出焉。"⑤

---

① 李昂英：《跋菊坡太学生时书稿》，《文溪存稿》，第49页。

② 李昂英：《同刘朔斋游蒲涧谒菊坡祠》，《文溪存稿》，第162页。

③ 陈献章：《崔清献公裔孙潜示遗芳卷，复许示遗像，予既书纪梦之作，于其还也赠之诗》，《陈献章全集》，第490页。

④ 陈献章：《崔潜送菊坡先生遗像至，适乡人送紫菊一株，遂以答之》，《陈献章全集》，第843页。

⑤ 郭棐：《纂辑白沙至言跋》，《陈献章全集》，第1154页。

第三节　启江门学派

随着陈白沙的出现，及其所创立的江门学派的崛起，岭南儒学"得以在明中叶异峰突起、引领思潮，实现了从边缘走向中心的历史性转折"[1]。

以白沙思想继承人自居的张诩（字廷实，号东所，1455—1514）在《翰林检讨白沙陈先生行状》中明言，白沙对菊坡"若弟子之于师"[2]。白沙不只迎请菊坡的画像到家中、为菊坡写祭文、依照礼仪祭祀菊坡，而且还会像弟子对待老师那样，坐在席角旁，长时间瞻仰菊坡画像。

进一步分析，我们会发现，白沙不只在行为上，以弟子对待老师的礼节来礼敬菊坡，而且在内心中，他也非

---

[1] 景海峰：《明代岭南心学的思想旨趣及特征》，《孔学堂》2020年第4期，第61页。

[2] 张诩：《翰林检讨白沙陈先生行状》，《陈献章全集》，第1173页。

常敬仰菊坡，甚至渴望能够在梦中追随菊坡学习。白沙在《祭菊坡像文》中曰：

> 先生宋代之名臣，吾乡之前哲。卷舒太空之云，表里秋潭之月。淮蜀委之而有余，疑丞尊之而不屑。故能效力于当年，而全身于晚节……藐予区区，心驰梦谒。稽首丹青，謦欬若接。取彼神丹，点兹顽铁。庶几百年，不远途辙。①

在白沙眼中，崔菊坡既是宋代有名的贤臣，也是自己家乡出产的贤明睿智的人。菊坡不只有镇守淮东、守卫四川的功勋，而且前后七次辞免参知政事，十三次辞免丞相，因此既建立了功业，又保全了晚节。白沙非常谦虚地表示，他自己在菊坡面前就是一个才疏学浅的后学，一心向往着可以在梦里拜见菊坡。白沙说，跪拜菊坡画像，好像可以听到菊坡讲学的声音。如果能够从菊坡那里学到精髓，作为行动的指南，那么自己这一生都不会偏离做人做事的方向。

白沙对菊坡的敬仰和对菊坡学的渴望，已经深入到了潜意识。明宪宗成化二十年（1484），白沙五十七岁的时候，曾经梦见"崔清献坐床上，李忠简坐床下"，他也

---

① 陈献章：《祭菊坡像文》，《陈献章全集》，第149—150页。

参与其中，一起讨论问题。①十年以后，明孝宗弘治七年（1494），白沙在《跋清献崔公题剑阁词》中，回忆当时的情景道：

> 曩梦拜公，坐我于床，与语平生，仕止久速偶及之。②

"仕止"与"出处"意思相同，都是指出仕和退隐。白沙对菊坡的评价是，"高风千古镇浮华"③。在白沙心中，菊坡是处理"出处"问题的大师，所以才会在梦中向菊坡请教"出处"问题。

白沙对李昴英的评价也非常高，认为他近似"浩然而自得者"④！成化六年（1470），白沙四十三岁时，曾经为李昴英的《李文溪文集》作序，他在序言中说：

> 自予为儿时，已闻文溪名而喜；少长，益向慕，而独恨未识其心胸气象为何如……今幸置目于先生之

---

① 陈献章：《梦崔清献坐床上，李忠简坐床下，野服搭飒，而予参其间》，《陈献章全集》，第585页。
② 陈献章：《跋清献崔公题剑阁词》，《陈献章全集》，第85页。
③ 陈献章：《崔潜送菊坡先生遗像至，适乡人送紫菊一株，遂以答人》，《陈献章全集》，第843页。
④ 陈献章：《李文溪文集序》，《陈献章全集》，第10页。

文，而知富贵果不足慕，贫贱果不足羞，功利得丧、屈信予夺，一切果不足为累……孟轲氏果不予诬，其所恃者，盖有在也。故士必志道，然后足以语此。①

白沙"学宗自然，而要归于自得"②。"自得"既是他的学术宗旨，也是其学术思想的重要标志。他亲口说，李昴英就是一位接近"自得"境界的大儒，正是在读了李昴英的《李文溪文集》以后，他才确认孟子所说的"自得者"是真实存在的。由此可见，李昴英对他的影响无疑是巨大的，因此将他认定为李昴英的私淑弟子是没有问题的。也许正是因为存在这层私淑关系，白沙才会主张，李昴英作为菊坡的衣钵传人，有足够的资格在《宋史》中留下传记："《宋史》记中堪列传，菊坡门下岂无人？"③

从师承关系来说，白沙虽然从二十七岁开始就师从于吴与弼（字子传，崇仁人）学习，"然未知入处"，因此他是"有师而不承其学"。④从行为、情感、潜意识和学术宗旨等方面考察白沙的思想渊源，我们发现白沙实际上把自己视作崔菊坡和李昴英的私淑弟子。崔菊坡和李昴英都

---

① 陈献章：《李文溪文集序》，《陈献章全集》，第10页。
② 黄宗羲：《明儒学案（修订本）》，第4页。
③ 陈献章：《梦崔清献坐上，李忠简坐床下，野服搭飒，而余参其间》，《陈献章全集》，第585页。
④ 景海峰：《中国哲学的现代诠释》，第137—142页。

对白沙的思想产生了实质性影响，是白沙思想的重要源头之一。因此我们可以说，在某种意义上，菊坡学派开启了江门学派，江门学派是菊坡学派的真正续篇。

题崔清献公言行录碑亭（湛若水出资刻石，碑原藏于增城凤凰山南麓崔菊坡祠，现存放于增城清献园）

结语：变动中的宋代学术世界

当提到宋代学术时，我们通常首先想到的是宋代理学。宋代理学一直被视作学术主流，长期代表着整个宋代学术世界，然而随着研究的深入，我们逐渐意识到，主流不等于全景，"现在的趋势是，越来越注意主流之外的东西"①。

菊坡学派就是主流之外的学派，长期处于学术世界的边缘。菊坡学派没能进入学术世界的中心，至少有三点原因。

一是，学术思想方面的原因。菊坡学派的学术宗旨是"重惜名节，务实致用"，即重惜名誉，提倡节操，不尚空谈，致力于通过解决实际问题建立功业，成就理想社

---

① 葛兆光：《学术史讲义——给硕士生的七堂课》，商务印书馆2022年版，第231页。

会。由于关注点在于"致用"而非"求是",所以菊坡学派不太重视理论分析和体系建构,学术思想缺少理论上的系统性。

二是,地理方面的原因。南宋背海立国,从海上向内陆看,浙江和福建是南宋的"基本地带",广东只能算"内陆地区"。①因此创建于浙江的浙东事功学派和兴盛于福建的理学派,由于具有"地利"优势,更容易占据思想世界的中心;创立于广东的菊坡学派,却受地理制约,很难在学术界产生大的影响。

三是,阐述和研究方面的原因。学派的兴衰,在很大程度上取决于对学派思想进行阐述和研究的质量。洪咨夔和李昂英虽然都有传人,但是他们的传人却缺少振兴菊坡学派的能力与机遇。后来的研究者,因为各种原因很少注意到菊坡学派,罕有人将主要精力聚焦于对菊坡学派的深入研究。

如果有更多的研究者对菊坡学派做进一步深入诠释和研究,那么把菊坡学派重新放回宋代学术世界里面的时候,就有可能彻底改变原有的学术世界图像,"因为所谓边缘,所谓中心,不过是一个注意焦点的问题,焦点转移,可能图像就变化了。"②

---

① 参刘子健:《背海立国与半壁山河的长期稳定》,氏著《两宋史研究汇编》,台北联经出版事业股份有限公司1987年版,第23—26页。
② 葛兆光:《学术史讲义——给硕士生的七堂课》,第231页。

参考文献

（按作者姓氏拼音排序）

1. 班固撰，颜师古注，中华书局编辑部点校：《汉书》，中华书局1962年版。

2. 班固撰，王继如主编：《汉书今注》，凤凰出版社2013年版。

3. 包伟民：《宋代地方财政史研究》，中国人民大学出版社2011年版。

4. 毕沅撰，《续资治通鉴》小组点校：《续资治通鉴》，中华书局1957年版。

5. 曹家齐：《宋代的交通与政治》，中华书局2017年版。

6. 陈邦瞻撰，河北师范学院历史系中国古代史组点校：《宋史纪事本末》，中华书局2015年版。

7. 陈规撰，储玲玲整理：《守城录》，大象出版社

2019年版。

8. 陈骙撰，佚名续录，张富祥点校：《南宋馆阁录·续录》，中华书局1998年版。

9. 陈亮著，邓广铭点校：《陈亮集（增订本）》，中华书局1987年版。

10. 陈献章撰，黎业明编校：《陈献章全集》，上海古籍出版社2019年版。

11. 陈永正：《沚斋丛稿》，中山大学出版社2011年版。

12. 陈永正选注：《岭南历代词选》，广东人民出版社2017年版。

13. 陈振：《宋史》，上海人民出版社2020年版。

14. 陈植锷：《北宋文化史述论》，中华书局2019年版。

15. 程颢、程颐著，王孝鱼点校：《二程集》，中华书局2004年版。

16. 崔瑞德、史乐民编，宋燕鹏等译：《剑桥中国宋代史（上卷：907—1279年）》，中国社会科学出版社2020年版。

17. 崔与之撰，张其凡、孙志章整理：《宋丞相崔清献公全录》，广东人民出版社2008年版。

18. 邓广铭：《邓广铭全集》，河北教育出版社2005年版。

19. 邓小南：《宋代文官选任制度诸层面》，中华书局2021年版。

20. 丁丙辑：《武林坊巷志》，浙江古籍出版社2018年版。

21. 丁光迪主编：《诸病源候论校注》，人民卫生出版社2013年版。

22. 杜佑撰，王文锦等点校：《通典》，中华书局1988年版。

23. 范晔撰，李贤等注，中华书局编辑部点校：《后汉书》，中华书局1965年版。

24. 房玄龄等撰，中华书局编辑部点校：《晋书》，中华书局1974年版。

25. 傅海波、崔瑞德编，史卫民等译：《剑桥中国辽西夏金元史（907—1368年）》，中国社会科学出版社1998年版。

26. 傅璇琮主编：《新编宋才子传笺证》，辽海出版社2017年版。

27. 葛兆光：《学术史讲义——给硕士生的七堂课》，商务印书馆2022年版。

28. 宫崎市定著，韩昇、刘建英译，韩昇校译：《九品官人法研究》，三联书店2020年版。

29. 龚延明：《宋史职官志补正》，中华书局2009年版。

30. 龚延明、祖慧编著：《宋代登科总录》，广西师范大学出版社2014年版。

31. 龚延明编著：《宋代官制辞典（增补本）》，中华书局2017年版。

32. 顾祖禹撰，贺次君、施和金点校：《读史方舆纪要》，中华书局2005年版。

33. 郭庆藩撰，王孝鱼点校：《庄子集释》，中华书局2012年版。

34. 何忠礼：《南宋科举制度史》，人民出版社2009年版。

35. 何忠礼：《宋史选举志补正》，中华书局2013年版。

36. 洪迈撰，孔凡礼点校：《容斋随笔》，中华书局2005年版。

37. 洪咨夔著，侯体健点校：《洪咨夔集》，浙江古籍出版社2018年版。

38. 胡昭曦、蔡东洲：《宋理宗·宋度宗》，吉林文史出版社1996年版。

39. 桓谭撰，朱谦之校辑：《新辑本桓谭新论》，中华书局2009年版。

40. 黄宽重：《南宋地方武力——地方军与民间自卫武力的探讨》，台北东大图书公司2002年版。

41. 黄宽重：《晚宋朝臣对国是的争议——理宗时代

的和战、边防与流民》，台北天贸有限公司1978年版。

42. 黄以周等辑注，顾吉辰点校：《续资治通鉴长编拾补》，中华书局2004年版。

43. 黄震撰，张伟、何忠礼主编：《黄震全录》第十册，浙江大学出版社2013年版。

44. 黄宗羲原撰，全祖望补修，陈金生、梁运华点校：《宋元学案》，中华书局1986年版。

45. 黄宗羲著，陈乃乾编：《黄梨洲文集》，中华书局2009年版。

46. 黄宗羲著，沈芝盈点校：《明儒学案（修订本）》，中华书局2008年版。

47. 黄佐原著，陈宪猷疏注点校：《广州人物传》，广东高等教育出版社1991年版。

48. 暨南大学中国文化史籍研究所编：《历史文献与传统文化（第四集）》，广东人民出版社1994年版。

49. 金强、张其凡：《南宋名臣崔与之》，广东人民出版社2007年版。

50. 景海峰：《中国哲学的现代诠释》，人民出版社2004年版。

51. 拉施特主编，余大均、周建奇译：《史集（第一卷第二分册）》，商务印书馆1983年版。

52. 黎靖德编，王星贤点校：《朱子语类》，中华书局1986年版。

53. 李承贵：《杨简》，陕西师范大学出版社2017年版。

54. 李纲撰，郑明宝整理：《建炎进退志》，大象出版社2019年版。

55. 李经纬等主编：《中医名词术语精华辞典》，天津科学技术出版社1996年版。

56. 李昂英撰，杨芷华点校：《文溪存稿》，暨南大学出版社1994年版。

57. 李焘撰，上海师范大学古籍整理研究所、华东师范大学古籍整理研究所点校：《续资治通鉴长编》，中华书局2004年版。

58. 李心传撰：《建炎以来系年要录》，中华书局1988年版。

59. 李心传撰，徐规点校：《建炎以来朝野杂记》，中华书局2000年版。

60. 李修生主编：《全元文》，凤凰出版社1998年版。

61. 李延寿撰，中华书局编辑部点校：《北史》，中华书局1974年版。

62. 郦道元撰，杨守敬纂疏，熊会贞参疏，李南晖、徐桂秋点校，陈桥驿审定：《京都大学藏钞本水经注疏》，辽海出版社2012年版。

63. 梁庚尧：《宋代科举社会》，东方出版中心2021

年版。

64. 梁章钜撰，冯惠民、李肇翔、杨梦东点校：《称谓录》，中华书局1996年版。

65. 刘宝楠撰，高流水点校：《论语正义》，中华书局1990年版。

66. 刘克庄著，辛更儒笺校：《刘克庄集笺校》，中华书局2011年版。

67. 刘克庄撰，王瑞来集证：《玉牒初草集证》，中华书局2018年版。

68. 刘时举撰，王瑞来点校：《续宋中兴编年资治通鉴》，中华书局2014年版。

69. 刘勰著，陆侃如、牟世金译注：《文心雕龙译注》，齐鲁书社2009年版。

70. 刘昫等撰，中华书局编辑部点校：《旧唐书》，中华书局1975年版。

71. 刘一清撰，王瑞来校笺考原：《钱塘遗事校笺考原》，中华书局2016年版。

72. 刘子健：《两宋史研究汇编》，台北联经出版事业股份有限公司2002年版。

73. 陆心源撰，吴伯雄点校：《宋史翼》，浙江古籍出版社2016年版。

74. 陆游撰，李剑雄、刘德权点校：《老学庵笔记》，中华书局1979年版。

75. 罗贯中著，毛纶、毛宗岗点评：《三国演义》，中华书局2009年版。

76. 罗烨撰，胡绍文整理：《醉翁谈录》，大象出版社2019年版。

77. 吕祖谦编，齐治平点校：《宋文鉴》，中华书局1992年版。

78. 马端临撰，上海师范大学古籍研究所、华东师范大学古籍研究所点校：《文献通考》，中华书局2011年版。

79. 马洪路：《行路难》，中华书局（香港）1990年版。

80. 马蓉等点校：《永乐大典方志辑佚》，中华书局2004年版。

81. 茅星来著，朱幼文校点：《近思录集注》，华东师范大学出版社2015年版。

82. 孟元老撰，邓之诚注：《东京梦华录注》，中华书局1982年版。

83. 苗春德、赵国权：《南宋教育史》，上海古籍出版社2008年版。

84. 牟宗三：《心体与性体》，上海古籍出版社1999年版。

85. 欧阳修著，李逸安点校：《欧阳修全集》，中华书局2001年版。

86. 欧阳修、宋祁撰，中华书局编辑部点校：《新唐书》，中华书局1975年版。

87. 漆侠：《漆侠全集》，河北大学出版社2009年版。

88. 钱大昕著，陈文和主编：《十驾斋养新录（附余录）》，凤凰出版社2016年版。

89. 钱穆：《国史新论》，三联书店2018年版。

90. 钱穆：《论语新解》，三联书店2018年版。

91. 强至撰，钱志坤点校：《韩忠献公遗事》，浙江古籍出版社2019年版。

92. 仇远撰，金少华点校：《山村遗集·稗史》，浙江古籍出版社2019年版。

93. 阮元校刻：《十三经注疏·春秋穀梁传注疏》，中华书局2009年版。

94. 阮元校刻：《十三经注疏·春秋左传正义》，中华书局2009年版。

95. 商衍鎏：《清代科举考试述录》，故宫出版社2014年版。

96. 邵伯温撰，李剑雄、刘德权点校：《邵氏闻见录》，中华书局1983年版。

97. 史为乐主编，邓自欣、朱玲玲副主编：《中国历史地名大辞典（增订本）》，中国社会科学出版社2017年版。

98. 司马光编著，黄锦铉等译：《资治通鉴》，新世界出版社2011年版。

99. 司马光编撰，沈志华、张宏儒主编：《资治通鉴》，中华书局2019年版。

100. 司马光编著，张大可语译：《白话本资治通鉴》，商务印书馆2019年版。

101. 司马光著，李之亮笺注：《司马温公集编年笺注》，巴蜀书社2009年版。

102. 司马光撰，邓广铭、张希清点校：《涑水记闻》，中华书局1989年版。

103. 司马迁撰，裴骃集解，司马贞索隐，张守节正义，中华书局编辑部点校：《史记》，中华书局1982年版。

104. 寺地遵著，刘静贞、李今芸译：《南宋初期政治史研究》，复旦大学出版社2018年版。

105. 宋濂等撰，中华书局编辑部点校：《元史》，中华书局1976年版。

106. 苏轼著，李之亮笺注：《苏轼文集编年笺注》，巴蜀书社2011年版。

107. 苏轼撰，茅维编，孔凡礼点校：《苏轼文集》，中华书局1986年版。

108. 苏辙著，陈宏天、高秀芳点校：《苏辙集》，中华书局1990年版。

109. 苏辙撰，俞宗宪点校：《龙川别志》，中华书局1982年版。

110. 孙希旦撰，沈啸寰、王星贤点校：《礼记集解》，中华书局1989年版。

111. 唐圭璋编：《全宋词》，中华书局1965年版。

112. 陶晋生：《宋代外交史》，台北联经出版事业股份有限公司2020年版。

113. 陶晋生：《宋辽金史论丛》，台北联经出版事业股份有限公司2013年版。

114. 陶晋生：《宋辽金元史新编》，台北稻香出版社2003年版。

115. 脱脱等撰，中华书局编辑部点校：《金史》，中华书局1975年版。

116. 脱脱等撰，中华书局编辑部点校：《辽史》，中华书局1974年版。

117. 脱脱等撰，中华书局编辑部点校：《宋史》，中华书局1985年版。

118. 汪圣铎点校：《宋史全文》，中华书局2016年版。

119. 王曾瑜：《并存继逝的王朝：王曾瑜说辽宋夏金》，三联书店2018年版。

120. 王曾瑜：《宋朝军制初探（增订本）》，中华书局2011年版。

121. 王定保撰，陶绍清校证：《唐摭言校证》，中华书局2021年版。

122. 王巩撰，张其凡、张睿点校：《清虚杂著三编》，中华书局2017年版。

123. 王瑞来：《立心立命——宋代士大夫政治文化随笔》，中华书局2019年版。

124. 王水照：《王水照自选集》，上海教育出版社2000年版。

125. 王文锦译解：《礼记译解》，中华书局2016年版。

126. 王先谦编，段青峰点校：《湖南全省掌故备考》，岳麓书社2009年版。

127. 王象之编著，赵一生点校：《舆地纪胜》，浙江古籍出版社2013年版。

128. 王栐撰，诚刚点校：《燕翼诒谋录》，中华书局1981年版。

129. 王元林：《海陆古道——海陆丝绸之路对接通道》，广东经济出版社2015年版。

130. 王梓材、冯云濠编撰，沈芝盈、梁运华点校：《宋元学案补遗》，中华书局2012年版。

131. 魏了翁撰，张京华校点：《渠阳集》，岳麓书社2012年版。

132. 吴曾撰，于年湖点校：《能改斋漫录》，山东人民出版社2020年版。

133. 吴晓萍：《宋代外交制度研究》，安徽人民出版社2006年版。

134. 吴自牧撰，黄纯艳整理：《梦粱录》，大象出版社2019年版。

135. 谢和耐著，刘东译：《蒙元入侵前夜的中国日常生活》，北京大学出版社2020年版。

136. 辛弃疾著，辛更儒笺注：《辛弃疾集编年笺注》，中华书局2015年版。

137. 徐吉军：《南宋全史》第八册，上海古籍出版社2016年版。

138. 徐松辑，刘琳、刁忠民等点校，《宋会要辑稿》，上海古籍出版社2014年版。

139. 徐自明撰，王瑞来校补：《宋宰辅编年录校补》，中华书局1986年版。

140. 薛居正等撰，中华书局编辑部点校：《旧五代史》，中华书局1976年版。

141. 阎学通、何颖：《国际关系分析》（第三版），北京大学出版社2017年版。

142. 杨伯峻：《论语译注》，中华书局2015年版。

143. 杨伯峻：《孟子译注》，中华书局2010年版。

144. 杨逢彬：《孟子新注新译》，北京大学出版社2017年版。

145. 杨宽：《中国古代都城制度史研究》，上海人民出版2016年版。

146. 杨天宇：《周礼译注》，上海古籍出版社2016年版。

147. 杨晓山著，文韬译：《私人领域的度形：唐宋诗歌中的园林与玩好》，江苏人民出版社2009年版。

148. 杨芷华：《李昂英》，广东人民出版社2006年版。

149. 叶采集解，程水龙校注：《近思录集解》，中华书局2017年版。

150. 叶隆礼撰，贾敬颜、林荣贵点校：《契丹国志》，中华书局2014年版。

151. 叶适著，刘公纯、王孝鱼、李哲夫点校：《叶适集》，中华书局2010年版。

152. 佚名撰，孔学辑校：《皇宋中兴两朝圣政辑校》，中华书局2019年版。

153. 尹洙撰，时国强校注：《尹洙集编年校注》，中华书局2019年版。

154. 永瑢等撰：《四库全书总目》，中华书局1965年版。

155. 游彪：《宋史：文治昌盛　武功弱势》，中信出版社2017年版。

156. 虞云国：《南宋行暮：宋光宗宋宁宗时代》，上海人民出版社2018年版。

157. 袁桷著，杨亮校注：《袁桷集校注》，中华书局2012年版。

158. 岳珂编，王曾瑜校注：《鄂国金佗稡编续编校注》，中华书局1989年版。

159. 曾国藩著，唐浩明修订：《曾国藩全集》，岳麓书社2012年版。

160. 曾瑞龙：《经略幽燕：宋辽战争军事灾难的战略分析》，浙江大学出版社2019年版。

161. 曾枣庄、刘琳主编：《全宋文》，上海辞书出版社、安徽教育出版社2006年版。

162. 曾枣庄主编：《宋代序跋全编》，齐鲁书社2015年版。

163. 詹大和等撰，裴汝诚点校：《王安石年谱三种》，中华书局1994年版。

164. 张端义撰，许沛藻、刘宇整理：《贵耳集》，大象出版社2019年版。

165. 张家驹：《赵匡胤传》，中国书籍出版社2015年版。

166. 张金吾编纂，李豫执行主编：《金文最》，中华书局1990年版。

167. 张九龄撰，熊飞校注：《张九龄集校注》，中华书局2008年版。

168. 张沛：《中说校注》，中华书局2013年版。

169. 张其凡：《宋太宗》，广东人民出版社2022年版。

170. 张实龙：《杨简研究》，浙江大学出版社2012年版。

171. 张栻著，杨世文点校：《南轩先生孟子说》，中华书局2015版。

172. 张栻著，杨世文点校：《新刊南轩先生文集》，中华书局2015年版。

173. 张希清、田浩等主编：《澶渊之盟新论》，上海人民出版社2007年版。

174. 张希清：《中国科举制度通史（宋代卷）》，上海人民出版社2017年版。

175. 赵鼎撰，来可泓、刘强整理：《建炎笔录》，大象出版社2019年版。

176. 赵升编，王瑞来点校：《朝野类要》，中华书局2007年版。

177. 郑樵撰，王树民点校：《通志二十略》，中华书局1995年版。

178. 中国社会科学院考古研究所等编：《扬州城：1987—1998年考古发掘报告》，文物出版社2010年版。

179. 中华书局编辑部编：《文史（第四十一辑）》，中华书局出版1996年版。

180. 周敦颐著，陈克明点校：《周敦颐集》，中华书局1990年版。

181. 周密撰，吴企明点校：《癸辛杂识》，中华书局1988年版。

182. 周密撰，张茂鹏点校：《齐东野语》，中华书局1983年版。

183. 周密、朱廷焕著，谢永芳注评：《武林旧事·附〈增补武林旧事〉》，中州古籍出版社2019年版。

184. 周去非著，杨武泉校注：《岭外代答校注》，中华书局1999年版。

185. 周祖譔主编：《宋史文苑传笺证·附辽史文学传笺证》，凤凰出版社2012年版。

186. 朱熹撰，朱杰人、严佐之等主编：《朱子全书（修订本）》，上海古籍出版社、安徽教育出版社2010年版。

187. 朱瑞熙：《朱瑞熙文集》第五册，上海古籍出版社2020年版。

188. 朱熹撰，廖名春点校：《周易本义》，中华书局2009年版。

189. 朱熹撰：《四书章句集注》，中华书局1983年版。

190. 朱偰编：《唐代运河史料》，中华书局1962年版。

191. 朱泽君主编：《崔与之与岭南文化研究》，人民出版社2010年版。

192. 竹添光鸿著，于景祥、柳海松整理：《左传会笺》，辽海出版社2008年版。